창업과 중소기업을 위한

정부지원 사업
계획서 작성법

창업과 **중소기업**을 위한
정부지원 사업
계획서 작성법

© 정경택, 2018

개정판 1쇄 발행 2018년 6월 18일
      2쇄 발행 2021년 1월 18일

지은이   정경택
펴낸이   이기봉
편집   좋은땅 편집팀
펴낸곳   도서출판 좋은땅
주소   서울 마포구 성지길 25 보광빌딩 2층
전화   02)374-8616~7
팩스   02)374-8614
이메일   gworldbook@naver.com
홈페이지   www.g-world.co.kr

ISBN   979-11-6222-504-2 (03320)

이 도서의 국립중앙도서관 출판시도서목록(CIP)은 서지정보유통지원시스템 홈페이지(http://seoji.nl.go.kr)와 국가자료공동목록시스템(http://www.nl.go.kr/kolisnet)에서 이용하실 수 있습니다. (CIP제어번호 : CIP2018017518)

창업과 중소기업을 위한
정부지원 사업 계획서 작성법

정경택 지음

좋은땅

머리말

정부는 기업들이 기술개발을 통해 발전과 성장의 동력을 제공하고 이를 통해 국가 경제 발전을 이끌어 갈 수 있도록 정부지원 사업을 운영하고 있다. 기업들이 필요로 하는 기술뿐만 아니라 세계 기술 트렌드에 부응하는 산업을 발굴하고 발전시키기 위해 다양한 사업 프로그램을 통해 체계적으로 추진하고 있다.

이 책에서는 정부지원의 연구개발 사업에 참여하여 새로운 사업 기회를 만들려는 예비 창업자, 스타트업, 벤처 및 중소기업의 임직원들이 정부지원 연구개발 사업에 참여하기 위해 필요한 기본적인 정보와 사업계획서 작성 능력을 배양할 수 있는 정보를 제공한다. 특히 경험이 부족한 인력과 조직으로 구성된 벤처 및 중소기업들에게 많은 기회를 제공하고 있는 중소기업청의 기술개발 사업 중에서 특정 사업을 선택하여 사업계획서를 어떻게 준비하고 어떤 내용을 작성해야 하는지 이해하기 쉽도록 설명하고, 실제 사업 신청에 직접 활용되도록 하였다. 아울러 사업 신청 절차와 대면평가, 그리고 최종평가를 포함하여 전체적인 과정과 준비 과정에서 중점을 두어야 하는 부분까지 포함하여 사업 준비와 수행, 마무리까지 도움이 될 수 있는 내용을 담고자 하였다.

정부지원 사업은 각 부처별로 전담기관을 통해 기획, 관리, 평가되고 있으며, 각 부처별 사업은 필요에 따라 지원 목적과 특성에 맞게 매년 변화와 진화를 거듭하고 있다. 이 책에서는 중기청, IITP, KEIT 등을 중심으로 관련 자료 수집 및 분석을 통해 작성이 되었으나, 다른 기관의 사업의 제안 과정에도 참고하여 활용이 가능할 것으로 생각된다.

맨몸으로 새로운 사업을 만들려고 하는 창업자, 새로운 아이디어를 사업화하여 회사를 성장·발전시키려는 기업의 임직원, 취업을 앞둔 학생들이 자신의 능력을 키우거나 자신만의 새로운 기회를 만들려고 하는데 유용하게 활용될 수 있는 하나의 길잡이가 되기를 바라며, 사업계획서를 처음 준비하는 과정뿐만 아니라, 대면평가 과정 및 사업 종료 후의 최종보고서를 작성하는 과정에서도 지침이 될 수 있는 내용들을 잊지 말고 활용할 수 있기를 기대한다.

아울러 이 책은 대학의 졸업반 또는 대학원 과정의 학생을 대상으로 실용적인 사업계획서 작성을 학습시키기 위한 교과과정에 활용할 수도 있을 것으로 생각되며 취업을 앞둔 학생들이 사업계획서 작성 능력을 갖춘 기술개발 인력을 양성하는 데 일조할 수 있을 것이라 기대한다.

여러 해 동안 정부지원 사업에 지원하는 사업계획서를 평가하는 기회에서 자주 느꼈던 것은, 제출된 사업계획서의 기술개발의 기술성과 사업성, 그리고 핵심 아이디어 등은 좋은데 그 내용을 충분히 전달을 못하는 경우가 많았다. 또 사업계획서 표준 양식의 각 항목(장, 절) 별로 필히 작성해야 하는 부분이 있는데 이를 가볍게 여기거나 잘못 이해하여 내용을 누락시키는 경우도 있었다. 계획서에서 요구하는 핵심 부분을 놓치고 중요한 정보를 제대로 전달하지 못하는 경우도 더러 있었고, 어떤 항목들은 양식에서 원하는 게 무엇인지는 알지만 어떻게 표현해야 하는지 적절한 방안을 찾지 못한 채 부실한 상태로 제출해 매우 아쉽고 안타까운 경우들이 있었다. 처음 사업계획서를 작성하였거나 또는 제안 경험이 있음에도 불구하고 여전히 미흡한 상태로 제출된 사업계획서를 보면서 그 분들의 고충과 고민을 일부라도 덜어주고 조금이나마 알고 있는 쓸모 있는 지식을 전달하여 충실한 사업계획서 작성에 도움을 주고자 하였다.

어느 경우라도 사업계획서의 정답은 없지만 어느 사업계획서이든지 정답이 될 수 있다. 정부지원 사업을 준비하면서 자신들이 스스로 해법을 만들어갈 수 있는 길을 알려주고 도움이 될 만한 방법을 제시하여 사업계획서를 작성하는 분들이 능력을 갖추고 키워가기를 바라는 마음이다. 또한 좋은 사업 아이디어를 계획서에 표현할 수 있는 방법과 능력을 계속 계발해나가면서 사업을 준비하는 분들이 조금이라도 참조하여 도움이 될 수 있는 지침서로도 활용되기를 기대한다. 적어도 매번 사업계획서가 빈틈 없이 준비되고 작성되었는지 확인 및 점검하는 과정에서 이 책을 옆에 두고 참고하여 도움이 된다면 좋을 것 같다.

이 책에서 인용한 많은 내용은 중기청, 산업부, 미래부의 연구개발 전담기관 사이트에서 공고 및 공지된 내용과 사업공고의 첨부자료들을 기본으로 활용하였으며, 책의 내용 중에 해당 기관들의 본래 취지 및 의미

창업과 중소기업을 위한 정부지원 사업 계획서 작성법

와는 다르게 해석된 부분들이 있다면 이는 저자 개인의 생각과 의견임을 참고하시어 전담기관들의 원래 취지와 목적이 우선됨을 넓은 아량으로 이해해주시기 바란다.

모쪼록 이 책을 통해 꿈과 희망을 갖고 다가오는 시간에 도전하고 있는 기업들이 정부지원 사업을 통해 한 발 더 성장하는 기회를 가질 수 있기를 기대한다.

이메일: askproposal@gmail.com
카페: cafe.naver.com/askproposal (사업계획서 119)

이 책의 구성

우리나라 정부부처마다 관련 분야를 발전시키기 위한 노력으로 기술 개발 사업 등을 지원하고 있다. 창업 예정자와 중소, 중견 기업을 포함하여 출연기관까지 정부지원 사업을 통해 신기술개발로 새로운 시장을 창출하고 선도할 수 있도록 미래를 위한 투자를 하고 있는 것이다.

이 책은 1장에서 정부지원 기술개발 사업의 일반적인 개요를 살펴본다. 특히 미래창조과학부와 산업통산자원부, 그리고 중소기업청의 사업 전담기관 및 전문기관을 통한 사업 운영 및 관리 내용과 각 기관별의 특성을 간단히 살펴본다. 어떤 기관의 어떤 사업에 대해 관심을 두어야 하는지 개괄적으로 알아볼 수 있도록 하였다.

2장에서는 사업공고가 어떻게 공지되고 있는지, 그 공고된 내용의 주요 사항들은 어떤 의미를 갖고 있는지 살펴본다. 특히 정부지원 사업을 운영하고 관리하기 위한 기본적인 규정에 대해 공고된 내용을 중심으로 설명한다. 이를 통해서 일반적인 사업공고 내용을 쉽게 이해할 수 있는 능력을 갖추도록 하였다.

3장에서는 사업계획서의 내용을 핵심적으로 전달할 수 있는 과제명 작성 요령을 알아보고, 경쟁력 있는 사업계획서를 작성하기 위해 필요한 형식적인 부분과 내용적인 부분의 기본적인 전략을 제시한다.

4장에서는 중기청의 창업성장기술개발사업의 사업계획서 양식(2016년 기준)을 기준으로 작성 요령을 설명한다. 사업계획서 기본 양식과 포함된

창업과 중소기업을 위한 정부지원 사업 계획서 작성법

가이드라인에 대해 구체적인 해석과 설명을 하고 각 항목별로 자세한 작성 요령을 제시한다.

5장에서는 사업비 명세서 작성법을 정리하였다. 간단히 무심코 지나칠 수도 있는 부분이지만, 본 사업계획서의 1차적인 목표가 정부지원 출연금을 받는 것이므로 예산 계획의 각 항목들이 계획서의 개발 내용과 사업화 부분 등과 구체적으로 어떻게 연계되고 활용되는지를 전달할 수 있도록 작성하는 구체적인 방안을 제시한다.

6장에서는 사업계획서 전산 입력 방법에 대해 기술하였다. 대부분의 사업계획서 접수가 인터넷을 통한 전산접수 방식으로 진행되고 있어서, 이 과정에서도 어떤 부분에 주의를 기울여야 하는지 또 힘들게 만든 사업계획서를 실수 없이 접수하기 위한 방법 등을 간단히 살펴본다.

7장에서는 앞 부분에서 이미 언급되었던 내용이지만, 1차 완성된 사업계획서를 검토하는 입장에서 다시 한 번 최종 점검을 목적으로 살펴볼 사항들을 간단히 정리하였다. 이를 통해 혹시라도 남겨진 실수와 오류를 찾아내고 보완할 수 있는 기회를 만들 수 있도록 하였다.

8장에서는 서면평가를 통과하여 대면평가 참석 요청을 받았을 때 준비해야 할 발표 자료와 발표 요령 등에 대해서 유용한 정보를 제시하였다. 특히 평가표의 항목과 평가기준이 어떻게 구성되어 있는지 미리 살펴봄으로써 경쟁력 있는 자료 준비와 발표 전략을 수립하는 데 도움이 되고자 하였다.

9장에서는 사업을 종료하는 과정에서 최종 결과평가를 준비하는 방법에 대해 살펴본다. 최종보고서, 현장실태조사 그리고 대면평가를 진행하는 과정에서 필요한 사항들을 정리하였다. 사업계획서보다도 더 신경 써서 최종보고서와 최종평가를 마치는 것이 사업 마무리를 위해 중요한 일이다.

10장에서는 많은 정부지원 사업 중에서 나에게 맞는 사업을 어떻게 찾을 수 있는지, 어떤 서비스를 활용할 수 있는지, 그리고 선행 조건이 필요한 사업의 경우는 어떤 준비가 필요한지에 대해 정리하였다.

마지막은 맺음말로 정부지원 사업을 수행하는 기업 및 기관, 그리고 참여하는 연구원들이 가져야 할 책임에 대해 언급하면서 이 책을 마무리한다. 아울러 이 책의 내용에 대해 또는 정부지원 사업을 추진하면서 갖게 되는 궁금한 내용들에 대해 손쉽게 물어볼 수 있는 연락처를 남겨 놓았다.

각자의 상황과 갖고 있는 지식, 알고자 하는 것이 다르므로 처음 1장부터 순서대로 읽어나갈 필요는 없고 원하는 내용이 포함된 부분을 직접 찾아 읽는 것이 더 도움이 될 것이다. 사업 신청 경험이 없다면 1장부터 읽어나가고, 경험이 있으나 사업계획서 작성 요령을 확인하고 싶다면 3장부터 읽는 것이 도움이 되고, 사업계획서 양식의 맞춘 내용 작성을 구체적으로 보고자 한다면 4장을 보는 것이 좋다. 나머지 내용들도 평가, 보고 및 검색 등을 포함하여 각자의 필요와 용도에 맞추어 수시로 살펴보는 것이 필요하다.

대덕연구단지에서
저자 정경택 올림

용어 정의

용어	정의
사업	-특정 목적, 방향, 분야를 지원하기 위한 기술개발을 추진하는 과제들의 집합을 의미하고 있으나, 하나의 과제를 의미하는 경우로도 사용
과제	-특정한 기술, 제품, 서비스를 개발하는 독립적인 하나의 기술을 개발하는 독립된 경우를 지칭함
정부지원금	-기술개발을 위해 정부에서 전담기관을 통해 주관기관에게 지원하는 개발비로서 정부출연금이라고도 함
민간부담금	-기술개발 과제를 위해 정부지원금에 대응하여 기업과 같은 영리기관이 해당 과제를 위해 자체적으로 부담하는 개발비로 현금과 현물로 구성됨
현금	-사업비를 구성하는 예산 중 정부지원금과 참여하는 영리기관이 부담하는 민간부담금 중의 현금을 말함
현물	-과제에 참여하는 인력과 활용하는 장비 및 시설을 민간부담금에 반영하고자 할 때의 예산을 말함
정액기술료	-기술개발 성공 후에 사전에 결정된 일시불로 정부에 납부하는 방식의 기술료
경상기술료	-기술개발 성공 후에 사업화를 통해 제품 판매에 따라서 매출에서의 일정 비율로 납부하는 방식의 기술료
상용화	-기술개발의 결과물을 판매 가능한 수준의 제품으로 만드는 것
사업화	-개발된 기술 또는 제품의 판매를 통해 매출이 발생하도록 하는 것
시작품	-개발 과정에서 핵심 기술의 동작 확인이 가능한 실험실 제작 수준의 워킹 샘플
시제품	-상용화 및 제품화를 위한 양산 이전 단계의 제조 수준 제품
지재권	-기술과 비즈니스 보호를 위한 특허, 실용신안, 상표 등의 재산권을 지칭
특허	-기술과 아이디어의 독창성, 신규성 등을 중심으로 권리를 보호할 수 있는 특허청에 출원 또는 등록된 지재권

목차

별첨 303

제 1 장

정부지원 R&D 사업 개요

연구 및 기술개발을 통해 기업과 국가 발전을 도모하기 위해 정부 각 부처별로 운영되고 있는 정부지원 기술개발 사업들 중에서 특히 TIPA, KEIT, IITP 중심으로 살펴보고 각각의 운영하는 사업들이 어떠한 특성이 있는지 살펴본다. 각 기관별로 지원하고 있는 사업들의 목표와 특성을 잘 이해하고 기업의 사업 방향과 성장에 맞추어 어떻게 활용할지 장기적인 관점에서 살펴볼 수 있도록 한다.

새로운 사업 시작

　꿈을 갖고 자신의 미래를 스스로 만들어가기 위해 야심 차게 준비한 아이디어를 사업화하기 위한 창업을 준비하고 있거나, 이미 창업을 하여 사업을 하고 있는 중이라도 기업의 성장과 발전을 위해 새로운 기술과 제품을 개발하려고 하는 경우에 가장 절실한 것이 개발 자금이다. 다른 것들은 덜 먹고 덜 쓰며 몸으로라도 막을 수 있는데 돈 문제만큼은 스스로 조달할 여유가 없거나 외부 투자를 받을 수 없는 입장이라면 새로운 일을 추진할 수 없다.

　정부는 기업들과 연구기관, 그리고 창업자들의 새로운 기술개발과 신제품 및 서비스 개발 등을 장려하고 지원하여 경쟁력 있는 국가 산업 발전을 이끌어 가기 위해 특히 정부지원의 연구개발 사업을 운영하고 있다.

　미래부가 추진하는 정보통신 관련 사업은 정보통신기술진흥센터, 산업부가 추진하는 산업 관련 사업은 한국산업기술평가관리원, 그리고 중기청이 추진하는 중소 중견기업 지원의 사업들은 중소기업기술정보진흥원에서 연구개발 사업을 전담하여 관리하고 있으며 이들을 전담기관 또는 전문기관이라고 부르고 있다.

〈표1.1 대표적인 연구개발 관리 전문기관과 전담기관〉

연구개발 관리 전담기관	정부부처	홈페이지
정보통신기술진흥센터	미래창조과학부(미래부)	www.iitp.re.kr
한국산업기술평가관리원	산업통상자원부(산업부)	www.keit.re.kr
중소기업기술정보진흥원	중소기업청 (중소기업청 기술개발사업 종합관리시스템)	www.tipa.or.kr www.smtech.go.kr

중기청 사업은 해당 전담기관 홈페이지에서 사업 내용을 알려주고 있고, 중소기업청 기술개발사업 종합관리시스템 사이트에서 더 자세한 내용을 게시하고 있다. 중기청은 연구개발 사업 이외에도 금융, 인력, 판로, 수출, 컨설팅 등의 사업도 지원하고 있으며 이를 활용하여 많은 기업들이 도움을 받고 있다. 다른 정부부처도 다양한 연구개발 사업을 지원하고 있으며 유관 기관 등을 통해 사업을 추진하고 있다.

현재 정보통신기술진흥센터를 부설기관으로 갖고 있는 정보통신산업진흥원(www.nipa.kr)은 SW산업경쟁력강화, 클라우드 서비스 활용촉진, 디지털 컨텐츠 신시장 창출, IoT 등 ICT 융합촉진 그리고 글로벌 ICT 기업육성 등의 사업을 지원하고 있다.

이들 기관들이 지원하는 사업의 기본적인 목록은 다음 절에 수록되어 있으며, 구체적인 사업 설명 내용은 해당 홈페이지에서 살펴볼 수 있다. 자신의 기업 환경과 구상하고 있는 사업 성격에 맞는 것을 검토하여 미리 준비하는 것도 좋은 방안이라 생각된다.

창업진흥원(www.kised.or.kr)이 운영하는 K-Startup은 창업자들이 창업 준비와 창업 후 성장 단계까지 필요한 제반 과정의 각종 서비스를 지원하고 있는 창업 Portal 사이트이다.

<표1.2 창업 Portal 사이트>

연구개발 관리 전담기관	정부산하기관	홈페이지
K–Startup	창업진흥원(www.kised.or.kr)	www.k–startup.go.kr

　좀 더 체계적으로 사업을 준비해나갈 계획이고 정부지원 프로그램을 활용하는 것이 도움이 될 것이라고 판단되면 K–startup 사이트를 통해 자신에게 맞는 프로그램을 찾아서 활용하는 것이 좋겠다. 이미 창업을 하고 사업을 하고 있는 기업이라도 그 동안 미처 생각하지 못했던 기본적인 사항들을 해당 사이트의 지원 프로그램을 통해 다시 점검하고 보완할 수 있는 기회를 만들 수 있다면 큰 도움이 될 것으로 생각된다.

<참고 : 부처명 변경>
2017년 7월 26일 정부의 조직개편에 따라 중소기업청(중기청)은 중소벤처기업부, 미래창조과학부(미래부)는 과학기술정보통신부로 변경되었으니 참고 바랍니다.

2
전담기관과 가까워지기

　전문기관과 전담기관은 정부부처를 대신하여 정부지원 연구개발 사업을 기획하고, 연구개발 수요를 조사하여 사업을 만들고, 예산을 조정하고, 사업을 공고하며, 경쟁 사업계획서들을 평가하여 선정하고, 사업 협약 및 사업 관리 업무를 맡고 있으며, 최종 사업 결과를 평가하고 사업화에 따른 기술료를 징수하는 등 연구개발과 관련된 전반적인 업무를 수행하고 있다.

　정부지원 연구개발 사업에 지원하고 선정될 수 있도록 하기 위해서 항상 가까이 두고 관심을 가져야 하는 것이 전담기관 사이트이다. 여기에는 사업의 추진 일정과 사업 공고, 수요 조사 등이 게시되고, 사업 지원에 필요한 각종 서식과 관련 연구개발 관리 규정 등도 아주 자세히 제공하고 있다.

　전담기관은 위와 같은 업무를 위해 일반적으로 다음 그림과 같은 추진체계(조직)를 갖고 정부지원 사업을 추진하고 있다.

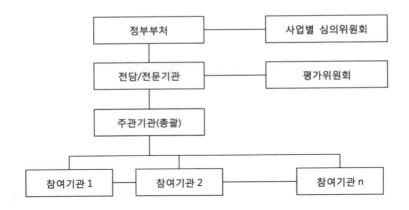

〈그림1-1. 정부지원 사업 추진체계〉

　정부부처에 따라 전담기관은 앞에서 설명한 것과 같이 지정되어 있으며, 정부지원 사업을 수주한 결과에 따라 주관기관과 참여기관은 사업을 실제 수행하는 기업, 연구소, 대학 등의 기관이 된다.

　전담기관의 책임과 권한은 산업기술평가관리원의 경우에 다음과 같이 홈페이지에 정의하여 놓았다(www.keit.re.kr: 주요사업/사업안내/추진체계).

<表1.3 전담기관의 책임과 권한>

책임과 권한	1. 사업 계획수립 지원 및 관련 정책연구
	2. 기술수요조사 및 조사결과의 종합분석
	3. 기술예측조사, 기술수준조사, 기술경쟁력분석 등 사전조사
	4. 기술청사진, 기술로드맵 수립, 특허, 표준화 및 디자인 동향조사, 경제적 타당성 분석 및 수행과제 발굴
	5. 신청계획서 검토·조정, 수행결과보고서 검토, 과제의 선정평가 및 수행결과의 평가 등 평가위원회의 운영에 관한 사항
	6. 사업수행 실태점검, 사업비 지급 및 정산 등 사업의 수행관리에 관한 사항
	7. 출연금의 환수 및 제재조치에 관한 사항
	8. 사업의 성과분석, 성과의 관리·활용 및 사업화 촉진에 관한 사항
	9. 기술료의 징수, 사용 및 관리에 관한 사항
	10. 사업의 보안 및 연구윤리에 관한 사항
	11. 사업 종합지원정보시스템 구축·운영에 관한 사항
	12. 기타 사업의 기획·평가·관리 등에 관하여 장관이 필요하다고 인정한 사항

추진체계의 평가위원회는 기술개발지원사업 과제의 도출 및 선정, 진도, 단계, 최종, 성실성 검증 등의 평가와 협약 해약, 중단, 실패 과제 등의 안건을 심의하기 위한 위원회라고 규정에 정의되어 있다. 즉, 사업 수주를 위해 다수의 기관들이 제안한 경우 해당 사업을 수행할 기관을 선정하기 위해 평가를 진행하기 위해 외부 평가위원 등으로 구성된 위원회로서, 어느 기관이 사업을 수행하는 데 가장 적합하고 경쟁력이 있는지를 제출된 사업계획서에 의해 평가하는 서면평가, 그리고 평가위원을 대상으로 제안 기관들이 구두로 발표하여 평가를 진행하는 대면평가 과정을 통해 해당 사업의 수행 기관을 선정하는 것도 역할을 맡고 있다.

평가위원회의 평가위원은 전담기관별로 이미 등록된 평가위원 Pool에서 선정하게 되어 있으며, 평가위원 Pool은 산업계, 연구계, 학계 등의 전문가들이 자율적으로 가입하여 구성되어 있다. 경력 및 학력 등의 일정 조건을 충족하는 경우에 누구라도 평가위원으로 신청이 가능하므로 관심이 있다면 누구나 각 전담기관 사이트에서 가입 및 등록 신청을 할 수 있다.

심의위원회는 기술개발지원사업의 운영체계 및 제도개선, 평가위원회 평가 결과에 대한 조정, 확정을 위한 위원회로서 사업과 관련된 중요한 안건 등을 심의하고 있다.

아직 전담기관 사이트를 방문해본 적이 없다면, 이제 시간을 잠시 할애하여 해당 사이트가 어떻게 구성되어 어떠한 정보를 제공하고 있고, 어떤 사업들이 현재 공고되어 있는지 등을 살펴보도록 하자. 그리고 규칙적이고 지속적으로 접근하여 중요한 정보를 놓치지 않도록 익숙해지면 좋겠다.

전담기관별 차별화된 사업 특성 이해

전담기관과 전문기관의 역할과 특성을 해당 홈페이지의 소개 내용을 기반으로 간단히 요약해보면 다음과 같이 정리할 수 있다.

〈표1.4 대표적인 연구개발 관리 전담기관〉

전담기관	역할
IITP (미래부)	ICT R&D 지원을 통한 정보통신기술 및 산업 진흥
KEIT (산업부)	세계 최고의 산업기술을 선도하는 R&D지원을 통해 한국 산업기술이 세계 최고 기술경쟁력을 확보하는데 기여
TIPA (중기청)	중소기업의 도전을 성공으로 연결할 수 있는 기술경쟁력 강화를 통해 국민경제 발전에 기여

IITP는 ICT 분야에 집중하고, KEIT는 산업기술 분야를 중심으로 사업을 펼치고 있는 것을 볼 수 있다. 그리고 TIPA는 중소기업들이 정부지원 사업을 통해 기술 경쟁력을 갖도록 사업을 추진하는 것을 알 수 있는데 전 산업 분야를 대상으로 하고 있다.

IITP와 KEIT는 중소기업 주도의 사업보다는 연구기관과 중견기업 이상, 대학들이 주관하는 상대적으로 규모가 있는 사업을 중심으로 편성되어 있고 연구개발 내용도 좀 더 고도화되고 장기적인 개발이 필요한 부분에 치중되는 성격을 띠고 있다. 하지만 중소기업, 창업 초기기업의 참여를 제한하고 있는 것은 아니므로 명확한 연구 기술개발 주제와 뚜렷한 의지, 강한 자신이 있다면 얼마든지 도전할 수 있다.

연구기관들처럼 비영리 기관이 주관으로 추진하는 중대형 사업이라 하더라도 사업 종료 후의 최종 결과물을 사업화하기 위해서는 기업들이 직접 추진해야 하므로 사업공고부터 영리 기업 참여를 필수로 하는 경우가 많다. 이러한 경우 기업들이 참여기관으로 사업에 참여하여 자신의 기업이 필요로 하는 기술을 해당 사업기간 직접 개발하고, 주관기관이 개발한 기술 중에서 필요한 기술은 사업 기간 중 또는 사업 종료 후에 기술이전을 통해 사업화에 활용할 수 있도록 운영하고 있다.

따라서 창업 초기 기업 또는 기술력을 키워가는 중소·중견기업의 경우는 중기청의 사업에는 직접 주관기관으로 사업을 추진하면서, 산업부와 미래부의 사업은 지속적인 모니터링을 통해 자신의 기업 특성에 맞는 사업이 공고되면 참여기관으로 공동 연구개발에 참여할 수 있는 기회를 만드는 것도 좋은 전략으로 생각된다.

이러한 기회를 만들기 위해서는 해당 전담기관의 홈페이지에 공고되는 사업과 지원정책 등을 수시로 살펴보고 참여할 수 있는 방안을 강구해나가는 것도 기업의 기술개발 경쟁력을 높이면서 기술력을 확보해가는 좋은 방법이 될 것이다.

창업과 중소기업을 위한 정부지원 사업 계획서 작성법

전담기관들의 사업 분류

1) 중기청 사업

전담기관과 전문기관들 간의 효율적인 기술개발 지원업무 추진을 위해 사업 관리가 일부 조정이 되기도 하며, 중기청의 경우 기술 변화 및 경제 여건의 변화와 중소·중견기업들의 지원 필요성에 따라 사업 지원은 발전적으로 변화를 진행하고 있다. 중소기업청 기술개발사업 종합관리시스템(www.smtech.go.kr)의 지원사업안내/사업소개 페이지에서 보는 바와 같이 사업의 해당 연도를 선택하여 검색해보면 매년 사업들이 조금씩 변화해온 것을 알 수 있다.

아래 표는 2016년 현재의 사업들과 사업 개요를 정리한 내용으로 사업을 신청하기 전에 어떤 사업들이 있는지, 어떤 사업에 내가 지원하는 것이 좋은지 미리 살펴보고, 좀 더 자세한 사업의 지원 규모와 지원 내용, 지원 조건, 그리고 추진 일정이 해당 페이지에 자세히 소개되어 있으므로 시간을 내어 살펴보는 것이 필요하다.

아울러 해당 사업이 공고되었는지 확인을 하고 싶으면 사업공고 페이지에서 시행계획 공고문을 살펴보고, 필요한 경우에 사업계획서 양식 및 각종 준비 서류와 관련된 정보와 서식을 다운로드 받을 수 있다. 사업 신청 준비를 위해서는 수시로 사업공고 페이지에 접근하는 지속적인 과정과 노력이 필요하다.

〈표1.5 중기청 사업 목록〉

	R&D 지원 사업	사업명	사업 개요
1	중소기업 기술혁신개발사업	기술혁신 개발사업	글로벌 전략품목 및 미래 성장유망 분야 등의 기술개발지원을 통해 중소기업의 성장 동력 창출 및 사업화 촉진
		기업서비스 연구개발사업	
2	중소기업 융복합 기술개발사업	중소기업 융복합 기술개발사업	기술혁신형 중소기업을 중심으로 구성된 개방형 R&D 협력체(산·연, 산·학, 산·산)의 이종(異種) 기술간 융합R&D를 통한 신기술·신제품·신시장 창출 지원
3	중소기업 상용화기술개발사업	구매조건부기술개발사업 (국내수요처)	국내·외 수요처 및 투자기업(대기업, 공공기관 등)이 구매의사를 밝히고 개발을 제안한 과제에 대해 중소기업의 기술개발을 지원
		구매조건부기술개발사업 (해외수요처)	
		구매조건부기술개발사업 (민관공동투자)	
		공공구매조건부기술사업화 (국토부)	
4	시장창출형 창조기술개발사업	시장창출형 창조기술개발사업	실패 위험성은 높으나 R&D 성공시 새로운 시장 개척 및 고수익 창출이 가능한 창의·도전적 과제 집중 발굴 지원
5	제품·공정개선 기술개발 사업	제품공정개선 기술개발사업	제품·공정 개선을 지원하여 시장·소비자 니즈에 맞는 신속한 대응을 통한 제품경쟁력 강화 및 생산성 향상 제고
6	창업성장 기술개발사업	창업성장–기술개발사업	성장잠재역량을 보유하고 있는 창업기업 및 1인 창조기업에 대한 기술개발 지원을 통해 기업의 생존율 제고 및 성장기반 강화
		창업성장–1인창조	
		전문엔젤주도형과제	
		여성전용과제	
		민간주도형 기술창업사업	
7	중소기업 R&D 기획역량 제고사업	중소기업R&D 기획지원사업	중소기업이 기술성 및 사업성이 높은 기술분야에 R&D 역량을 집중할 수 있도록 R&D기획 및 재직자 역량강화 교육을 지원하여 기술개발 및 사업화 성공률을 제고
		R&D기획역량 강화프로그램	

창업과 중소기업을 위한 정부지원 사업 계획서 작성법

8	산학연협력 기술개발사업	이공계전문가기술 개발서포터즈사업	대학 · 연구기관이 보유한 연구개발 인프라를 활용하여 기술기반이 취약한 중소기업의 기술혁신 능력 제고 및 혁신기술의 사업화 촉진
		첫걸음과제	
		도약과제	
		산연전용과제	
		기업부설연구소 신규설치과제	
		연구마을과제	
9	연구장비 공동활용 지원사업	연구장비 공동활용 지원사업	대학·연구기관 등이 보유한 연구장비 및 소프트웨어의 중소기업 공동 활용을 지원하여 국가장비 활용도 제고 및 중소기업 기술경쟁력 향상 기반 마련
10	WC300 프로젝트 지원	WC300 R&D (전담기관: KIAT)	글로벌 성장전략과 기술혁신 역량을 보유한 World Class 300 선정기업의 미래전략 및 원천기술개발을 지원
11	중소·중견기업기술 경쟁력강화파트너십 (tipa)	중소·중견기업기술 경쟁력강화파트너십	중소—중견기업 협력강화를 통해 기업 네트워크·파트너십 강화 및 글로벌 역량강화형 동반성장 모델을 창출
12	재창업기업 아이디어 신제품개발사업(tipa)	재창업기업 아이디어신제품개발사업	실패 재기중소기업인의 우수 아이디어에 대한 R&D자금 지원을 통해, 실패기업인의 재기 지원
13	중소기업적합업종및 국내복귀(U턴)기업 R&D지원사업(tipa)	중소기업적합업종및 국내복귀(U턴)기업R&D지원사업	산업생태계의 다양한 환경 변화에 대응할 수 있도록 마련된 중소기업 적합업종 지정 및 국내복귀(U턴) 기업 지원의 취지와 실효성을 제고하고, 관련 중소기업의 경쟁력 강화를 위한 기술개발 지원

2) 산업부 사업

산업부 사업은 한국산업기술평가관리원 홈페이지(www.keit.re.kr)의 사업안내에서 공개되어 있으며, 5개의 사업유형별로 세부사업과 사업내역을 구분하고 있으니 관심 있는 사업은 홈페이지를 참고하자.

〈표1.6 산업부 사업 목록〉

사업유형	세부사업명	내역사업명
산업핵심 기술개발	바이오산업핵심기술개발사업	바이오핵심기술개발
		바이오화학산업화촉진기술개발
		유망바이오 IP 사업화 촉진
	나노융합산업핵심기술개발사업	나노융합
		그래핀소재부품상용화기술개발
		나노소재수요연계제품화적용기술개발
	엔지니어링핵심기술개발	엔지니어링핵심기술개발
	지식서비스산업핵심기술개발	제조업지원서비스
		서비스산업고도화
		융합신서비스창출
		지식서비스기반기술개발
	기계산업핵심기술개발사업	제조기반생산시스템
		첨단연구장비경쟁력향상
	자동차산업핵심기술개발사업	자동차
	조선해양산업핵심기술개발사업	조선해양산업핵심기술개발사업
		차세대조선에너지부품
		3D프린팅제조공정연구개발
	전자시스템산업핵심 전문기술개발사업	의료기기
		IOT기반복합생체신호모니터링을 위한고집적웨어러블단말기개발
	스마트공장고도화기술개발	생산운영 솔루션 개발
		ICT융합 스마트 시스템 개발
		스마트공장 성공모델 개발·구축
	로봇산업핵심기술개발사업	로봇융합제품
		로봇원천제품

사업유형	세부사업명	내역사업명
산업핵심 기술개발	전자시스템전문기술개발사업	레이저핵심부품국제공동개발
		중대형이차전지상용화기술개발
		핵심의료기기제품화기술개발
		장비연계형3D프린팅소재기술개발
		녹색산업선도형이차전지기술개발
		첨단의료기기생산수출단지지원
		첨단의료기기개발지원센터
	전자부품산업핵심기술개발사업	주력산업IT융합
		퍼블릭디스플레이기술개발
		및시장활성화지원
	소재부품기술개발	핵심소재경쟁력강화
		융복합소재부품개발
	산업소재핵심기술개발	화학공정소재
		금속재료
		섬유의류
		세라믹
		첨단뿌리기술
	LED시스템조명	유·무선통신부품개발
		응용마스터조명개발
		빛공해방지기술개발

사업유형	세부사업명	내역사업명
글로벌 전문 기술개발	창의산업전문기술개발	생활산업고도화
		두뇌역량우수전문기업기술개발
		산업융합촉진사업
	디자인혁신역량강화	글로벌디자인전문기업육성
		디자인전문기술개발
		차세대디자인핵심기술개발
		서비스디자인기반제조업신생태계구축
	생산시스템산업전문기술개발	청정생산기반전문기술
		튜닝부품기술개발
		그린자동차부품실용화및실증연구
	신성장동력장비경쟁력강화사업	장비상용화
		공통핵심기술개발
	센서산업고도화전문기술개발사업	핵심기반 기술개발
		응용·상용화 기술개발
		인력양성
	소재부품산업전문기술개발사업	해양융복합소재산업화사업
		섬유생활스트림간협력

사업유형	세부사업명	내역사업명
미래 성장동력 기술개발	창의산업미래성장동력	경험지식기반체험형가상훈련
		스마트바이오생산시스템개발
		PHR기반개인맞춤형건강관리시스템
	시스템산업미래성장동력	심해자원생산용친환경해양플랜트
		인쇄전자용초정밀연속생산시스템
		탄소섬유복합재(OFRP)가공시스템개발
		첨단공구산업기술고도화
		국민안전건강로봇
	소재부품산업미래성장동력	투명플렉시블디스플레이
		웨어러블스마트디바이스용핵심 부품요소기술개발

사업유형	세부사업명	내역사업명
특정목적 기술개발	산업현장핵심기술수시개발	시범형 기술개발
		산업경쟁력강화
	기술개발지원기반플랫폼구축	기술개발지원기반플랫폼구축
	우수기술연구센터(ATC)	우수기술연구센터(ATC)
	포스트게놈다부처유전체사업	포스트게놈다부처유전체사업
	항공우주부품기술개발사업	항공우주부품기술개발-상용기술개발
		원천핵심기술개발
	국민안전증진기술개발사업	국민생활및공공사회안전확보기술개발
	소형무장헬기연계 민수헬기핵심기술개발사업	체계 및 민군겸용 구성품 개발
		헬기 핵심기술개발
	나노융합2020	NT-IT융합
		NT-ET융합

사업유형	세부사업명	내역사업명
산업기술 표준 및 인증 지원	국가표준기술개발및보급	국가표준기술력향상
		국가참조표준데이터 개발·보급
		국가표준코디네이터
	표준안전기반구축	국제상호인정시험평가능력 기반구축
		제품안전기술기반조성
		품질혁신기반구축
		계량·측정기술고도화
	창의산업기술개발기반구축	ICT임상시험지원센터

창업과 중소기업을 위한 정부지원 사업 계획서 작성법

3) 미래부 사업

미래부의 연구개발 관련된 사업은 정보통신기술진흥센터 홈페이지(www.iitp.re.kr)의 주요사업/전체사업구조도에서 살펴볼 수 있으며 중요한 사업은 아래에 옮겨 정리하였다. 일부는 기업들과 직접 관계가 없는 것도 있으나, 구체적인 내용은 해당 홈페이지에 자세히 공지되어 있으니 원하는 사업이 있으면 자세히 살펴보면 좋을 것 같다.

〈표1.7 미래부 사업 목록〉

	사업명	사업 개요
1	디지털콘텐츠원천기술개발	디지털콘텐츠 핵심 원천기술을 개발하여 방송통신 문화예술 등과 융합하여 콘텐츠산업을 국가 미래성장동력 산업으로 육성
2	SW컴퓨팅산업원천기술개발	미래 선도 SW 기술개발을 통해 창조경제를 뒷받침하고 국가 성장 잠재력을 확충
3	USN산업원천기술개발	사람과 사물, 주변환경의 정보를 센싱하여 활용하는 센서네트워크핵심기술과 개발된 기술의 운용 및 서비스 구현을 위한 표준(oneM2M) 호환 테스트를 지원하는 기술 개발 지원으로 산업원천기술 확산
4	사물인터넷융합기술개발	사물인터넷 융합 확산을 위한 분야별(SPNDSe) 사물인터넷 핵심원천기술개발, 사물인터넷 응용기술개발 및 사물인터넷 기반 협업사업 추진
5	방송통신산업기술개발	국가 성장전략에 기반한 전략기술 분야의 핵심 원천기술 개발과 ICT R&D 연구환경 조성을 통해서 미래 신산업을 육성하고, 성장 잠재력 확충
6	정보보호핵심원천기술개발	안전한 국가 사이버환경 조성을 위한 기반기술 및 ICT 환경 변화에 따른 신규 보안위협 대응 기술 등 정보보호 분야 핵심 원천기술 개발지원
7	첨단융복합콘텐츠기술개발	ICT 기반의 콘텐츠 산업 혁신을 위한 타산업과 타기술간의 연계와 융합으로 융복합 콘텐츠 핵심기술개발 지원
8	ITSW융합산업원천기술개발	IT·SW기반 융합기술을 통해 미래사회에서 요구되는 미래생활, 농수산 분야 등의 신산업을 창출할 수 있는 산업원천 핵심기술 지원

9	ICT산업융합보안솔루션개발	의/약학, 휴먼ICT, 클라우드, 빅데이터 및 CPS(사이버물리시스템) 등 ICT융합산업의 보안 원천기술 개발, 실증 및 확산 지원
10	웨어러블디바이스부품 소재기술개발	다양한 웨어러블 스마트 디바이스용 핵심부품 및 요소기술 개발 및 상용화 지원 프로그램으로 조기 시장 선점
11	한국전자통신연구원 연구개발지원	한국전자통신연구원의 안정적인 연구 활동을 지원하여 출연(연) 고유기능에 부합하는 기초·원천연구의 주도적 추진을 위한 ICT 분야 중장기 기초·핵심원천기술 개발 및 사업화 R&D 수행
12	범부처GidaKOREA	2020년까지 개인이 무선으로 기가급 모바일 서비스를 누릴 수 있는 스마트 ICT환경 구축
13	정보통신응용기술 개발지원(융자)	ICT중소기업의 기술경쟁력 강화 및 신산업 창출을 위해 ICT 및 ICT기반 융·복합분야 기술개발에 소요되는 자금을 장기저리로 융자 지원

산업부와 미래부의 사업도 매년 변화가 있다. 기존의 기술이 발전하고 새로운 기술 트렌드가 탄생하면서 지원 사업의 구성의 변화는 필연적이다. 외부의 환경 변화가 우리의 기술개발 실정에 맞도록, 또 내부의 요구가 지원 정책에 반영되도록 충분히 분석되어 준비되는 것으로 생각되며 알맞은 시기를 놓치지 않고 조속히 반영하여 추진하는 지속적인 노력을 하고 있는 것으로 생각된다.

이들 사이트도 중기청의 사업과 마찬가지로 수시로 홈페이지에 접근하여 사업공고에서 원하는 사업을 놓치지 않고 좋은 기회를 만들 수 있도록 노력하여야 한다.

제 2 장

사업공고 이해

정부지원 사업의 시스템을 잘 이해하기 위해서는 사용되는 용어 및 운영 체계 등에 대해 익숙해질 필요가 있다. 정부지원 사업공고의 형식과 내용을 해석할 수 있다면 짧은 시간 내에 핵심 내용을 파악할 수 있고 사업 준비에 필요한 귀중한 시간을 절약할 수 있다. 전담기관 사이트의 일부 사업공고 내용을 사례를 들어 사업 목적과 지원 대상 분야, 정부지원금(출연금), 민간부담금, 기술료 등과 같은 용어, 지정공모와 자유공모 형식의 RFP, 신청자격과 참여 제한, 평가 단계에서의 가점과 감점 등에 관한 규정, 그리고 서면 및 대면 평가의 선정 절차 등을 살펴보면서 정부지원 사업의 시스템과 체계를 이해한다.

사업공고 형식

　사업공고는 사업의 목적, 지원 규모 및 기간, 신청자격, 평가 절차와 기준, 신청 기간, 제출 서류 등과 문의처 등을 공지하게 되는데, 전담기관 별로 목차는 일부 다르지만 내용은 크게 차이는 없으며 다음 표와 같이 구성되어 있다. 같은 전담기관이라도 사업의 성격이 다른 경우 및 바우처 제도를 포함하는 등 사업의 목적이 특화되어 있다면 항목들이 그에 맞추어 공지된다.

　아래 표는 3개 기관의 사업공고의 목차를 정리한 것으로 순서와 이름은 다르지만 모두 사업과 관련된 중요한 내용들로 구성되어 있는 것을 알 수 있을 것이다. 다음 절에서는 3개 기관 공고 목차의 세부 내용별로 정리하여 설명한다. 각 절 제목의 괄호 속 해당 목차를 정리하였다

<h2 align="center">〈표2.1 사업공고 목차 비교표〉</h2>

중기청(smtech)	산업기술평가원(KEIT)

1. 사업개요
   1-1. 사업 목적
   1-2. 지원 규모
2. 지원금액 및 한도
   2-1. 정부출연금
   1-2. 민간부담금
3. 신청자격 및 검토·확인
   3-1. 신청자격
   3-2. 지원 분야
   3-3. 신청자격 등의 검토·확인
4. 신청 기간 및 신청 방법
   4-1. 신청·접수기간
   4-2. 신청 방법
5. 과제평가 및 선정 절차
   5-1. 서면평가
   5-2. 대면평가
   5-3. 현장조사
   5-2. 지원 과제 선정
6. 바우처 제도 도입·운영
7. 기술료 납부
8. 신청제한 및 지원제외사항
9. 기타 공지사항
10. 문의처
	1. 사업개요
	   1-1. 사업 목적
	   1-2. 지원 대상 분야
	   1-3. 사업비 지원 규모 및 기간
	2. 사업 추진체계
	3. 사업비 지원기준 및 기술료 징수기준
	   3-1. 사업비 지원기준
	   3-2. 기술료 징수 여부 및 방법
	   3-3. 사업비 산정시 유의사항
	4. 지원 분야 및 신청자격 등
	   4-1. 지원 분야
	   4-2. 신청자격
	   4-3. 지원 제외 처리 기준
	   4-4. 과제 중복성 제기
	5. 평가 절차 및 기준
	   5-1. 평가 절차
	   5-2. 평가 기준(우대 및 감점기준 포함)
	6. 근거법령 및 규정
	7. 신청 방법, 신청서 제출 기한 및 접수처
	8. 제출 서류 사항
	9. 기타 유의 사항
	10. 문의처 등

정보통신기술진흥센터(IITP)
O 사업 목적
O 지원 대상 분야
1. 지원 내용
2. 지원 과제 목록
3. 관련 규정
4. 사업 추진체계
4-1. 사업 추진체계
4-2. 주관기관과 참여기관의 신청자격
4-3. 정부출연금 지원 기준
4-4. 민간부담금 현금 비율
5. 과제 신청 유의사항
6. 평가 절차 및 평가 항목
7. 사업설명회/정보교류회 개최
8. 신청 요령
9. 문의처

사업 목적

(중:1-1사업 목적, 산:1-1.사업 목적, 정:O사업 목적)

정부지원 사업의 목적을 정확히 이해해야 지원 성격에 맞는 사업계획서 준비가 완벽해질 수 있다. 사업 목적을 포함하여 지원 대상 분야, 사업비 지원 규모 및 기간이 사업 공고의 첫 번째 부분에 사업 개요로 나타나 있으므로 무엇보다 이 부분을 이해하면 해당 사업에 참여할지 말지 결정할 수 있다.

예를 들어, 중기청 사업 중에 '제품·공정개선 기술개발사업'이 있는데, 사업목적이 다음과 같이 공고문에 정의되어 있다.

> R&D 역량이 부족한 중소기업의 제품·공정개선 분야 기술개발을 통해
> 제품경쟁력 강화 및 생산성 제고

사업 목적에서 몇 가지 중요한 요건과 방향 그리고 최종 목적을 확인할 수 있는데 다음의 내용들이 그것이다.

공고 내용(사업목적)	의미 이해
R&D 역량이 부족한	어떠한 환경에 있는 기업이 대상인지를 정의
중소기업의	제안 가능한 기업군(규모)을 정의
제품·공정개선 분야 기술개발을 통해	기술개발 분야를 정의
제품경쟁력 강화 및 생산성 제고	본 사업 기술개발의 목적과 기대효과를 정의

사업 목적이 위와 같이 공고되었음에도 불구하고 제품 또는 공정개선과는 관계가 없는 신기술과 신제품 개발이 더 중요하고 기술적으로 가치가 높다고 생각하여 위 사업에 제안한다면 해당 사업이 요구하는 성격과 취지에 부합하지 않으므로 선정 대상에서 제외될 것이다.

다른 예로서, 산업기술평가원(이하 산기평)의 2016년 사업공고된 목록 중 '2016년 제3차 산업핵심기술개발사업 신규지원 대상과제 공고'의 경우는 사업 목적이 다음과 같이 게시되어 있다.

> "국가 성장전략에 기반한 전략기술 분야의 핵심원천기술 개발에 대한 집중 지원을 통해
> 미래신산업을 육성하고 주력기간산업의 산업경쟁력을 제고하여 미래 신성장동력을 창출"

상기 중기청의 사업 목적과 비교하여 좀 더 포괄적이면서 연구개발 정책 방향성을 제시하고 있는 것으로 보이며 구체적인 과제를 제안하기에는 너무 광범위하다고 느낄 수도 있는 내용이다. 그러나 제목을 자세히 보면 '신규지원 대상과제'라고 되어 있듯이 본 사업은 개발하고자 하는 세부 내용을 이미 사전에 준비된 RFP들을 포함하여 사업공고에 제시하고 있으며, 이들은 본 사업목적에 부합하는 연구개발 과제들을 사전 수요조사를 통해 선정한 것들이다.

따라서 기업이 스스로 정한 기술과 제품을 개발하는 것이 아니라, 제시된 RFP를 살펴보고 제안하려는 기업이 사업에 필요한 기술이거나, 신사업을 위해 도전할 만한 가치가 있다고 판단하거나, 또는 이미 보유하고 있는 핵심 기술로 다른 기관에 비교하여 더 경쟁력 있게 개발할 수 있는 입장에 있다면 과제 신청에 참여할 기회를 만들 수 있다.

산기평과 정보통신기술진흥센터의 경우는 사업 목적이 중기청의 사업

에 비해 범위가 넓고 포괄적으로 정의되어 있어서 해당 사업을 구체화하기 위해 지원대상분야를 목차에 포함하고 있다. 위에서 예로 들었던 산기평의 '2016년 제3차 산업핵심기술개발사업 신규지원 대상과제 공고'의 경우는 '지원대상분야'가 다음과 같이 게시되어 있다.

> – 10년 이내에 기술적 파급효과가 크고 산업 기술 경쟁력을 획기적으로 제고 할 수 있는
> 부가가치가 높은 핵심기술, 원천기술 및 엔지니어링 기술
> ※ 창의산업분야 : 나노융합, 바이오(유망바이오IP사업화촉진사업 포함)
> ※ 소재부품산업분야 : 금속재료, 화학공정, 세라믹, 첨단뿌리기술
> ※ 시스템산업분야 : 로봇, 산업용기계, 생산장비, 스마트카, 연구장비, 조선해양

사업 목적에서 보이지 않던 구체적인 방향과 원하는 기술개발 방향이 나타나 있고, 또한 본 사업은 RFP를 포함한 사업공고로서 이번 3차 사업에서 지원하는 3개의 기술 분야와 세부 분야를 명시하고 있으며, RFP들도 당연히 본 사업공고 중에 포함되어 있다.

사업의 성격

    사업 목적뿐만 아니라 사업의 성격이 기술개발 인지, 서비스개발 인지, 사업화 지원 인지, 인력양성 지원 인지, 애로기술 지원 인지, 등등. 또 다른 여러 가지 성격의 사업이 많기 때문에 그에 맞는 내용으로 계획서가 준비될 수 있도록 공고된 사업의 목적을 충분히 이해하고 숙지하여 사업의 취지와 추진 방향을 놓치지 않도록 신중을 기해야 한다.

    서비스개발 사업인데 아무리 좋은 원천 핵심 기술을 개발을 제안한다면 사업 목적과 취지에 부합할 수 없으므로 당연히 선정 과정에서 제외되는 결과를 초래할 것이다.

    만약 사업 목적과 취지 및 방향 등에서 이해되지 않는 부분이 있다면 해당 전담기관의 담당자 연락처를 찾아서 전화, 이메일 또는 방문을 통해서라도 확실히 확인하고 이해한 후에 진행하는 것이 최선의 방법이라 할 수 있다.

    기술 내용이 아무리 뛰어나더라도 사업 성격에 맞지 않으면 제외될 수밖에 없다. 사업의 취지와 목적에 맞지 않는 내용의 계획서를 제출하면 원하는 좋은 평가 결과를 기대할 수 없으며 시간과 비용, 인력의 낭비를 스스로 만드는 것이 될 수 있다.

    이러한 사업 목적에 맞는 제안 내용이 준비되면, 제안서 접수 마감일,

제안 기업의 자격 요건, 접수 방법 및 구비 서류, 평가 일정, 가점 요건 등을 확인하고 제안서를 작성하기 위해 필요한 각종 서식 등을 추가로 다운로드받아 제안서 작성을 진행하는 것이 중요하다.

지원 규모 및 기간

(중:1-2지원 규모, 산:1-3사업비지원규모및기간, 정:1.지원 내용)

지원 규모는 본 사업에 배정된 전체 정부지원 예산과 몇 개의 과제를 지원하기로 계획되어 있는지를 알려준다. 기간은 본 사업(과제)를 지원하는 총 개발 기간을 나타내며 적게는 1년에서 길게는 5년(드물게는 10년)까지 지원하는 사업이 있다.

사업별 1년 총 예산을 지원 과제 수로 나누면 하나의 과제에 얼마의 예산을 지원하려는 것인지 예상할 수 있으며, RFP를 통해 공고되는 과제는 해당 RFP에 지원 예산 규모가 포함되어 있다.

중소·중견 기업을 대상으로 하는 중기청 사업이 기술개발을 포함하여 사업화와 상용화에 중요한 비중을 두고 있으며 다른 정부부처의 사업에 비교하여 상대적으로 과제당 배정되는 정부지원금 개발비 규모가 작고 기간도 짧은 편이다.

핵심 원천기술은 연구개발의 난이도가 높을 뿐만 아니라 성공 가능성의 위험도도 높고 또한 짧지 않은 기간을 필요로 한다. 이렇게 개발된 핵심 원천기술들은 기술이전을 통해 기업들이 상용화와 사업화 단계를 거치게 된다.

지원 금액 또는 사업비 지원 기준

(중:2.지원 금액 및 한도, 산:3-1.사업비 지원 기준, 정:4.사업 추진체계)

정부지원 사업은 기업과 같은 영리기관이 과제를 신청하는 거의 모든 경우에 정부지원 개발비에 대한 기업 부담 예산을 편성해야 한다. 정부지원 예산을 '정부출연금'이라고 부르며, 영리기관(기업)이 부담하는 예산을 '민간부담금'이라고 용어를 정의해 놓았다.

즉, 정부지원 사업을 수행하는 기업도 자체 투자(현물+현금)를 통해 책임과 권한을 갖고 사업화를 통한 매출 확대를 위한 노력을 성실히 하도록 제도적인 장치를 만든 것이다.

영리기관 특히 기업의 규모에 따라 정부출연금과 민간부담금의 비율을 정의해 놓았다. 다음의 표가 산기평의 정부출연금 비율이지만, 정부부처(전담기관)의 지원 규정에 따라 일부 차이가 있으니 공고된 사업에서 필히 확인하여 예산을 편성해야 한다.

<표2.2 산기평 정부출연금 비율 예시>

수행기관[1] 유형	과제 유형	
	원천기술형	혁신제품형
대기업[2]	해당 수행기관 사업비의 50% 이하	해당 수행기관 사업비의 33% 이하
중견기업[3]	해당 수행기관 사업비의 70% 이하	해당 수행기관 사업비의 50% 이하
중소기업[4]	해당 수행기관 사업비의 75% 이하	해당 수행기관 사업비의 65% 이하
그 외	해당 수행기관 사업비의 100% 이하	해당 수행기관 사업비의 100% 이하

1) '수행기관'이란 과제수행을 위하여 선정된 주관기관 및 참여기관임

2) '대기업'이란 「중소기업기본법」 제2조에 따른 중소기업 및 「중견기업 성장촉진 및 경쟁력 강화에 관한 특별법」 제2조제1호에 따른 중견기업이 아닌 기업임

3) '중견기업'이란 「중견기업 성장촉진 및 경쟁력 강화에 관한 특별법」 제2조 1호의 기업임

4) '중소기업'이란 「중소기업기본법」,제2조제1항 및 3항과 같은 법 시행령 제3조(중소기업 범위)에 따른 기업임

○ 외국 소재 기관(기업, 대학 및 연구소 등)의 경우는 위 표에서 '그 외'를 적용함.

예를 들어, 중소기업으로 혁신제품형의 과제(공고된 정부출연금: 1억원)를 신청한다면, 정부출연금이 사업비의 65% 이하까지 지원되므로 총사업비는 다음과 같이 구성된다.

정부출연금(A)	민간부담금(B)	총사업(과제)비(C)
100,000,000	53,847,000	153,847,000
〈65%	〉35%	100%

정부출연금이 주어졌을 때 민간부담금을 계산해내는 방법은 먼저 아래 식에서 총사업비(C)를 구한 뒤,

C = A / (정부출연금 지원 비율)

여기서 정부출연금(A)를 **빼면** 민간부담금(B)를 도출할 수 있다. 다만 총 사업비의 65%(정부출연금 지원 비율)를 초과할 수 없으므로, 계산하여 나온 총 사업비를 적절한 수준에서 올려서 책정(C')하고 다음 식과 같이 정부출연금을 제하면 민간부담금을 도출해낼 수 있다.

B = C' − A

이와 같은 이유로 위의 표에서 부등호로 표시하여 놓았다.

정부출연금은 현금으로 지원되는 반면에 민간부담금은 기업의 부담을 덜어주기 위하며 현물과 현금으로 예산 편성이 가능하도록 허용하고 있다. 현물은 기업이 보유하고 있는 인력과 장비 중에서 본 과제에 참여하고 활용하는 비율 또는 고정 비율로 책정할 수 있다. 기업 민간부담금의 일부는 현금으로 편성하도록 하고 있으며, 산기평의 경우는 다음의 표와 같다. 민간부담금 역시 전담기관별로 또는 사업별로 다를 수 있으므로 필히 확인 후 예산을 편성해야 한다.

<표2.3 산기평 민간부담금 현금 비율 예시>

수행기관 유형	과제 유형	
	원천기술형	혁신제품형
대기업	해당 수행기관 민간부담금의 60.0% 이상	해당 수행기관 민간부담금의 80.0% 이상
중견기업	해당 수행기관 민간부담금의 50.0% 이상	해당 수행기관 민간부담금의 60.0% 이상
중소기업	해당 수행기관 민간부담금의 40.0% 이상	해당 수행기관 민간부담금의 60.0% 이상
그 외	필요시 부담	필요시 부담

위의 예와 같이 중소기업이고 혁신제품형의 사업에 지원하는 경우라면, 민간부담금은 다음의 표와 같이 현금과 현물이 책정된다.

정부출연금(A)	민간부담금(B)		총사업(과제)비(C)	
	53,847,000		153,847,000	
100,000,000	현금(D)	현물(E)	현금(F)	현물(E)
	32,308,200	21,538,800	132,308,200	21,538,800
<65%	>35%		100%	

위의 표에서 현금(D)는 민간부담금의 현금 부담비율 60% 이상의 규정에 의해

D = B * (민간부담금 현금 부담비율)

로 계산되고, 현물 부담도 그에 따라 결정된다.

총사업비도 기업이 부담하는 현금을 포함하여 전체 현금 비용(F)과 기업이 부담하는 현물 부담금으로 구분되어 구성된 것을 볼 수 있다.

창업과 중소기업을 위한 정부지원 사업 계획서 작성법

6 지원 분야

(중:3-2.지원 분야, 산:4-1.지원 분야, 정:1.지원과제목록)

해당 사업에서 지원할 연구개발 분야를 명확히 전달하기 위한 내용을 공고하는 항목으로서 크게는 자유공모와 지정공모 형태로 공지되고 있다.

자유공모는 공고된 지원 분야에 속하는 연구개발의 목표와 내용을 제안하는 기관이 정하도록 하는 방식이다. 예를 들어 중기청의 하나의 공고 사례를 보자.

> 신기술 및 신제품 개발을 통해 사업화 수익창출이 가능한 기술개발 과제로, 「중소기업기술개발 지원사업 운영요령」제34조 제2항의 위탁연구기관[붙임1 참조]이 의무적으로 참여한 과제
> * 단, 주관기관 단독 신청시 바우처 지원항목(연구시설장비비(장비사용료), 전문가활용 및 연구개발서비스 활용비 등)으로 총 사업비(정부출연금 및 민간부담금) 현금의 20%~40%이하까지 필수 계상 [붙임2 참조]

본 사업의 공고는 연구개발 대상을 "신기술 및 신제품 개발을 통해 사업화 수익창출이 가능한 기술개발 과제"로 제시하여 기업이 거의 제한 없는 신기술과 신제품 연구개발 분야를 자유롭게 선택하고, 또한 사업화를 통해 수익 창출이 달성되도록 추진하는 것을 요구하고 있다. 그리고 제안에 필요한 몇 가지 조건 사항을 충족하도록 요구하고 있다.

자유공모와 달리 연구개발 내용을 구체적으로 지정하여 공고하는 형태를 지정공모라고 하고, 산기평과 정보통신기술진흥센터에서는 지정하는 과제의 기술 개발 내용을 구체화하여 지정하지 않고 제품 또는 제품군만을 제시하는 품목지정 방식으로도 사업을 공고한다. 산기평의 공고문에 이들 2가지 형태의 과제는 다음과 같이 정의되어 있다.

○ 지정공모형 과제 : 개발이 필요한 대상기술과 도전적 기술목표(RFP)를 제시
○ 품목지정형 과제 : 필요 기술의 구체적 스펙(RFP) 제시 없이 품목(제품, 제품군)만 제시
  (지정공모와 자유공모의 중간 형태)

지정공모와 품목지정의 RFP를 직접 보면 2가지 공모 형태의 차이점을 쉽게 알 수 있으므로 사이트에서 이들의 공고된 사례를 살펴보자.

지정공모 사업의 RFP는 관리번호에 지정공모라고 명시되어 있고, 과제명과 함께 필요성, 연구 목표, 그리고 지원 기간/예산/추진체계가 포함되어 있다. 연구 목표에는 최종목표는 과제명보다 더 명확하고 구체적인 목표를 세부 개발 내용 목록으로 제시하고 있으며, 최종목표를 달성하기 위한 핵심적인 기술개발의 성능지표와 달성목표를 정의하여 포함하고 있다.

이러한 개발 목표는 최소한 만족해야 하는 성능지표이지만, 제안자가 개발 목표를 이 보다 더 나은 목표를 제시하는 것도 가능하다. 중기청 사업의 경우 '개발 목표'는 '목표 달성도 평가지표'와 비슷한 의미로 사용되고 있으므로 참고하기 바란다.

품목지정 사업의 RFP는 관리 번호에 품목지정이라고 명시되어 있고, 품목명과 함께 개념, 지원필요성, 그리고 지원 기간/예산/추진체계가 포함되어 있다.

지정공모와 달리 최종목표 대신에 개발 내용과 본 과제 지원이 필요한 이유에 대해 설명되어 있고 개발 목표(성능지표와 달성지표)가 포함되지 않다. 따라서 본 사업의 제안을 준비하는 입장에서는 앞에서 예로 들었던 지정공모 RFP에 포함된 내용(최종목표, 개발 목표)들과 함께 이를 구현하기 위한 경쟁력 있는 기술개발 방법 등을 포함하여 사업계획서를 작성하여야 한다.

1) 원천기술/혁신제품 그리고 전략/창의/혁신

산기평에서는 과제의 개발 형태를 원천기술형과 혁신제품형으로 구분하여 공고한다. 원천기술형 과제와 혁신제품형 과제는 연구개발이 목표로 하는 개발의 결과물의 형태를 정의한다.

원천기술형 과제는 제품에 적용 가능한 독창적, 창의적인 원천기술을 개발하는 과제의 유형이고, 혁신제품형 과제는 산업원천기술을 접목한 제품을 개발하는 과제의 유형이라고 전담기관의 홈페이지에 정의되어 있는 것을 확인할 수 있다.

즉, 원천기술이 연구개발의 목표인지, 제품이 연구개발의 목표인지 명확인 구분된다. 원천기술형 과제에서 확보된 기술은 다음 단계인 혁신제품형 과제에서 제품을 개발하기 위한 기술로 활용되는 것은 당연할 것이다.

예를 들어, 이제는 누구나 자연스럽게 사용하고 있는 MP3와 관련된 기술과 제품, 그리고 서비스까지 살펴보면 잘 구분이 될 수 있을 것 같다.

원천기술	혁신제품	서비스
MP3 Encoder/Decoder	MP3 Player −Software −Hardware	MP3 Streaming Player를 이용한 음원 서비스

다른 예로 수소 엔진 관련 기술을 살펴보자.

원천기술	혁신제품	서비스
수소 엔진	수소 엔진 자동차	–

수소 엔진과 수소 엔진 자동차를 활용한 서비스 기술개발은 독자들이 한번 고민하여 새로운 서비스를 구상해보면 좋겠다.

정보통신기술진흥센터에서는 과제의 성격을 전략, 창의, 혁신으로 구분하고 있으며, 공고문에서 다음과 같이 설명하고 있다.

〈표2.4 IITP의 과제 성격 정의〉

성격구분	내용설명
전략	국가 전략기술 확보 및 新제품·서비스 창출을 위한 중대형 R&D과제 위주임
창의	대학의 창의성(아이디어)이 높은 목적 지향의 기초 원천 연구개발을 위한 도전적인 과제 위주임
혁신	중소·중견 기업의 기술경쟁력을 강화 및 새로운 가치창출을 위해 사업성이 높은 상용화 기술개발과 주요 기술의 R&BD를 지원하는 과제 위주임

이러한 구분은 해당 과제가 어떤 부분에 중점을 두고 있는지를 분명히 하여 사업에서 목표로 하는 결과를 최대한 성공적으로 이루기 위한 것으로 수행기관이 방향성을 올바르게 수립하여 최대한의 성과를 만들어 낼 수 있도록 하기 위함이다.

이러한 용어를 이해하고 사업계획서를 작성하는 데 필요한 개발 목표와 방향을 이해하고 어떠한 기술개발에 집중할지를 결정하는 지식으로 활용하여야 한다. 용어의 뜻만 이해할 수 있어도 남보다 한 발 앞서 갈 수 있는 기회를 만들 수 있다.

2) 지정공모와 자유공모

정부지원 사업의 주제(RFP: Request for Proposal, 제안요청서), 즉 무엇을 연구 개발할 것인가를 미리 확정하여 공고하는 지정공모 형태와 정부지원 사업 방향에 부합하는 어떠한 연구개발 내용이라도 주관기관이 선정하여 제안할 수 있는 자유공모 형태로 구분할 수 있다.

사용하는 용어 중 '사업'은 하나의 기술 분야 및 산업의 특정 분야를 나타내고, 이 분야의 기술들을 개발하기 위해 여러 RFP들로 구성될 수 있으며 하나의 RFP를 기술개발로 연결하면 하나의 '과제'가 되는 것으로 구분하면 좋을 것 같다.

예를 들어, 2016년 산기평의 '제3차 산업핵심기술개발사업'은 창의산업, 소재부품산업, 시스템산업을 구성하는 각각의 세부 과제를 포함하여 36개의 RFP(과제)로 공고된 바 있다.

-http://www.keit.re.kr/ 사업공고 / '2016-05-31 등록' 내용

지정공모 사업의 경우는 대상 과제를 선정하기 위해 여러 기관과 개인들로부터 의견을 접수하고 대상 과제를 평가하여 선정하기 위한 준비 기간이 필요하나, 국가 경제 발전 계획에 부합하는 연구개발 방향에 맞추어 대상 과제들을 전문가들의 검토와 평가를 통해 수렴한 후 결정하여 추진하고 있다. 자유공모의 경우는 주관기관의 필요에 의해 주제를 결정하고

제안하는 것이므로 기술개발 계획을 미리 준비하고 있던 기관이라면 적절한 사업이 공고된다면 자신이 원하는 내용으로 사업계획서를 작성하여 제안하게 된다.

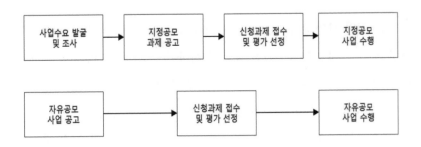

〈그림2-1. 지정공모와 자유공모의 사업추진 절차〉

일반적으로 지정공모는 좀 규모가 있는 사업으로 만들어지고, 자유공모는 비교적 규모가 작은 사업으로 만들어지는 경향이 있기는 하지만 항상 그렇지는 않으므로 참고하면 좋겠다.

상기 산기평의 공고된 예를 보면 각 RFP는 지정공모와 품목지정으로 구분되어 있다. 앞 절에서도 설명하였지만 지정공모는 RFP 상에 개발 규격을 명시하여 제안자가 누가 되었던지 동일한 대상 기술과 기술 목표를 갖고 개발을 추진하도록 요구하는 것이고, 품목지정은 기술의 구체적 규격(Spec) 없이 품목(제품 또는 제품군)만 제시한 형태로서 제안자가 제품을 구성하는 기술 구성 요소와 그에 맞는 기술 규격을 정하여 목표를 달성하도록 요청한 것으로 지정공모와 자유공모의 중간 형태로 볼 수 있다.

예를 들어 '전기 동력 자동차 개발'이라면 지정공모가 될 수 있지만, '화석연료를 사용하지 않는 차세대 자동차 개발'이라고 한다면 이 경우는 태양 에너지, 전기, 수소 전지 등을 이용하여 자동차 동력을 얻을 수 있도록 개발할 수 있는 여러 가지 방법이 가능하므로, 제안사가 자신이 원하는 방법으로 제안할 수 있어 품목지정 형태로 분류되는 사례이다. 중기청의 2017년 일부 사업에서도 품목지정 방식을 도입하여 공지하고 있으며 중소기업이 부족한 기획 부분을 중기청이 먼저 준비하여 기업들에게 더 나은 사업 기회를 만들어 주기 위한 부단한 노력의 결과로 보여진다. 사업의 방식과 사업의 내용이 끊임없이 발전하고 진화하는 과정을 보여주는 증거이기도 하다.

3) 개념계획서, 간이사업제안서 의미를 알자

사업계획서를 준비하는 것이 쉬운 일은 아니다. 다음 장에서 계획서를 작성하는 방법에 대해서 자세히 다루게 된다. 작성해야 하는 양에 관계없이 아이디어를 만들고 이를 기술적인 면, 사업적인 면, 그리고 경쟁 기술과 시장 접근, 예산 편성 및 협력 기관 분담 등의 여러 가지 사항을 종합적으로 고민하고 풀어가기 위한 방법을 평가 과정(서면평가 및 대면평가)에서 경쟁력 있는 주장이 전달이 될 수 있도록 사업계획서를 작성하는 것이 관건이다.

대부분의 사업들이 제한된 예산에 높은 경쟁률로 많은 기업들이 지원하고 있으므로 실제 선정되는 과제에 비해 탈락하는 과제가 많을 수밖에 없다. 사업계획서 하나를 준비하는 작업은 쉬운 일이 아니고 시간과 노력이 많이 소요된다. 이러한 부담을 덜어 주기 위한 방법으로, 중기청에서는 일부 한정된 사업을 대상으로 ˙정식 계획서의 중요한 부분만을 작성하는 간이 사업제안서 방식을 운영하고 있다. 간이 사업제안서만으로 소기의 목적을 충분히 달성할 수 있는 사업들은 다음과 같이 공지된 절차를 따라서 사업 신청과 선정이 이루어지게 된다.

〈표2.5 중기청의 간이사업제안서 제출 절차〉

1단계	2단계	3단계	4단계
회원가입	온라인 직접입력	문서 작성 및 파일 업로드	접수 확인 및 완료
-	사업신청서	간이 사업제안서	〈접수증 출력〉

① 1단계 : 회원가입
- 구성원 및 수행기관이 중소기업기술개발 종합관리시스템(www.smtech.go.kr)에 등록되어 있는지를 확인하고, 등록이 되어 있지 않는 경우 종합관리시스템에 가입
② 2단계 : 신청기업의 온라인 서약 및 직접입력
- 사업신청서의 내용을 작성하는 것으로 신청·접수 시 종합관리시스템(www.smtech.go.kr)을 통해 직접 입력
③ 3단계 : 문서 작성 및 파일 업로드
- 간이 사업제안서의 내용을 작성·업로드 하는 것으로 한글 등 문서파일로 양식을 다운받아 해당내용을 작성한 후 작성한 파일을 종합관리시스템(www.smtech.go.kr)에 업로드
- 신청 시 구비서류 및 관련 참고자료 함께 업로드
④ 4단계 : 접수 확인 및 완료
- 3단계 완료 후 접수확인을 위한 접수증 출력(신청·접수 완료)
  (구비서류 중 필수서류가 하나라도 누락된 경우에는 신청자격을 당연 상실함)
- 접수 완료 후 수정하여 제출이 완료되지 않은 경우는 접수증을 보유하고 있더라도 미접수 처리

중기청의 간이사업제안서는 일반 사업계획서보다 작성할 항목을 매우 많이 줄여 놓았는데 두 양식의 목차를 비교하면 다음과 같다.

창업과 중소기업을 위한 정부지원 사업 계획서 작성법

<表2.6 중기청의 일반 사업계획서와 간이사업제안서 비교>

일반 사업 계획서	간이 사업 제안서
1. 개요 및 현황 1-1. 개발기술 개요 ○ 개발 필요성 1-2. 관련기술 및 시장현황 ○ 관련기술현황(지식재산권 확보·회피방안 포함) <표 1> 국내외 관련 지식재산권 현황 ○ 목표시장의 경쟁현황 <표 2> 국내·외 시장 규모 <표 3> 국내·외 주요시장 경쟁사	1. 개발기술의 필요성 및 현황
2. 기술개발 준비현황 ○ 선행연구 결과 및 애로사항 ○ 보안등급 ○ 연구실 안전조치 이행계획 ○ 수행기관 정부연구개발사업 참여현황	
3. 기술개발 목표 및 내용 3-1. 기술개발 최종목표 <표 4> 목표달성도 평가지표 3-2. 기술개발 내용(기술의 독창성 및 도전성 포함) 3-3. 수행기관별 업무분장 3-4. 세부 추진일정	2. 기술개발 내용 ○ 세부 개발내용 ○ 기술개발 추진일정 및 역할분담 3. 기술개발 최종목표 <목표달성도 평가지표>
4. 연구인력 주요 이력	
5. 연구시설·장비보유 및 구입현황	
6. 개발기술 활용 및 사업화 방안 6-1. 개발기술 활용 및 제품개발 계획(기술적 파급효과 포함) 6-2. 양산 및 판로 확보 계획 <표 5> 기술개발 후 국내·외 주요 판매처 현황 <표 6> 사업화 계획 및 기대효과 6-3. 고용창출 효과 및 고용의 질 향상 ○ 기술개발을 통한 고용창출 효과 및 신규인력 채용 계획 ○ 고용유지를 위한 복리후생 등 기업 자체적 방안 ○ 신규인력에 대한 교육 프로그램 등 기술인력 육성 계획 6-4. 개발제품의 수출 가능성 ○ 해외 마케팅 전략 및 제품 경쟁력 ○ 해외시장(또는 고객) 발굴을 위한 정보수집 활동 계획	4. 개발기술의 활용 및 사업화 방안 5. 기업의 고용 및 수출 현황 <수출지표> <고용지표> 6. 기업의 스마트화 수준 현황(해당 시)

간이 사업제안서를 작성하기 위한 최대 분량(페이지)을 공지하고 있지는 않으나 5페이지 내외가 적절하다고 생각된다. 이 역시 다수의 사업 신청 기관들과의 경쟁에서 선정되기 위해서는 사업제안서를 양과 질에서 어떻게 준비하여 제출할지는 책임자의 판단이 중요하다.

산기평과 정보통신기술진흥센터의 많은 사업들이 RFP를 포함하여 공고하는 지정공모 형태의 사업이 상대적으로 많이 차지하고 있다. 중기청의 간이사업계획서와 비슷하게 개념계획서를 먼저 제출하여 평가를 진행하는 사업이 있다. 경쟁률이 높은 사업에서 기업들의 정식 사업계획서 준비 부담을 줄이고 평가 후 선정된 개념계획서에 대해서만 사업계획서를 작성할 기회를 주는 효율적인 방안이다. 주로 자유공모 또는 품목지정 형태의 사업이 대상이 될 가능성이 많다.

자유공모 또는 품목지정으로 공고된 개발 분야에 대해 구체적인 기술과 제품의 개발 목표에 대해 '줄어든 부담'을 갖고 개념 수준으로 준비하여야 하는 개념계획서의 구성 내용은 다음과 같다.

〈표2.7 산기평의 개념계획서 목차 예〉

개념계획서
1. 목표 및 필요성
1-1. 과제개요
1-2. 기술개발 필요성
1-3. 기술개발 목표와 내용
○ 목표
○ 내용
2. 기술 특성
2-1. 혁신성
2-2. 차별성

창업과 중소기업을 위한 정부지원 사업 계획서 작성법

3. 개발 전략
3-1. 기술개발 방법
3-2. 위험극복 방법
4. 기대 효과
4-1. 사업화 계획
○ 사업화 계획
○ 사업화의 기대효과
4-2. 파급 효과
○ 기술적 측면
○ 경제·산업적 측면
○ 사회적 측면
5. 제안기관 정보
5-1. 제안기관 현황
5-2. 연구시설 및 연구장비 보유 현황
5-3. 본 과제 참여연구원 현황

약식 계획서라고 하더라도 경쟁을 통해 선정되어야 본선에 진출할 수 있는 것이므로 매우 신중하고 알차게 준비되지 않으면 안 된다. 이러한 방법에서도 과도한 계획서의 분량 경쟁을 유발하지 않도록 산기평에서는 해당 개념계획서를 5페이지가 넘지 않게 작성하도록 제한하고 있다. 아래가 해당 내용에 대한 공고 예시이다.

위의 개념계획서 목차에서 보듯이 사업 계획에 필요한 중요한 내용들은 모두 포함하도록 하고 있으므로 이를 5페이지 이내에 표현하기 위해서는 적지 않은 고민과 노력이 필요하다. 다음 장의 계획서 작성 요령 내용이 개념계획서 준비에도 도움이 될 것으로 생각된다.

개념계획서가 채택되면 정식 사업계획서를 제출하여야 하는데 아래 표에 정리된 품목지정 계획서의 목차가 포함된 양식을 공고하고 있다.

지정공모는 이미 개발의 필요성과 관련 현황 등이 모두 확인되어 RFP 까지 도출된 것이고, 품목지정 개념계획서 지정 사업계획서는 1장의 내용에 기술개발의 필요성, 기술의 개요, 중요성과 파급 효과 그리고 시장 현황을 포함하여 다음과 같이 구성되어 있음을 알 수 있다.

〈표2.8 지정공모와 품목지정 사업계획서 목차 비교〉

지정공모	품목지정(개념계획서 지정 사업 경우)
1. 기술개발의 목표 및 내용	**1. 기술개발의 필요성과 관련 현황**
1-1. 최종목표 및 평가방법	1-1. 개발 대상 기술·제품의 개요
1-2. 연차별 개발목표 및 개발내용	1-2. 개발 대상 기술·제품의 중요성과 파급효과
	1-3. 국내·외 기술과 시장 현황
	1-4. 관련 지식재산권과 표준화 현황
2. 기술개발 추진방법, 전략 및 체계	**2. 기술개발의 목표와 추진체계**
2-1. 기술개발 추진방법·전략	2-1. 최종목표 및 평가방법
2-2. 기술개발 추진체계	2-2. 연차별 개발목표 및 개발내용
2-3. 기술개발팀 편성도	2-3. 기술개발 추진방법·전략
2-4. 추진 일정	2-4. 기술개발 추진체계
2-5. 관련 지식재산권 및 표준화 현황	2-5. 기술개발팀 편성도
	2-6. 추진 일정

3. 수행기관 현황 3-1. 총괄책임자 3-2. 참여연구원 현황 3-3. 연구시설/연구장비 보유 현황 및 연구실 　　안전조치 이행계획 3-4. 기관(기업) 정보 현황	(좌동)
4. 사업화 계획 4-1. 생산 계획 4-2. 투자 계획 4-3. 사업화 전략 및 기술기여도 제시	(좌동)
5. 총사업비 5-1. 연차별 총괄 5-2. 민간부담금(현금, 현물) 분담 내역 5-3. 정부출연금 배분 및 민간부담금(현금, 　　현물) 배분 내역	(좌동)
6. 연도별 사업비 세부내역 6-1. 1차년도 사업비 소요명세 6-2. 2차년도 사업비 소요명세 6-3. 3차년도 사업비 소요명세	(좌동)
ㅁ 별첨 별첨 1. 신청자격 적정성 확인 별첨 2. 연구시설 / 연구장비 구입 및 활용계획서 별첨 3. 우대 사항 확인서 별첨 4. 과제 보안등급 분류 및 심사기준 별첨 5. 기술준비도(TRL, Technology Readiness Level) 목표	(좌동)

　　정부부처 및 전담기관 또는 사업의 종류에 따라 계획서 양식이 조금씩 차이가 있으나, 제안하는 사업의 평가에 필요한 내용을 모두 표현하기를 요구하는 것이므로 내용면에 있어서는 큰 차이는 없다. 각 기관이 제출하는 사업계획서는 사람의 첫인상만큼이나 중요한 것임을 인식하는 것이 중요하다.

　　중기청은 2017년 일부 사업계획서의 양식을 간소하게 변경하고 작성 분량을 줄이면서 기업들의 부담을 줄이고 있으며, 다른 사업에도 일부 변화가 있을 것으로 예상된다.

사업 추진체계

(중:5.과제평가 및 선정절차, 산:2.사업 추진체계, 정:4-1.사업 추진체계)

1장에서 정부와 전담기관의 역할을 이해하기 위해 사업 추진체계를 살펴보았지만, 각 부처의 사업별로 내부 및 외부 기관을 포함하고 과제를 수행하는 주관기관과 참여 기업을 포함하는 사업 추진체계를 구성하여 해당 사업과 과제가 성공적으로 추진될 수 있도록 정부부처, 전담(전문)기관, 수행기관 및 내부 위원회 등으로 구성되어 운영되는 체계를 갖추고 있다.

산기평과 IITP는 정부지원사업 관리기관을 전담기관이라고 부르고 있으나 중기청의 경우는 전문기관으로 부르고 있으며 세 기관 모두 그림1-1과 같이 거의 비슷한 구조로 추진체계를 구성하고 있다고 이해해도 좋을 것 같다.

중기청	산기평, IITP
전문기관	전담기관

주관기관이 단독으로 과제를 수행한다면 그림1-1 아래의 참여기관은 없는 구조가 되고, 참여기관이 하나 또는 그 이상으로 구성되면 컨소시엄 형태로 과제 수행을 위한 추진체계를 이루게 된다. 주관기관이 출연 연

구소 등과 같은 비영리기관이 되는 경우가 될 수도 있고, 정부지원 기술 개발 사업 중 산학연 지원사업의 경우는 주관기관 및 참여기관들이 산· 학·연 기관들이 모두 구성되는 형태가 된다.

8
신청자격

(중:3-1.신청자격, 산:4-2.신청자격, 정:4-2.주관기관과참여기관의 신청자격)

공고된 사업에 어느 기관(기업)이나 참여 신청을 할 수 있는 것은 아니다. 각 사업은 어떤 기관들이 참여할 수 있는지 신청자격을 공지하고 있다.

예를 들면, 중기청의 창업성장기술개발사업 창업 과제의 경우는 다음과 같이 공고하고 있다.

「중소기업기본법」제2조에 의한 중소기업 중, 창업 후 7년 이하이고, 상시 종업원수 50인 이하 또는 매출액 50억원 이하인 기업
* 창업 및 업력 산정기준 : 중소기업창업지원법 제2조의 규정 적용, 창업성장기술개발사업 접수마감일을 기준으로 판단

위의 조건에 맞는 기업들만이 참여할 수 있으며, 이 중 하나의 조건이라도 맞지 않는 경우는 당연히 신청서가 접수되지 않는다.

정보통신기술진흥센터의 경우는 신청자격을 아래와 같이 공고된 사례를 참고하여 전담기관별로 비교해보면 도움이 될 것 같다.

창업과 중소기업을 위한 정부지원 사업 계획서 작성법

O 기업, 대학, 연구기관, 연구조합, 사업자단체 등 관련 규정*에 해당되는 기관

– 외국 소재 기관(기업, 대학, 연구소 등)의 경우 참여기관으로만 사업 참여 가능함

– 주관기관으로 신청하는 기업의 경우는 접수마감일 현재 기업부설연구소 또는 연구전담부서를
보유(접수마감일 기준)하고 있는 법인사업자이어야 함**.

* 「정보통신·방송 연구개발 관리규정」제4조(연구개발과제 참여대상)
** 신청시, 한국산업기술진흥협회(www.rnd.or.kr)가 발행하는 관련 증빙서류(연구소 또는 전담부서
인정서) 제출 필요

위의 사업은 중기청 사례와는 다르게 기업부설연구소 또는 연구전담 부서를 보유하고 있는 기업이 신청이 가능하다고 되어있으며, 외국 소재 기관들도 참여할 수 있으나 참여기관으로만 신청이 가능한 것으로 제한 하고 있다.

사업의 성격에 따라 많지는 않지만 주관기관 단독으로 제한하는 경우 도 있고, 주관기관을 비영리기관, 대학 등으로 제한하는 경우도 있지만, 많은 경우는 '제한 없음'으로 공고하여 어느 기관이나 신청할 수 있도록 제한을 두지 않고 있다. 각 전담기관별로 사용하는 용어나 표현 방식이 조금씩 다른 경우가 있으나 약간의 관심과 의미를 생각하는 시간을 갖게 되면 익숙해질 수 있다.

중소·중견기업들이 참여할 수 있는 사업의 경우는 벤처기업, 이노비 즈 인증을 받은 기업들만 참여할 수 있도록 한정하는 사업도 있고, 기 업 부설 연구소를 갖고 있는 기업으로 제한하는 사업 및 여성기업(여성 CEO)만이 참여할 수 있는 사업, 그리고 1인 창업기업으로 제한하는 사업 도 있으며, 사업화에 초점을 두고 기술개발을 통해 개발된 제품을 즉시 구매할 수 있는 기관을 미리 연계하여 신청하는 구매조건부 사업 등과 같이 기관 자체의 자격뿐만 아니라 사업에서 요구하는 신청 조건을 충족 하는 경우에 사업 참여가 가능한 다양한 사업들이 있다.

9
지원 제한

(중:8.신청제한 및 지원제외사항, 산:4-3.지원제외처리기준; 4-4.과제중복성제기 정:5. 과제신청유의사항)

　신청자격이 외형적이고 물리적인 성격을 나타내는 것이라면 지원 제한 요건들은 내면적이고 현황을 나타내는 면이 있다. 신청자격으로 업력 7년이 넘지 않는 중소기업이 신청 가능한 사업이지만, 지원 제한 조건은 부채비율은 1,000%를 넘지 말아야 한다는 것이 있고, 제안하는 과제의 내용이 사업 목적이 부합해야 한다는 등 여러 가지 조건들이 포함되어 있으므로 이 역시 신중히 검토하고 준비하여 진행되는 과정 또는 접수 후에 자격 요건 미비로 인한 접수 불가 판정 등을 받고 후회하는 일이 없도록 사전에 철저히 점검하여야 한다.

　중기청의 경우는 아래 표와 같이 여러 가지 확인 근거용 증빙 서류를 요구하고 있고 이들 서류를 통한 접수 요건 판단 기준은 사업별로 공고문에 해당 내용을 포함하고 있다. 전담기관에 따라 서면평가 또는 현장(기업) 방문 평가에서 해당 내용을 직접 점검하고 있으므로, 기업 입장에서는 조건에 부합하지 않는 것이 명확히 확인된다면 무리하여 사업 신청을 하지 않는 것이 전략적인 선택이 될 수 있다.

<표2.9 중기청의 신청자격 등의 확인방법 및 검증 서류>

구 분	확인 근거(증빙서류)
설립년월일 (창업)	■ 개인사업자 : 사업자등록증 ■ 법인사업자 : 법인등기부등본 * 동 공고의 업력 산정기준은 설립일로부터 접수 마감일까지를 기준으로 함 ** 개인사업자가 법인사업자로 전환한 경우, 개인사업자 설립연월일로부터 업력 산정
부채비율, 자본잠식 등	■ 최근년도 결산재무제표(재무상태표, 손익계산서) * 접수마감일 현재 확정된 '15년도 재무제표를 근거로 판단하되, '15년도 결산이 종료되지 않은 경우 '14년도 재무제표로 판단
신청제한 및 지원제외	■ 참여횟수 및 의무사항 불이행 여부, 신용정보 등 확인 ■ 국가 R&D사업 관리서비스(rndgate.ntis.go.kr) 조회 등 * 동 공고의 8. 신청제한 및 지원제외 사항, 9. 기타 공지사항 참조

중기청 창업성장기술개발사업에서 공고한 '신청제한 및 지원제외사항' 을 실제 사례로 들면 다음과 같은 내용들이 포함되어 있다.

1) 주관기관의 자격 및 공고 내용과의 적합성

O 주관기관의 자격 등을 검토하여 해당하지 않거나 지원목적에 부합하지 않는 경우

2) 사업에 참여하는 자(주관기관, 참여기업, 위탁기관, 대표자, 과제책임자 등)가 다음의 어느 하나에 해당하는 경우

① 의무사항 불이행 여부

O 주관기관, 참여기업, 대표자, 과제책임자 등이 접수 마감일 현재 기술료 납부 및 납부계획서 제출, 성과실적 입력, 정산금 및 환수금 납부 등의 의무사항을 불이행한 경우

* 과제 선정을 위한 최초 평가 개시 전까지 해소한 경우에는 예외

② 참여제한 여부

O 주관기관, 참여기업, 대표자, 과제책임자 등이 접수 마감일 현재 중소기업기술개발사업 또는 국가연구개발사업에 참여제한 중인 경우

③ 채무불이행 및 부실위험 여부

O 주관기관, 참여기업 및 대표자 등이 접수 마감일 현재 다음 중 하나에 해당하는 경우

* 채무불이행 및 부실위험 여부는 접수마감일 현재 신용조사 결과 및 '15년도 결산재무제표를 근거로 판단하되, '15년도 결산이 종료되지 않은 경우 '14년도 재무제표를 근거로 판단

㉮ 기업의 부도, 휴·폐업

㉯ 국세·지방세 체납 및 금융기관 등의 채무불이행이 확인된 경우

* 과제 선정을 위한 최초 평가 개시 전까지 해소하거나, 체납처분 유예를 받은 경우, 회생인가
받은 기업, 중소기업진흥공단 등으로부터 재창업자금을 지원 받은 기업과 중소기업
건강관리시스템 기업구조 개선진단을 통한 정상화 의결기업은 예외

㉰ 부채비율이 1,000% 이상이거나, 자본전액잠식인 경우

* 단, 창업 3년 미만인 업체, 중소기업 건강관리시스템 기업구조 개선진단을 통한 정상화
의결기업, 「은행업감독업무시행세칙」에 따른 "채권은행협의회 운영협약(채권은행 협약)"에
따라 채권은행협의회와 경영정상화계획의 이행을 위한 약정을 체결한 기업, 시설투자에 따른
일시적 부채 증가 등의 사유로 제11조의 평가위원회에서 지원 가능한 것으로 인정한 기업은
예외

㉱ 파산·회생절차·개인회생절차의 개시 신청이 이루어진 경우

○ 창업 3년이상 기업이 현장조사 등에서 재무제표를 제출하지 않은 경우

④ 과제 참여율

○ 신청과제의 과제책임자는 신청 과제에 대해 과제 참여율을 30%이상으로 계상함을 원칙으로
함. 이때 과제책임자로서 동시에 수행할 수 있는 국가연구개발사업 과제는 최대 3개 이내로 함

○ 신청과제의 과제책임자 및 참여연구원이 접수 마감일 기준으로 정부출연 연구과제 및
기관 고유 사업에 참여하는 비율을 포함하여 총 과제 수행 참여율이 100%를 초과할 경우
참여연구원에서 제외

* 단, 접수마감일 기준으로 잔여기간이 4개월 미만인 과제는 참여율 산정에 미포함

3) 신청과제가 기 개발 되었거나, 이미 다른 기업이 지원받은 기술과 동일하거나, 또는 신청기업에 기
지원된 내용과 유사한 경우

○ 신제품의 개발 또는 기존 제품의 고도화(계량화·기능 추가 등 포함)가 아닌 단순한 기술개발을
위한 연구성 과제

위에서 1)은 공고된 사업의 취지와 방향 그리고 내용이 지원 목적에
부합하는지에 대한 것으로 기본적인 사항이다. 제안을 준비하는 입장에
서는 사업에 대한 이해를 충분하고 완벽히 하려는 노력을 하는 것이 필요
하다.

2)의 내용은 과거의 사업 이력에 따라 의무사항을 불이행하고 있거나,

기관 또는 책임자가 여전히 제재를 받고 있는지, 제안 기관(기업)이 채무 불이행 또는 부실 위험이 높은 수준으로 유지되고 있는지, 사업 신청 관련 서류 제출이 이행되지 않고 있는지 등의 내실적인 측면에서 부실 위험 수준을 점검하는 내용들로 구성되어 있다.

3)의 내용은 제안사가 신청하는 과제의 내용이 중복성이 있느냐에 대한 부분으로 제안사가 자체 개발한 기술과도 비교될 수 있지만 다른 기관이 개발한 내용과도 중복이 되는지를 점검하는 항목이다.

과제의 중복성을 평가하기 위해 정부는 NTIS(www.ntis.go.kr) 사이트를 통해 서비스를 지원하고 있다. 개인 혹은 기업 회원으로 가입하여 제안하려는 과제의 내용을 입력하면 그 동안 정부지원 사업으로 수행되었던 과제들과 비교하여 얼마나 유사한지를 측정된 정량적 수치로 얻을 수 있다.

NTIS 사이트에 접근하여, 상단 오른쪽 편에 있는 '메뉴' 버튼이 있고, 이를 클릭하면 팝업 창으로 아래 그림과 같이 주요 서비스 화면이 나타난다. 여기서 '사업과제'를 클릭하게 되면 중복과제 여부를 측정할 수 있는 서비스를 활용할 수 있는 페이지로 이동하게 된다.

NTIS 사이트에서는 정부지원 사업의 공고, 부처의 사업 및 과제 정보, 그리고 성과 및 현황 통계 등의 다양한 정보를 제공하고 있으므로 잘 활용하여 사업에 활용하는 것도 의미가 있다.

자유공모 과제 신청을 준비하는 기관에서는 자신이 개발 계획한 내용과 유사한 과제가 이미 수행된 적이 있는지를 자가 점검(self-check)하게 되지만, 지정공모 과제를 공고하는 사업의 경우는 누구든지 해당 RFP를 보고 자신이 보유한 기술 또는 제품과 유사하다고 판단되거나 또는 이전에 이미 정부지원 자금을 통해 기 개발 되었던 과제와 비교하여 비슷하거나 중복성이 있다고 판단한 경우는 '지원대상 과제 중복성 제기'를 공식적으로 제기할 수 있도록 특정한 기간 동안 운영하고 있다. 이것은 국민 세금으로 조성된 정부출연금을 유사한 연구개발에 중복 투자하여 귀중한 예산을 허투루 사용하는 것을 방지하기 위해 운영하고 있는 체계이다. 아래의 예시문은 정보통신기술진흥센터에서 공고한 사업에 포함된 중복성 제기와 관련된 부분이다.

자. 지원대상 과제 중복성 제기

○ 지원대상 과제가 정부에 의해 기 지원·기 개발되었거나 민간에 의해 기 개발된 사실을 발견한 경우에는 중복성을 제기할 수 있음. <u>단, 기 개발된 소프트웨어의 기술 또는 제품에 대해 혁신적인 기능을 추가하거나 성능을 향상시키기 위한 연구개발인 경우는 예외로 함</u>

○ 정부에 의한 기 지원·기 개발 여부 확인 방법
– 타기관 공개자료: 국가과학기술지식정보서비스(www.ntis.go.kr) "메뉴→사업과제→유사과제검색"

○ 제기기간 : 2016년 5월 3일(화) ~ 2016년 6월 1일(수) 18시 까지

○ 제기방법 : 제기기관 대표자 명의(개인인 경우 개인명의) 공문 제출(관련 근거자료 첨부)

○ 제 기 처
– (000–000) 대전광역시 유성구 유성대로 0000(화암동 00–0번지)
  정보통신기술진흥센터 기술개발평가OO팀(000–000–0000)

위의 내용 중에서 중복이 아닌 것으로 판단하는 중요한 기준을 제시한 부분을 밑줄로 표시해놓았는데, 이미 정부 지원을 통해 기 개발되었던 기술 또는 제품이 있다고 하더라도 '혁신적인 기능을 추가하거나 성능을

향상시키기 위한 연구개발'은 정부 지원이 가능하다는 것이다. 따라서 이러한 기준에 부합하는 것을 개발하려는 기관은 기 수행기관 또는 새로운 기관을 포함하여 누구라도 신청이 가능하다. 아울러 이러한 기준에 부합하는지는 제안 기관이 객관적으로 설득할 수 있는 근거는 갖고 있어야 하며 이를 명확하게 사업계획서에 포함하고 있어야 한다.

과제중복성 점검 이외의 목적으로 정부에 의해 기 지원·기 개발된 과제의 개요 및 관련 내용을 직접 확인할 수 있도록 아래 두 사이트에서 서비스를 제공하고 있다.

1) 한국산업기술평가관리원 자료 :
– 한국산업기술평가관리원 홈페이지(www.keit.re.kr)의 "자료→지원과제검색"

2) 전체 분야 공개자료 :
– 국가과학기술지식정보서비스(www.ntis.go.kr)의 "사업과제→세부과제→세부과제검색"

산기평에서 제공하는 정부지원 사업으로 과거에 수행되었거나 현재 수행하고 있는 과제의 요약 내용을 보여주는 서비스를 활용하여 기존에 개발된 연구개발의 기술 내용을 확인하고 현재 개발하려고 하는 계획의 내용과 다름을 확인하거나 또는 더 나은 방향을 찾아서 신기술을 개발하기 위한 조사 자료로 활용하는 것도 좋은 방안이다.

과제평가 및 선정 절차

(중:5.과제평가 및 선정 절차, 산:5.평가 절차 및 기준, 정:6.평가 절차 및 평가 항목)

　전담기관에서는 제안 기관들이 제출한 과제를 객관적인 기준으로 공정하게 평가를 진행하여 최선의 과제를 선정할 수 있는 시스템을 갖추고 있다. 중기청은 일반적으로 아래 그림과 같은 절차를 거치고 있으며, 사업의 특성에 따라 일부 다른 절차가 필요한 경우는 사업 공고문에 포함되어 공개될 수 있다.

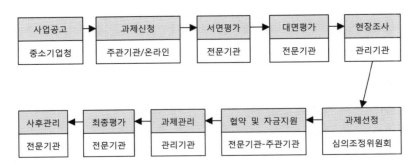

* (주관기관) 과제신청 업체, (관리기관)지방 중소기업청, (전문기관)중소기업기술정보진흥원
〈그림2-2. 중기청의 사업 관리 절차〉

과제 신청은 제안 기관이 편리하게 온라인 사이트에 계획서와 관련 서류를 업로드 할 수 있도록 하고 있으나, 필요에 따라서는 직접 전문기관을 방문하여 제출하는 경우도 있으므로 사전 준비 단계에서 잘 확인하고 준비하는 것이 필요하다.

　　서면평가는 신청 기관의 서류가 적정하게 준비되어 제출되었는지 그리고 사업계획서에서 가장 중요한 요소인 기술성과 사업성 등이 사업의 목표를 충실하게 달성할 수 있는지를 위촉된 외부 평가위원들의 평가를 통해 진행하게 된다. 서면평가를 통과하지 못하는 과제는 평가 탈락 통지와 탈락 사유를 전달받게 된다.

　　대면평가는 서면평가를 통해 선별된 과제에 대해서만 진행하는 것으로, 제안 기관들이 발표를 통해 각자의 계획에 대해 설명할 수 있도록 정해진 일자와 시간을 통보 받게 되며, 평가위원들과 대면하여 직접 발표를 하고 질의 응답 시간을 갖도록 되어있다. 대면평가에서는 이미 제출한 계획서를 요약한 발표 자료를 준비하여야 하고, 평가위원들의 질의 응답에 대해서도 사전에 충분한 시간을 갖고 준비하는 것이 필요하다.

> 서면평가와 대면평가를 모두 거치게 되는 사업의 경우에, 서면평가는 자격과 능력이 되는 제안 기관이면 모두 선정할 수 있는 '절대평가' 개념으로 진행된다고 한다면, 대면평가는 한정된 예산에 맞추어 제안 과제(기관)를 선정해야 하므로 자격과 능력이 된다고 하더라도 탈락이 될 수밖에 없는 '상대평가' 개념의 선정 방식이다. 따라서 사업 제안 기관들은 적절한 수준의 사업계획서가 아니라 상대평가에서도 선정될 수 있도록 최고의 사업계획서를 만들어 제출할 수 있도록 최선을 다해야 하는 어려움이 있다.

　　현장조사는 정부부처(중기청) 담당자와 위촉된 외부 전문가가 제안 기관을 직접 방문하여 준비된 서류를 통해 자격 요건과 기업의 현황, 실적, 인력, 시설 및 현장의 개발 환경 등을 점검하여 사업을 수행할 수 있는 여건이 갖추어져 있는지를 조사하는 절차이다. 사업에 따라서는 현장조사가 먼저 이루어지고 대면평가가 그 다음에 시행되어, 현장조사의 점검 내용이 대면평가에 반영되는 경우도 있으니 사업공고에서 확인하면 된다.

최종적으로 과제 선정은 심의조정위원회에서 결정 승인되며, 이후 전문기관과의 과제 협약을 맺게 되고 필요한 개발 자금을 지원받게 된다.

과제관리는 중기청이 맡고 있으며, 과제의 결과가 도출되는 시점에 결과 평가를 받도록 되어있는데 2년 이상의 기간이 소요되는 사업 등에서는 필요한 경우는 매년 평가를 받게 되고, 사업이 종료되는 시점에서는 전문기관의 주관하여 위촉된 평가위원들을 통해 대면평가 방식 등으로 최종평가를 진행하게 된다.

사업이 종료되고 가장 중요한 것은 과제 수행기관들이 개발된 기술과 서비스, 제품 등으로 사업화를 통해 매출을 발생시키고 신규인력을 채용하면서 세계 시장을 대상으로 수출 실적을 올리는 것이다. 이러한 성과를 지속적으로 이룰 수 있도록 사후 추적 관리를 전문기관이 시행하고 있으므로 필요한 경우마다 적극적으로 협조하여야 한다.

산기평과 정보통신기술진흥센터는 예상 날짜까지 포함하여 평가 절차 및 일정을 다음과 같은 방식으로 공지하고 있으므로 진행되는 일정에 따라 사전 계획을 통해 필요한 것을 준비해야 한다.

　이 전담기관들은 공고 내용에 평가 항목에 대해서도 간단히 알려주고
있으나, 좀 더 자세한 평가 항목은 전담기관의 해당 사업 소개에 포함된
자료의 내용을 확인하는 것이 필요하다. 아울러 각 전담기관의 사이트에
는 사업과 관련된 규정들이 모두 게시되어 있고 평가에 관련된 내용도 규
정집에 포함되어 있으므로 사업계획서 작성 전에 미리 확인한다면 큰 도
움이 될 것으로 생각된다.

〈표2.10 정보통신기술진흥센터 평가항목 공고 사례〉

	평 가 사 항
기술개발사업	① 추진계획의 타당성 ② 연구개발 수행능력 ③ 사업화 가능성
창조씨앗형 R&D 과제	① 연구내용의 창의성 및 혁신성 ② 추진계획의 타당성 ③ 연구개발 수행능력

〈표2.11 산기평 평가항목 공고 사례〉

과제유형	평가항목	세부 항목
원천기술형	기술성(60)	▷ 목표의 도전성 및 창의성 ▷ 연구방법 및 추진전략의 창의성
	연구역량(20)	▷ 총괄책임자 등 연구조직 역량
	사업화 및 경제성(20)	▷ 사업화 의지 ▷ 사업화 계획 적합성 ▷ 경제성

혁신제품형	기술성(50)	▷ 목표의 도전성 및 창의성
		▷ 연구방법 및 추진전략의 창의성 및 적합성
	연구역량(20)	▷ 총괄책임자 등 연구조직 역량
	사업화 및 경제성(30)	▷ 사업화 의지
		▷ 사업화 계획 적합성
		▷ 경제성

　　사업의 특성에 따라 어느 항목에 가점이 더 부과되어 있는지 확인할 수 있을 것이다. 사업계획서를 준비할 때 이러한 기준을 고려하여 작성하는 것도 나름대로 좋은 전략이라 생각된다.

가점 및 감점 사항

(중:-, 산:5-2.평가기준(우대및감점기준포함), 정:6.평가절차 및 평가항목)

전담기관과 사업에 따라서 각각 가점과 감점 제도를 운영하고 있으므로, 해당 항목에 부합하는지, 증빙에 필요한 서류는 어떤 것을 준비하고 제출해야 하는지 등에 대해서도 잘 살펴보아야 한다. 앞에서 설명한 바와 같이 최종 선정 단계는 상대평가이므로 0.1점이 선정과 탈락을 좌우할 수도 있기 때문에 가점과 감점을 가볍게 여길 내용이 아니다.

초기 기업이나 업력이 있는 기업 모두에게 적용되는 것이므로 초기 창업 기업이라 하더라도 자세히 검토하고 준비하는 자세가 필요하다.

산기평과 정보통신기술진흥센터의 공고된 일부 사례를 아래 표에 옮겨 놓았으니 참고하여 살펴보면 도움이 된다. 이 역시 사업마다 동일한 것이 아니라 일부 조건과 여건에 따라 다르게 공고되는 것이 일반적이므로 사업을 준비할 때마다 꼼꼼히 살펴보고 확인하여야 한다.

〈표2.12 산기평 우대(가점) 사례〉

산기평의 우대(가점) 사례
▫ 아래의 경우 평가 시 우대함 (단, 최대 10점)
○ 최근 3년 이내(접수 마감일 기준)에 산업통상자원부 소관 기술개발사업 과제를 수행한 결과 "혁신성과"("조기종료(혁신성과)" 포함) 판정을 받은 총괄책임자가 신청과제의 총괄책임자인 경우(2점)
○ 과제에 참여하는 여성연구원이 다음의 요건을 충족하는 경우
① 총괄책임자가 여성인 경우(5점)
② 참여연구원중 여성연구원이 20% 이상인 경우(5점)
③ 주관기관의 참여연구원 중 여성참여연구원이 20% 이상인 경우(3점)
* 여성연구원이 참여하는 경우 가점기준을 모두 충족할 경우에도 5점을 초과할 수 없음
* 여성연구원 관련 가점을 받은 경우 총수행기간 동안 이를 유지하여야 함
○ 주관기관이 최근 3년 이내(접수 마감일 기준) 다음의 요건 중 하나 이상을 충족하는 경우(3점)
①「대·중소기업 상생협력 촉진에 관한 법률」에 의거 산업통상자원부장관으로부터 상생협력우수기업으로 선정된 경우(임직원이 선정 된 경우 혹은 선정 당시 소속된 기업 포함)
② 동반성장위원회가 발표하는 동반성장지수 우수기업으로 선정된 경우
③ 대·중소기업협력재단으로부터 '성과공유제 도입기업 확인'을 받은 경우
④ 해당 과제에 대해 성과공유 사전계약을 체결하여 대·중소기업협력재단에 등록한 경우
○「산업기술혁신사업 공통 운영요령」 제40조에 따른 성과활용평가를 통해 우수과제로 평가된 수행기관이 주관기관으로 신청한 경우(2점)
○ 신청 과제의 총괄책임자가 산업통상자원부 소관 기술개발사업 수행의 결과로 다음의 요건 중 하나에 해당하는 경우(2점)
① 최근 3년 이내(접수 마감일 기준)에 동일 과제를 수행한 수행기관 이외의 기관(기업)과 기술실시 계약을 체결하여 징수한 기술료 총액이 2천만원 이상인 총괄책임자 또는 참여기관 책임자인 경우
② 최근 3년 이내(접수 마감일 기준)에 동일 과제를 수행한 수행기관 이외의 기관(기업)과 2건 이상의 기술이전 실적이 있는 총괄책임자 또는 참여기관 책임자인 경우
○ 최근 3년 이내(접수 마감일 기준)에 우수한 연구성과로 산업통상자원부장관으로부터 "이달의 산업기술상" 포상을 받은 자가 신청과제의 총괄책임자인 경우(2점)
* 장관상 수상자에 한하며, 전담기관장상 수상자는 가점부여 대상이 아님

창업과 중소기업을 위한 정부지원 사업 계획서 작성법

<표2.13 산기평 감점 사례>

산기평의 감점 사례
▫ 접수마감일 기준으로 아래에 해당하는 경우 평가 시 감점함 (단, 최대 5점) ○ 산업부 소관 사업의 평가결과가 "중단(불성실)" 또는 "불성실수행" 과제의 총괄책임자 또는 　참여기관 책임자가 신청하는 경우 최종평가 결과 확정 후 2년 이내일 경우(3점) ○ 산업부 소관 사업에 대하여 최근 3년 이내(접수마감일 기준) 과제 선정 후 또는 과제 수행 도중 　정당한 사유 없이 협약을 포기한 경력이 있는 총괄책임자 또는 수행기관인 경우(3점) ○「산업기술혁신사업 공통 운영요령」 제40조에 따른 성과활용평가 결과 최하위 등급을 받은 　과제의 수행기관, 총괄책임자, 참여기관 책임자가 신청하는 경우 성과활용평가 결과 통보 후 　3년 이내인 경우(3점) * 본 감점사항은 2016년 최종평가 대상 과제의 성과활용평가 결과부터 반영함 ○「하도급 거래 공정화에 관한 법률」을 최근 3년 이내(접수마감일 기준)에 상습적으로 　위반한 기업이 연구개발과제를 신청할 때, 그러한 위반 사실이 같은「법」제26조에 따른 　공정거래위원회로부터 관계 행정기관의 장의 통보 등을 통하여 확인될 경우(2점)

<표2.14 IITP 가점 사례>

정보통신기술진흥센터의 가점 사례
▫ 신규평가 시 가점 사항 ○ 최종점수 산출 시 우대기준에 따라 가점을 합산하되, 총 5점 이내 ○ 최근 3년 이내(접수마감일 기준) 정보통신·방송 연구개발사업(방송통신위원회, 舊 지식경제부 　사업 포함)으로 과제를 수행한 결과 "우수(90점이상)" 판정 받은 과제의 총괄책임자가 　신청과제의 총괄책임자인 경우(2점) * 관련 전담기관으로부터 "우수" 또는 "혁신성과"의 판정받은 공문 등의 증빙서류 제출 시 인정 ○ 주관기관의 참여연구원 중 여성참여연구원(신규채용예정인력 제외)이 10% 이상인 경우(1점) * 여성참여연구원 재직증명서 제출 시 인정 ○ 주관기관의 대표이사가 여성인 기업이 신청(접수마감일 기준)한 경우(1점) ○「저탄소 녹색성장 기본법」에 따라 녹색인증을 받은 기업이 해당기술 관련하여 주관기관으로 　신청한 경우(접수 마감일 기준 인증서가 유효한 경우에 한함)(1점) * 관련 기관으로부터 인증받은 증빙서류 제출 시 인정 ○ 최근 3년 이내(접수마감일 기준) 성과 활용평가를 통해 우수기업으로 선정된 기업이 　주관기관으로 신청한 경우(2점) * 관련 기관으로부터 확인을 받은 증빙서류 제출 시 인정

○ 직무발명보상 우수기업(접수마감일 기준 인증서가 유효한 경우에 한함)(1점)

○ 최근 3년 이내(접수마감일 기준) 여성가족부에서 부여하는 '가족친화인증'을 받은 기관/
기업이 주관기관으로 신청한 경우(1점)

 * 관련 기관으로부터 인증을 받은 증빙서류 제출 시 인정

○ 현장 중심의 산·학·연 협력 강화를 위해 주관/참여기관 또는 ICT R&D 혁신 클러스터
등 제3의 장소에 공동연구를 위한 시설 및 장비 등을 별도로 설치하고, 연구인력을
배치하여 공동으로 연구개발 및 사업화를 추진하는 경우(1점)

 * 산·학·연 공동연구를 위한 시설/장비 및 인원배치 등 추진내용을 사업계획서(3-4-3)에
반영한 경우

 * 일반적인 공동수행을 위한 상호 방문 및 일시적인 연구활동은 제외되며, 공동연구
추진계획이 미흡한 경우 가점신청 내역이 미반영 될 수 있음

○ 정보통신망의 이용촉진 및 정보보호 등에 관한 법률 제47조에 따른 정보보호 관리체계
인증을 받거나 준비도 평가 AA등급 이상을 받은 자 가운데 정보보호산업의 진흥에
관한 법률 시행령 제8조제3항에 따른 전자공시시스템에 정보보호 현황을 공개한 자가
주관기관으로 신청(접수 마감일 기준)한 경우(0.5점)

* 정보보호 현황 공개 확인 : 한국인터넷진흥원 정보보호산업포털(www.kisis.or.kr) 접속 →
"정보보호공시조회"(메인 화면 우중간)

〈표2.15 IITP 감점 사례〉

정보통신기술진흥센터의 감점 사례
□ 신규평가 시 감점 사항(공통)
○최근 3년 이내(접수마감일 기준) 평가결과가 불성실중단/불성실실패 과제의 총괄책임자가 새로운 과제를 신청하는 경우 (1점)
○최근 3년 이내(접수마감일 기준) 과제 선정 후 또는 과제 수행 중 정당한 사유 없이 협약포기 경력이 있는 총괄책임자나 기관(주관기관, 참여기관 등)의 경우(1점)
○최근 3년 이내(접수마감일 기준)「하도급거래 공정화에 관한 법률」을 상습적으로 위반한 기업이 연구개발 과제를 신청할 때, 그러한 위반 사실이 같은 법 제26조에 따른 공정거래위원회로부터 관계 행정기관의 장의 통보 등을 통하여 확인될 경우(1점)

　　　　　창업과 중소기업을 위한 정부지원 사업 계획서 작성법

신청방법

(중:4.신청기간 및 신청방법, 산:7.신청방법 신청서제출기한 및 접수처, 정:8.신청요령)

    계획서와 서류 등 사업 신청에 필요한 모든 것이 준비를 마치고 제출되어야 할 접수 마감일과 서류 제출 방법을 공고하는 항목이다.

    인터넷 사이트를 통해 모든 계획서와 서류를 업로드하는 경우도 있으나, 인터넷을 통해 필요한 내용을 입력 후 전산접수증을 발급받은 후 이를 출력하여 인쇄된 계획서와 복사된 서류를 인편 또는 우편으로 접수하는 경우도 있으므로 공고 내용을 확실히 살펴보고 접수를 진행해야 한다.

    특히 전산접수 마감일에는 신청인들이 모두 몰리게 되는 것이 일반적인 현상이라 시스템이 과부하가 발생하여 접수가 원활히 되지 않는 경우가 간혹 발생한다고 하므로, 가능하면 접수 마감일까지 기다리지 말고 여유를 가질 수 있도록 미리미리 접수 완료하는 것도 과제 신청 기회를 놓치지 않는 또 한 가지 전략이 되겠다.

    인터넷 접수만으로 신청 절차가 완료되는 중기청의 공고 사례는 다음과 같다.

<h1 align="center">〈표2.16 중기청의 공고 사례〉</h1>

□ 신청·접수기간 : '16. 2. 1(월) ~ 2. 29(월) 18:00까지
* 2차 공고는 6월 예정

> ※ 마감일 18:00까지 사업계획서를 입력 완료한 과제만 신청과제로 인정
> ※ 사업계획서 신청관련 전산 및 전화 응대는 접수마감일 18:00 까지
> ※ 마감일에는 온라인 접속자수가 폭주하니 가급적 마감일 1~2일전까지 신청요망

□ 신청방법 : 온라인(인터넷)을 통한 과제 접수

> ※ http://www.smtech.go.kr →회원가입→로그인→온라인과제관리→과제신청→지원사업
> → 온라인 내용입력 및 사업계획서(구비서류) 등록
> ※ 신청서류 : www.smtech.go.kr →정보마당→알림마당→사업공고→2016년
> 창업성장기술개발사업 창업과제 접수 공고
> ※ 접수 완료 후 **다시 수정할 경우** "제출하기"를 클릭한 후 **"제출확인"** 확인 필요
> (접수마감일 기준으로, 접수증이 있더라도 제출완료가 되지 않은 경우에는 접수 취소)

○ 온라인 신청절차 및 접수요령

1단계	2단계	3단계	4단계
회원가입	온라인 직접입력	문서 작성 및 파일 업로드	접 확인 및 완료
	사업계획서 Part I	**사업계획서 Part II**	〈접수증 출력〉

① 1단계 : 회원가입

　　구성원 및 수행기관이 중소기업기술개발 종합관리시스템(www.smtech.go.kr)에

　　등록되어 있는지를 확인하고, 등록이 되어 있지 않는 경우 종합관리시스템에 가입

② 2단계 : 신청기업의 온라인 서약 및 직접입력

　　사업계획서 Part I의 내용을 작성하는 것으로, 신청접수 시

　　종합관리시스템(www.smtech. go.kr)을 통해 직접 입력

③ 3단계 : 문서 작성 및 파일 업로드

　　사업계획서 Part II의 내용을 작성·업로드 하는 것으로, 한글 등 문서파일로 양식을

　　다운받아 해당내용을 오프라인으로 작성한 후 작성한 파일을 종합관리시스템

　　(www.smtech.go.kr)에 업로드

　　─신청 시 구비서류 및 관련 참고자료 함께 업로드

④ 4단계 : 접수 확인 및 완료

　　3단계 완료 후 접수확인을 위한 접수증 출력(신청·접수 완료)

　　(구비서류 중 필수서류가 하나라도 누락된 경우에는 신청자격을 당연 상실함)

O 온라인 신청시 구비서류

연번	서식 명		제출방법	해당여부
①	중소기업 기술개발지원 사업계서	Part I	* 온라인 시스템 직접 입력	필수
		Part II		
②	사업비 비목별 소요명세		*인터넷에서 해당서식 다운로드하여 작성한 후, 문서파일 업로드	
③	신용상태 조회동의서			
④	중소기업 기술개발사업 청렴 서약서			
⑤	사업자등록증 또는 법인등기부등본 * 법인전환의 경우 최초의 사업자등록증과 법인등기부등본을 모두 제출			해당시
⑥	연구시설·장비 구입 계획서 * 부가세포함 1천 만원 이상 3천 만원 미만 연구시설·장비인 경우 작성			
⑦	연구시설·장비 도입 계획서 * 부가세포함 3천만원 이상 연구시설·장비인 경우 작성			
⑧	위탁연구기관(참여기업) 참여의사 확인서			
⑨	배우자 및 직계존비속 참여연구원 등록요청서			

전산 접수와 인편 및 우편 서류 접수를 동시에 필요로 하는 산기평의 경우는 아래와 같은 내용으로 공지되어 있다. 아래 경우와는 다르게 전산등록 마감일과 신청서 제출 날짜가 상이한 경우도 있으므로 주의해서 살펴보는 것이 좋다.

〈표2.17 산기평의 공고 사례〉

□ 신청방법 및 제출기한

구분	지정공모
공고기간	○ 공고기간 : 2016.5.3.(화) ~ 2016.6.1.(수)까지 30일 ○ 재공고기간 : 2016.6.8.(수) ~ 2016. 6.17.(금)까지 10일
신청서 및 관련 양식 교부	○ 양식교부 : 2016. 5. 3.(화) ~ 2016. 6. 1.(수), 　　2016.6.8.(수) ~ 2016. 6.17.(금) ○ 양식부 및 접수안내 : 산업기술지원 사이트(itech.keit.re.kr)
인터넷 전산등록 및 신청서 제출	○ 재공고 전산등록 : 2016.6.8.(수) ~ 2016. 6.17.(금) ○ 재공고 신청서 접수 및 제출 : 2016.6.14.(화) ~ 2016. 6.17.(금)

○ 산업기술지원 사이트(itech.keit.re.kr)에 인터넷 전산등록을 통해 정보를 입력한 후
전산접수증을 출력하여 신청서(계획서 및 첨부서류)를 우편 또는 인편으로 제출(**신청서 제출
마감일 18시까지 도착분에 한하여 접수**)

※ 우편물 표지에 인터넷 접수번호, 지원분야, 주관기관, 과제명을 필히 기재

※ 인터넷 전산 접수 후 '전산접수증을 출력'하여 신청서류와 함께 제출하여야 함

□ **전산 등록처** : 산업기술지원 홈페이지(itech.keit.re.kr) → 온라인사업관리에서
　과제접수(주관기관이 전산 등록)

※ 전산등록 시에는 주관기관의 총괄책임자가 로그인하여 전산등록(itech.keit.re.kr 회원가입 필요)

※ 전산등록 마감일에는 전산 폭주로 인하여 접수가 지연되거나 장애가 발생할 수 있으므로
　사전에 접수 요망. 또한, **전산접수 마감일 18시 이후 전산접수 불가**

－ 일반형과제는 주관기관 총괄책임자가 전산접수

□ 신청서 접수처

분야	접수처
* 소재부품산업 : 화학공정 * 시스템산업 : 그린카, 산업용기계, 생산장비, 　조선해양	(00000) 대구광역시 동구 첨단로0길 00 (신서동 0000) 한국산업기술평가관리원 00000팀 (☎ 000-000-0000)

※ 전산 등록기간에 등록을 완료(전산접수증 출력)하지 않은 과제의 경우는 신청서 접수가 불가함

※ 제출된 서류 및 사업계획서 등이 허위, 위·변조, 그 밖의 방법으로 부정하게 작성된 경우 관련
규정에 의거, 선정 취소 및 협약해약 등 불이익 조치함

※ **제출된 서류는 일체 반환하지 않음**

기술료 납부

(중:7.기술료 납부, 산:3-2.기술료징수여부 및 방법, 정:5.과제신청유의사항)

    정부지원 사업을 성공적으로 수행하여 완료되면 기술료를 납부하는 것이 일반적이지만, 사업의 성격에 따라서는 기술료 납부를 하지 않는 경우도 있다. 기술료 납부를 해야 하는 사업은 사업공고 내용에 정부출연금의 몇 퍼센트를 어떤 방법으로 납부하는지 공고한다.

    기술료는 영리기관만이 납부하는 것으로 만약 수행한 과제의 최종 결과 평가를 '실패'로 판정 받았다면 기술료를 납부하지 않는다. 기술료는 과제를 수행한 영리기관(기업)이 연구개발 결과물을 사업화하기 위해 기술을 실시하려고 할 때 전담기관에 납부해야 하는 비용이다.

    실시 기업의 유형에 따라 납부해야 하는 기술료는 다른 비율로 책정되며, 기술료를 납부하는 방법은 일정 금액을 일정 기간 동안 균등 분할하여 납부할 수 있는 정액기술료와 영리기관의 매출액에 비례하여 정해진 기간 동안 납부하는 경상기술료 방식이 있다. 다음의 표는 산기평의 경우에 적용되는 사례이다.

    (정액기술료) 실시 기업은 아래의 정액기술료를 5년 이내의 기간에 1년 단위로 균등하게 분할하여 전담기관에 납부하여야 한다.

<표2.18 산기평의 정액기술료 사례>

실시기업 유형	정액기술료
대기업	정부출연금의 40%
중견기업	정부출연금의 20%
중소기업	정부출연금의 10%

(경상기술료) 실시 기업은 아래의 착수기본료 및 사업 수행 결과를 활용하여 발생한 매출액에 대하여 매출 발생 회계연도부터 5년 또는 과제 종료 후 7년 중에서 먼저 도래한 시점까지 전담기관(한국산업기술평가관리원)에 납부하여야 한다.

<표2.19 산기평의 경상기술료 사례>

실시기업 유형	착수기본료[1]	경상기술료
대기업	정부출연금의 4%	매출액의 4%
중견기업	정부출연금의 2%	매출의 2%
중소기업	정부출연금의 1%	매출액의 1%

1) '착수기본료'는 기술료 확정결과를 통보받은 날로부터 90일 이내에 납부하여야 함

2) 경상기술료의 누적 징수액 최대 납부한도는 중소기업인 경우 정부출연금 대비 100분의 12, 중견기업의 경우 100분의 24, 대기업의 경우 100분의 48이내 임

3) 관련 매출을 허위로 보고한 경우 경상기술료의 누적 징수액 납부한도는 중소기업인 경우 정부출연금 대비 100분의 24, 중견기업의 경우 100분의 48, 대기업의 경우 100분의 96으로 가산함

사업을 주관기관 단독으로 수행한 경우는 간단히 정부지원 출연금 전체에 대해 위의 비율대로 적용하면 되지만, 여러 영리기관이 참여한 경우는 해당 기관별로 배정된 정부출연금에 대해 위의 표에 정의된 대로 적용하여 산정한다.

만약 영리기관과 비영리기관이 함께 참여한 사업의 경우는 영리기관들

은 자신이 사용한 정부출연금에 대해서만 기술료를 납부하면 된다. 비영리기관의 경우 일반적으로는 정부출연금에 대해 기술료를 납부하지 않는다.

비영리기관은 연구개발 결과물을 직접 사업화하는 역할을 갖지 않기 때문에 영리기관으로 기술이전을 통해 연구개발 결과물을 전수하여 사업화가 진행될 수 있도록 지원하고 있으며, 영리기관은 해당 기술을 활용하여 사업화하기 위해서는 기술이전 비용을 지불하고 사업화에 따른 기술료를 비영리기관과의 계약을 통해 납부하는 절차를 따르게 된다.

영리기관의 입장에서는 비영리기관의 연구결과물을 기술이전 받을 수 있는 경우가 3가지가 있을 수 있다.

◆비영리기관이 단독으로 수행한 사업의 연구 결과물을 기술이전 받는 경우
◆비영리기관과 함께 수행한 사업의 비영리기관의 연구 결과물을 기술이전 받는 경우
◆영리기관이 참여하지 않은 컨소시엄에서 수행한 사업의 연구 결과물을 기술이전 받는 경우

세 번째의 경우는 해당 컨소시엄에 참여한 영리기관들의 비영리기관의 연구개발결과물 기술이전을 포기하는 경우에 한정하거나, 또는 사전 동의 및 협의 등을 통해서 가능한 경우 등이 있으며 사업별로 조건이 다를 수 있다.

14
문의처

(중:10.문의처, 산:10.문의처 등, 정:9.문의처)

　　정부지원 사업을 여러 차례 수행한 경험이 있더라도 정부 지원 사업은 신기술의 발전과 산업 경제 여건의 변화에 따라 계속 진화하고 있고 그 지원 방법과 프로그램의 구성도 변화를 거듭하고 있다.

　　따라서 정부지원 사업을 처음 신청하는 입장이거나 또는 여러 번 신청하고 수행한 경험이 있다고 하더라도 물어 볼 내용이나 확인할 사항들이 있는 경우가 많은데, 사업 공고의 마지막 부분에는 항상 관련 사업에 대해 문의할 수 있는 연락처와 담당자 정보가 제공되고 있다.

　　조금이라도 의문점이 있는 부분은 주저하지 말고 연락처의 담당자와 통화하여 확인하고 진행하는 것이 필요하며, 이것도 사업 신청을 위한 작은 전략 중의 하나라고 할 수 있다.

창업과 중소기업을 위한 정부지원 사업 계획서 작성법

나를 알고 사업을 이해하자

정부지원 사업은 그 성격에 따라 매우 다양한 조건으로 구성되어 있으며, 자신의 기업 형태, 성격, 환경 등에 따라 지원이 가능한 사업과 지원할 수 없는 사업 등으로 구분될 수 있다.

각 사업의 성격에 따라 참여 조건 등이 같이 공지되므로 이를 잘 살펴보고 자격 조건에 맞는 사업을 선정하여 차질 없도록 준비하여 추진하여야 한다.

먼저 정부지원 사업을 준비하는 기업 입장에서 어떠한 조건들을 알고 있어야 하는지 대표적인 항목들을 정리해보자.

	기업 규모	기업 형태	여성기업	부설연구소	인증	재무상태
기업	중소기업 중견기업 대기업	개인사업자 법인(영리) 법인(비영리)	여성CEO	유 무	이노비즈 벤처기업	부채비율 자본잠식

사업 관점에서는 어떻게 구분되는지 정리해보자.

	RFP 형태	주관 성격	구성	기간	참여 조건	사업 성격
사업	지정 품목지정 자유	비영리 기업(영리) 제한없음	단독 컨소시엄 산학연 수요처 제한없음	1년 2년 3년 이상~	부설연구소 이노비즈 벤처 여성CEO 제한없음	기술혁신 상용화 창업 구매조건부 재기 멘토링 등등

기업의 현황과 사업의 성격이 맞아야 좋은 사업에 도전해볼 수 있는 기회가 만들어질 수 있으므로 기업은 기본적으로 갖출 수 있는 요건을 사전에 잘 준비하고, 아울러 추가로 갖추어 놓으면 더 많은 사업들을 신청할 사항들을 최선을 다해 준비해놓는다면, 원하는 어떠한 사업들도 놓치지 않고 지원할 수 있을 것이다.

위의 표에 정리한 내용 이외에도 정부지원 사업의 성격에 따라 여러 가지 조건들이 있으며 이들은 사전 준비를 통해 각자의 사업 특성에 맞추어 차근차근 마련하는 것이 필요하다.

16
인증 준비

　　기업이 갖출 조건에서 이노비즈와 벤처기업 인증을 필수로 준비해야
만 정부지원 사업을 신청할 수 있는 것은 아니지만, 이 인증서를 갖고 있
는 경우 여러 사업에서 이 인증서가 없는 기업보다는 더 많은 기회를 가
질 수 있다. 이 인증서를 받기 위해서는 몇 가지 요건들을 갖추어 신청하
고 심사를 거치게 되어있다.

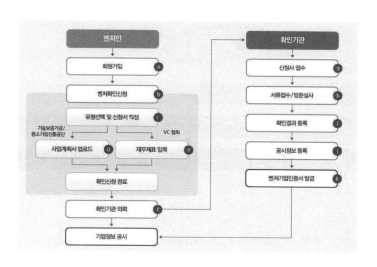

〈그림2-3. 벤처 확인 신청 진행 절차〉

출처: https://www.venturein.or.kr/venturein/petition/C12000.jsp

벤처기업 인증 심사의 운영 주체인 기술보증기금은 "기술신용보증기금법"에 의해 설립된 공익기관으로, 담보능력은 미약하나 기술력이 우수한 중소 벤처기업에 대한 기술평가 및 자금 지원을 통해 국민경제 발전에 이바지함을 목적으로 설립된 기술평가·신용보증 전문기관으로 벤처인(www.venturein.or.kr)을 통해 벤처 확인/공시/투자/지원/뉴스/자료 등의 서비스를 제공하고 있다. 벤처기업 인증을 받고자 하는 기업은 해당 사이트에서 저렴한 평가 비용으로 벤처확인 서비스를 업력 제한 없이 신청할 수 있다

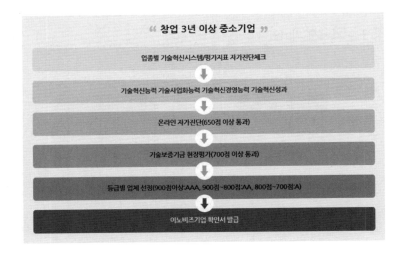

〈그림2-4. 이노비즈 인증 절차〉

출처: https://www.innobiz.net/authen/authen1.asp

이노비즈 인증은 중소기업청이 운영하는 이노비즈(www.innobiz.net)

창업과 중소기업을 위한 정부지원 사업 계획서 작성법

에서 평가를 신청할 수 있으며 창업 3년 이상 중소기업이 대상이 된다. 벤처기업 인증과 함께 각종 금융/인력/판로수출 지원 및 정부지원 사업 신청 조건에 활용되는 것은 물론이다. 자세한 내용은 해당 사이트의 '이 노비즈 인증사 혜택'에서 확인하고 인증 절차를 밟는 것을 권고한다.

인증 이외에도 특정 사업에 참여하여 선정된 기업에게만 신청자격을 부여하는 경우도 있는데, 중기청의 "2016년도 중소기업 기술혁신개발사 업 혁신기업기술개발(고성장기업 과제) 시행계획 공고"에서는 신청자격을 다음과 같이 공고하였다.

▫ 중소기업기본법 제2조의 규정에 의한 중소기업(주관기관 및 참여기업)으로서, 다음 신청자격에 해당하는 경우 신청가능

• 신청자격(주관기관만 충족여부 확인함)
– '15~'16년 '고성장(가젤형)기업 수출역량강화사업'에 신청하여 최종 선정된 중소기업(해당
사업공고 : 제2015-41호(2015.1.29), 제2015-241호(2015.7.1), 제2016-03호(2016.1.4))
* 선정여부 문의 : 중소기업진흥공단 ☎ : 055-751-9724

위에서 보는 바와 같이 '고성장(가젤형)기업 수출역량강화사업'에 신청 하여 최종 선정된 중소기업에게만 참여할 수 있는 자격을 부여하고 있다. 각 기업들은 자신의 기술 분야 및 해외 판매 등의 사업 영역을 반영하여 다양한 프로그램을 활용할 수 있는 자격 조건을 갖추도록 끊임없이 노력 하고 준비하는 것이 필요하다. 한 가지 사례로 들었던 위의 기술개발사업 과 관련된 선정 기관으로는 중소기업진흥공단(hp.sbc.or.kr)과 중소기업 수출지원센터(www.exportcenter.go.kr)가 있으므로 참고하기 바란다.

제 3 장

사업계획서 작성 전략

사업계획서의 내용을 핵심적으로 전달할 수 있는 과제명 작성 요령을 알아보고, 경쟁력 있는 사업계획서를 작성하기 위해 필요한 형식적인 부분과 내용적인 부분의 기본적인 작성 전략을 제시한다.

사업계획서 준비

정부의 여러 기관들과 전담기관, 전문기관들이 매년 계획된 일정에 따라 사업 공고와 접수, 평가 등을 진행하게 되는데, 사업계획서를 작성하여 정부지원 사업에 지원해야 하는 기관(특히 기업) 입장에서는 어떠한 준비 전략이 필요한지 생각해보자.

제일 바람직한 방안은 사업 공고 이전에 기업이 필요로 하는 기술 및 제품 개발을 위한 사업(과제) 계획서를 미리 만들어놓고 기다리는 것이다. 이미 준비된 사업계획서와 필요한 관련 서류를 확보하고 있다면 사업공고가 공개되면 인터넷 접수 또는 직접 접수를 통해 여유 있게 제출을 마무리할 수 있다. 만약 부족한 것이 있거나 수정 보완이 필요한 것이 있더라도 충분한 여유가 있으므로 쫓기지 않고 대처할 수 있다. 접수 마감일에 임박해서 인터넷 접수를 하는 경우, 너무 많은 접수 요청자가 밀려, 전산 접수 서버의 과부하로 인해 접수에 어려움을 겪거나 접수가 아예 되지 않는 난감한 상황이 발생할 수도 있다. 사업계획서를 미리 준비해놓으면 이런 위험 부담을 줄일 수 있는 하나의 좋은 부수적인 효과를 제공해준다. 무엇보다도 미리 작성해놓은 사업계획을 시간을 갖고 반복하여 개선하면서 경쟁력 있는 좋은 사업계획서로 발전시켜 나갈 수 있다는 것이다.

차선책으로는 사업계획서는 미리 만들어놓지는 않았지만 사업에 대

창업과 중소기업을 위한 정부지원 사업 계획서 작성법

한 아이디어를 발굴하여 한동안 고민해 오면서 머릿속에서는 어느 정도 구체적인 방안을 마련한 경우이다. 아직 사업계획서라는 양식으로 정리가 되지 않았지만, 무엇을 개발할지 어떤 방법으로 개발할지 사업화는 어떻게 진행할지 등등에 대한 방안은 나름대로 복안을 갖고 있는 경우이다. 이때 사업 공고가 확인되면 사업계획서 양식에 맞추어 작성해가면서, 양식에 포함된 추가 작성이 필요한 부분인 시장 현황, 경쟁사 동향 등의 내용을 자료 조사와 분석하면서 만들어 가면 된다.

사업 공고는 확인하였지만 아직 무엇을 할지 아무런 준비가 되지 않은 상태라면 제일 막막한 상황이라 할 수 있겠다. 아무리 뛰어난 사람이라 하더라도 준비되지 않은 상태에서 짧은 시간에 좋은 사업 계획을 만든다는 것은 지나친 요행을 바라는 것과 다르지 않을 것 같다. 그러나 이런 경우임에도 불구하고 이번에 알게 된 사업 공고를 새로운 발전 동력으로 활용하기 위해 팀원 또는 구성원들과 토의를 해나가며 생각들을 공유하여 아이디어 발굴과 신제품을 구상할 수 있는 새로운 기회를 만드는 것도 의미가 있다. 비록 과제 선정에 실패한다 하더라도 다음 도전을 위한 시발점 역할은 충분히 할 수 있을 것이다.

사업계획서 양식

이 책에서 대표적인 사례로 설명하는 중기청의 창업성장기술개발사업의 사업계획서 양식은 Part-1과 Part-2로 구성되어 있으며, Part-1은 제출하는 사업계획서의 요약 내용이다. Part-1 양식의 목차는 다음의 표와 같다.

〈표3.1 중기청 창업성장기술개발사업 계획서 목차〉

Part-1 목차	설명
1. 공고분류	공고된 사업 중에서 어떤 사업(또는 RFP)에 속하는지에 대한 내용과 제안자가 스스로 작명한 '과제명' 입력
2. 주관기관 및 과제책임자 정보	기업 정보 및 책임자, 실무자 정보 입력
3. 경영현황표	경영상태 관련 정보를 최근 재무제표를 기준으로 입력 (3년 이하 업력인 경우는 작성하지 않아도 되는 경우가 있으므로 확인 후 작성)
4. 개발기간	총 개발기간 및 연차별 개발기간을 입력
5. 기술개발 개요 5-1. 최종목표 요약 5-2. 연차별 개발내용 요약 5-3. 키워드	본 과제의 최종개발 목표와 연차별 개발 내용, 과제를 대표할 수 있는 키워드(한글, 영문)를 입력
6. 보안등급 신청	보안과제에 해당하는지를 판단하여 해당 여부를 입력

창업과 중소기업을 위한 정부지원 사업 계획서 작성법

7. 기술분류	제공되는 산업기술분류 등을 확인하여 제안 과제의 해당 기술 분야를 입력
8. 수행기관 정보 8-1. 수행기관별 정보 8-2. 국가연구개발과제 참여실적	주관기관(및 참여기업, 위탁연구기관)에 대한 정보와 수행/신청 중인 정부지원 사업 정보를 입력
9. 참여연구원	참여인력 현황과 정부지원 사업 참여현황 정보를 입력
10. 사업비 내역 10-1. 연차별 사업비 요약 10-2. 기관별 민간부담 내역 10-3. 사업비 비목별 총괄	제안하는 과제의 정부출연금과 민간부담금에 대한 사업비 계획을 연차별, 기관별, 비목별로 입력
11. 연구시설·장비 구입계획	개발에 필요한 연구시설 및 장비 구입 계획 입력

Part-1의 목차를 살펴보면 알겠지만 해당 내용은 Part-2 계획서가 작성된 후에야 원활한 작성이 가능하다. Part-1을 별도의 전자문서로 작성한 적도 있으나 현재는 많은 사업들이 인터넷의 사업 신청/접수 시스템에 직접 해당 내용을 입력하고 있다. Part-1을 전산접수 시스템에 입력하면 아래와 같이 Part-0. 사업계획서 표지 양식에 내용이 채워져서 자동 생성된다.

1) 과제 번호		2) 공고 번호		3) 기술 분류		비고	산업 기술분류	국가과학기술 표준분류	6T	국가중점과 학기술분류
						대 분 류				
						중 분 류				
						소 분 류				

중소기업기술개발 사업계획서
(세부 사업명)

자유응모 ◎ 지정공모 ◎ 품목지정 ◎

공개여부 가 ◎ 부 ◎

4) 과제명				
5) 주관기관	기 관 명		홈 페 이 지	
	설립년월일		상시근로자수(명)	
	사업자등록번호		법인등록번호	
	주 소			
	주생산품			
	대표자 성명		생년월일	
	대표자 e-mail			
6) 과제책임자	성 명		생년월일	
	직 위		휴대전화	
	팩 스		전 화	
	e-mail			
7) 개발기간	총 개발기간 : 20 . . ~ 20 . . (개월)			

8) 연차별 사업비 (단위 : 천원)	구 분	정부출연금	민간(기업) 부담금			민간(수요처) 부담금			계
			현 금	현 물	소 계	현 금	현 물	소 계	
	1차년도								
	2차년도								
	3차년도								
	합 계								

9) 참여기업	기업명		홈 페 이 지	
	설립년월일		상시종업원수(명)	
	사업자등록번호		법인등록번호	
	주 소			
	주생산품목			
	대표자 성명/생년월일	/	e-mail	
	대표자 성명/생년월일	/	e-mail	

구 분	기업(관) 명	대 표 자	부서/학과	책 임 자	전 화
10) 수요처					
11) 위탁연구기관					

12) 실무담당자	성 명	부서 · 직위	전 화	휴대전화	e-mail

13) 보안등급	보안과제( ), 일반과제( )

중소기업기술개발 지원사업 운영요령 및 중소기업 기술개발사업 관리지침의 규정에 따라 중소기업 기술개발사업을 수행하고자 사업계획서를 제출합니다. 또한 본 사업계획서 내용에 중복지원, 허위사실이 있을 경우 선정취소 및 국가연구개발사업의 참여제한 등의 조치에 동의합니다.

20 년 월 일

과 제 책 임 자 :

주관기관 대표자 :

중소기업청장 귀하

〈그림3-1. 사업계획서 표지 양식〉

전산접수 시스템에 익숙하지 않거나, 처음 접하는 과제 제안자들은 접수 과정에 대한 염려와 걱정을 조금이라도 덜기 위한 방법이 있다. 완성이 되지 않았더라도 어느 정도 Part-2 계획서가 준비되면 Part-1을 미리 전산접수를 진행해보는 것이다. 입력된 내용의 수정 보완이 필요하면 수시로 업데이트가 가능하므로 유용하게 활용하면 큰 도움이 될 것이다.

전산 접수를 진행하기 위해서는 회사 대표 또는 과제 책임자들의 회원 가입도 필요하고 회사 정보 등도 등록하는 것이 필요하며, 실제 입력하는 과정을 직접 경험해봄으로써 시간이 급할 때 발생하는 실수를 줄이고, 모르는 것을 남겨 둔 채 불안감을 안고 가는 것을 해소할 수 있다. 완성된 것은 아니지만 미리 입력한 정보가 있으므로 든든한 보루를 마련해 둔 안정적인 상태에서 전산 접수를 마무리해나갈 수 있다.

제공되는 사업계획서 Part-2 양식의 목차는 아래 표와 같다. 여기서는 중기청의 창업성장기술개발사업의 2016년 양식을 예로 들었는데, 사업에 따라 일부 목차들이 차이가 있으나, 사업마다 계획서 양식에서 요구하는 내용은 큰 차이는 없으므로 다른 사업의 계획서 작성에도 이 책의 내용을 활용하면 좋은 성과가 있으리라 생각된다. 2017년 중기청은 중소기업들의 사업계획서 작성 부담을 줄여주기 위해 양식을 간소화하였으며 사업계획서와 '사업계획서 세부 설명자료'로 구분하여 각각 5페이지, 15페이지 이내로 작성하는 지침을 공지하였다. 4장에서 변경된 내용을 살펴본다.

〈표3.2 사업계획서 본문 목차〉

사업 계획서 Part-2 (중기청 창업성장기술개발사업)
1. 개요 및 현황
1-1. 개발기술 개요
○ 개발 필요성
1-2. 관련기술 및 시장현황
○ 관련기술현황(지식재산권 확보·회피방안 포함)
〈표 1〉 국내외 관련 지식재산권 현황
○ 목표시장의 경쟁현황
〈표 2〉 국내·외 시장 규모
〈표 3〉 국내·외 주요시장 경쟁사
2. 기술개발 준비현황
○ 선행연구 결과 및 애로사항
○ 보안등급
○ 연구실 안전조치 이행계획
○ 수행기관 정부연구개발사업 참여현황
3. 기술개발 목표 및 내용
3-1. 기술개발 최종목표
〈표 4〉 목표달성도 평가지표
3-2. 기술개발 내용(기술의 독창성 및 도전성 포함)
3-3. 수행기관별 업무분장
3-4. 세부 추진일정
4. 연구인력 주요 이력
5. 연구시설·장비보유 및 구입현황
6. 개발기술 활용 및 사업화 방안
6-1. 개발기술 활용 및 제품개발 계획(기술적 파급효과 포함
6-2. 양산 및 판로 확보 계획
〈표 5〉 기술개발 후 국내·외 주요 판매처 현황
〈표 6〉 사업화 계획 및 기대효과
6-3. 고용창출 효과 및 고용의 질 향상
○ 기술개발을 통한 고용창출 효과 및 신규인력 채용 계획
○ 고용유지를 위한 복리후생 등 기업 자체적 방안
○ 신규인력에 대한 교육 프로그램 등 기술인력 육성 계획
6-4. 개발제품의 수출 가능성
○ 해외 마케팅 전략 및 제품 경쟁력
○ 해외시장(또는 고객) 발굴을 위한 정보수집 활동 계획

창업과 중소기업을 위한 정부지원 사업 계획서 작성법

Part-2의 목차를 보면 크게 6개의 장으로 개요 및 현황, 기술개발 준비 현황, 기술개발 목표 및 내용, 연구인력, 연구 시설 및 장비, 그리고 사업화 방안으로 구성되어 있다. 각각의 항목에 대해 제공된 사업계획서 양식에서 알려주고 있는 가이드라인을 자세히 해석하여 살펴보면서 사업계획서 작성 방안을 다음 장에서 설명한다.

과제명 작명 지침

과제명은 사람의 얼굴이나 이름, 제품들의 모양이나 상품명보다 더 중요한 의미를 갖고 있다. 누군가를 처음 만날 때는 제일 먼저 사람의 얼굴을 보게 되고 통성명을 통해 이름을 알게 된다. 제품도 외양 또는 상품명을 통해 접한다. 사람과 제품은 이미 실물로 존재하는 것이므로 얼굴, 모양, 이름 그리고 상품명만 가지고도 어떤 사람인지 어떤 제품인지는 알수 있으나, 과제명은 앞으로 만들 기술과 제품을 나타내는 것으로 아직 실물이 없으므로 무엇을 어떻게 왜 개발하는지를 핵심 문장으로 만들어 정확히 전달할 수 있어야 한다.

사업계획서는 지정공모이든 자유공모이든, 또는 서면평가이든 대면평가이든 경쟁 관계에 있는 여러 경쟁 대상들 중에서 이미 공고된 일정과 절차에서 선정되지 않으면 수행할 수 있는 기회가 주어지지 않는 시간 제한적인 특성이 있다. 수십 내지는 백수십 페이지 이상의 사업계획서의 내용을 한 줄로 핵심적으로 표현하여 쉽고 빠르게 이해할 수 있도록 전달하여 좋은 인상과 기억을 남김으로써 해당 과제(사업계획서)가 선정되는 데 제일 중요한 역할을 하는 것이 '과제명'이다.

가장 잘 만들어진 과제명이라고 한다면 사업계획서를 읽어보지 않고도 그 계획이 무엇을 왜 어떻게 개발하려는지 한 줄에 명확한 내용을 담아 전달하는 것이다.

창업과 중소기업을 위한 정부지원 사업 계획서 작성법

1) 과제명은 첫인상

입사 면접에 지원한 사람을 생각해보면 과제명은 면접자의 첫인상에 가깝다. 첫인상이 좋으면 다음 단계부터는 매우 부드럽게 면접이 진행될 수 있는 것과 마찬가지로 과제명으로 과제의 내용이 이해가 되면 평가자들은 과제의 방향을 어느 정도 파악하고 좋은 인상을 갖고 바라볼 수 있다. 최종목표는 면접관이 지원자에게 신상관계를 확인하고 기업에서 어떠한 목표와 의지를 갖고 임할지를 기본적으로 확인하는 단계가 될 것이다. 기술개발 내용은 면접관이 채용 가능성이 높다고 판단되어 좀 더 그 지원자가 어떤 능력, 어떤 자세, 그리고 어떤 미래 계획을 갖고 있는지 속마음까지 확인하기 위해 대화를 통해 확인하는 단계와 비슷하다.

사업계획서 양식의 다른 일부 항목을 면접 단계와 구체적으로 대입하여 보면, 지원자가 어떤 환경에서 살아왔는지를 나타내는 것이 '개요 및 현황'이라고 한다면, '기술개발 준비 현황'은 지원자가 이번 입사 지원을 위해 어떤 준비와 어떤 필요한 요건과 자격들을 갖추고 있는지를 확인하는 것이 될 것이다. 아울러 입사가 된다면 회사에 어떤 기여를 하고 그를 위한 어떤 방안과 계획을 갖고 있는지를 확인하는 것이 '기술개발 활용 및 사업화 방안'이 될 것 같다.

따라서 과제명을 만드는 것에도 더 노력을 기울이고, 나름대로의 작명 노하우를 갖추는 것도 성공적인 사업을 만들어 나가기 위해 필수 요건이 될 것이다.

2) 과제명 도출 방법

과제명 도출

직관적 방법

축약적 방법: 기술개발 내용 → 최종목표 → 제목

과제명을 좀 더 풀어 쓴 것이 〈3-1 기술개발 최종목표〉이고, 더 구체적인 개발 내용 및 개발 방법 등을 나타내는 것이 〈3-2. 기술개발 내용〉이 될 것이다. 이들이 연구개발 또는 기술개발 사업에서 기술성 평가에 있어서 가장 중요한 부분으로 다루어지고 있다.

과제명을 도출하기 위해서 책임자가 그 동안 생각해오던 내용을 직관적으로 제목부터 정하는 방법이 있다. 이 경우 한 번에 정리되지는 않겠지만 계속 팀원들과 함께 수정 보완하면서 최종 과제명을 도출할 수 있다. 과제명을 직관적으로 도출하기 위해서는 상당 기간 동안 머리 속에서 검토와 고민을 거치지 않고서는 할 수 없으므로 일반적인 방법은 아니지만 사업에 집중하고 매진하는 리더나 책임자에게서는 흔히 볼 수도 있는 방법이다.

다른 방법으로는 기술개발 내용을 자세히 검토하고, 최종목표를 정리하면서 그 이후에 이를 과제명으로 만들어 가는 단계를 거치는 축약적 접근 방법도 있을 것이다. 단순하고 간단한 아이디어로부터 출발하여 사업화 단계까지 필요한 기술과 방안들을 계속 보완해가면서 최종적으로 체계적인 기술개발 내용과 사업화 계획을 어느 정도 수립하고 난 뒤에 적용해볼 수 있다.

아이디어 수준에서 출발하였으나 과제명을 미리 정하고 계획서를 작성하기를 원한다면, 브레인스토밍 수준에서 기술개발 내용을 머리, 손,

펜, 종이 그리고 필요하면 동료와 파트너들과 단기간 내에 여러 차례의 심도 있는 토의와 검토를 통해 정리해나가는 것도 불가능한 방법은 아니라고 생각된다. 어느 정도 그림과 키워드 등으로 정리된 기술개발 내용이 준비되었다면, 이를 1~3개의 핵심 모듈, 각 핵심모듈 별로 이를 구성하는 2~3개 정도의 세부 기술 요소로 정리하여 최종목표를 정리할 수 있는데, 이를 다시 최종목표를 대표할 수 있도록 한 줄로 축약하여 제목을 만들 수 있을 것이다.

어느 방법이든지 놓여진 여건이나, 좋아하는 방법, 나름대로 터득한 방법으로 접근하여 과제명을 도출하되 좋은 과제명이 만들어질 수 있도록 최선을 다해야 한다.

3) 과제명의 작성 사례

과제명 작명에 대해 좀 더 쉽게 이해하기 위해 우리가 자주 접하는 자전거의 개발에 대입해보면서 어떤 면을 강조하고, 어떤 부분을 미리 검토하면 좋은지 생각해보도록 하자.

[자전거와 관련된 개발 내용에 대한 과제명 예]

과제명 1: 자전거 개발
　　　－이미 자전거가 있는데 무슨 자전거를 개발한다는 것인지?

과제명 2: 체인 없는 자전거 개발
　　　－체인이 없는 것은 획기적인데 어떤 방법으로 동력을 전달하려는 것일까?

과제명 3: 체인 없이 유니버설 조인트로 동력을 전달하는 자전거 개발
　　　－어떤 자전거를 개발하려는지 명확하게 알겠네!

과제명 4: 전동 모터를 장착한 페달 없는 자전거 개발
　　　－동력 발생을 사람이 아닌 전기를 사용하여 힘이 들지 않는 편리성을 확보

과제명 5: 누구나 안전하게 탈 수 있는 3륜 자전거 개발
　　　－기술적인 용어는 아니지만 균형을 잡지 못하는 사람도 사용이 가능한 자전거를
　　　개발하여 자전거 이용층을 확대하겠다는 의미가 전달

과제명 6: 적은 힘으로 달릴 수 있도록 기어가 장착된 자전거 개발
　　　－(아직 기어가 장착된 자전거가 없다는 가정하에서) 기어의 용도와 기능을
　　　부각시키면서 개발의 필요성을 과제명에 포함하여 제안한 과제명

과제명 7: 수륙 양용 사용이 가능한 자전거 개발
　　　개발 목적은 분명하고 이해할 수 있지만 어떤 기술을 사용하는지는 구체적으로
　　　제시하지 않은 과제명

과제명 8: 하늘을 날 수 있는 자전거 개발
　　　과제명 7의 경우는 실현 가능성이 있다고 생각되지만, 이것은 아직 실현 가능성이 없을
　　　것 같은 무모한 도전 같은 느낌을 주는 과제명

　　저자 나름대로 점진적으로 변화를 주면서 개선해나가는 사례를 든 것으로 독자들은 더 좋은 접근 방안을 갖고 있거나 만들어 갈 수 있을 것으로 생각한다.

창업과 중소기업을 위한 정부지원 사업 계획서 작성법

4) 과제명 작명 기준

어떻게 제목을 만들까?

5W1H(Who, When, Where, What, Why, How)
2W1H(What, Why, How)
제목만으로 무엇을 왜 어떻게 하려는 것인지 명확히 전달
미사여구는 가급적 사용하지 마라, 그러나 필요하면 사용하여 효과를 높여라

우리가 익히 알고 있는 5W1H 형식의 과제명을 만들 수 있다면 원하는 내용을 잘 전달할 수 있을 것이다. 그러나 이렇게 과제명을 작명한다면 매우 긴 제목이 되고 필요 없는 내용도 포함될 가능성이 많다. 따라서 중요한 키워드는 많은 의미를 포함할 수 있고 주어와 시간, 장소 등은 굳이 표현하지 않아도 의미가 전달될 수 있으므로, 2W1H 수준에서 과제명을 작성해도 바람직할 것이다. 무엇보다 이러한 기본적인 틀을 활용하여 만들어진 제목으로 이 계획서가 무엇을 왜 어떻게 개발하려는 것인지 명확히 전달할 수 있다면 성공적인 작명이 될 것이다. 그러나 이 원칙을 따르는 것이 불리한 경우도 있으므로 과제의 성격과 목표를 잘 이해하고 있는 책임자와 구성원들이 가장 효과적이라고 판단하는 방법으로 과제명을 작명해야 된다.

과제명에서의 미사여구는 사용하지 않는 것이 좋다. 그러나 사업이 추구하는 목적을 분명히 전달하기 위한 방법으로 미사여구를 통해 사업의 내용을 효과적으로 전달할 수 있는 여지가 있다고 판단한다면 사용할 수도 있다. 분명한 것은 계획서를 만드는 입장에서 개발결과물을 성공적으로 완료되어 이를 사용하는 고객 및 사용자 입장과 그의 효과를 확신하고 있어야 미사여구의 사용 의미가 있다. 필요하다면 서면평가와 대면평

가에서 이 용어를 사용한 것에 대한 이유와 의미가 설득력 있게 전달될 수 있는 내용이 계획서에 담겨있어야 한다.

5) 트렌드 용어 사용에 신중하자

정보통신 분야는 발전 속도가 너무 빠르다 보니 새로운 기술과 트렌드를 나타내는 신조어가 범람하고 있어 따라가기에 바쁜 수준이다. 클라우드 컴퓨팅, 스마트폰, 빅데이터, SNS, IoT, 보안, APT, 플래시, 머신러닝과 인공지능, 스마트 팩토리, 핀테크 등과 같이 용어의 의미를 알기도 전에 새로운 용어가 나타난다.

이러한 트렌드를 나타내는 용어는 기술과 서비스, 그리고 사회 경제 문화적인 동향을 포괄적으로 보여주는 것에는 아주 적절하지만, 기술개발을 위한 사업의 특정한 개발 목표를 지향하고 있는 과제 내용을 구체적으로 드러내기에는 너무 추상적인 성격으로 방향과 깊이를 정확히 전달하지는 못한다. 과제명이 너무 유행을 따르는 용어들을 사용하는 것이 역효과를 가져올 수도 있는 것이다. 많은 과제명들이 최신 기술 동향 및 산업 트렌드를 나타내는 용어들을 제목에 포함하여 만드는 경우가 많은데, 다음의 예를 보도록 하자.

"빅데이터 기반의 딥러닝을 이용한 분석 시스템 개발"

최근의 새로운 기술과 산업 트렌드를 나타내는 용어를 포함하여 매우 근사하게 과제명이 만들어진 것 같이 보인다. 그런데 자세히 보면 어떤 것을 어떻게 왜 개발하려는지 알 수 있는가? 아무리 범용적인 시스템을 개발하는 것이라고 보더라도 무엇을(what), 어떻게(how), 왜(why) 개발하려는 것인지는 전혀 감이 잡히지 않는다.

정부지원 사업이 세계 기술 트렌드를 즉시 따라 잡아 어깨를 나란히 할 수 있도록 이를 사업 추진 방향에 반영하고는 있으나, 사업 또는 과제를 준비하는 입장에서는 이러한 기술들을 내가 개발하려는 제품과 기술에 맞추어 구체화시키고 차별화하여 경쟁력 있는 것을 개발할 것이라는 것을 제안하는 것이 중요하다.

어떤 종류의 빅데이터를 사용하는지, 기계학습(딥러닝) 중에서도 어떤 알고리즘을 적용할는지, 또 이들을 활용하여 어떤 결과를 얻기 위해 무슨 분석 기법을 적용할 것인지에 대해 구체화된 내용이 반영될 수 있다면 더 바람직한 과제명이 될 것이다.

현재의 시점에서 기술과 산업의 트렌드를 쫓아서 개발 분야를 선택하여 과제를 제안하는 것은 좋은 방안이지만, 실질적인 기술개발 내용이 없이 과제명에서 트렌드 용어만을 활용하여 편승하는 것은 지양해야 하는 사항 중에 하나이다. 중요한 것은 해당 기술과 트렌드의 구체적인 핵심 요소 기술과 제안사의 개발할 새로운 기술을 제안해도 최신 기술 트렌드를 충분히 전달할 수 있는 것으로 생각된다.

6) 산기평의 과제명 작성 가이드라인을 활용하자

산기평 자료(www.keit.re.kr)

산업기술 R&D 과제명 작성 가이드라인

좀 더 전문적이고 체계적인 수준에서 과제명 작성을 위한 검토와 고민을 해보고자 한다면 산기평에서 제공하고 있는 자료가 매우 유용하다. 과제명을 작명하는 방법을 해당 사이트의 사업공고 등에서 '산업기술 R&D 과제명 작성 가이드라인'으로 공지하고 있으며 그 내용을 이 책의 별첨1에 옮겨놓았으므로 참조하기 바란다.

R&D 5가지 속성을 고려한 과제명 작성 방법과 이를 적용한 과제명 보완 예시, 과제명 작성 가이드라인 적용 사례(예시), 과제명 작성시 지양해야 할 표현과 올바른 표현 방법 예시, 과제명 작성시 올바른 표현 방법 예시 등의 내용을 포함하고 있어서 꼭 읽어보고 숙지할 수 있으면 좋을 것 같다.

7) 과제명의 블라인드 테스트

좀 더 객관적인 방법으로는 준비 중인 사업 내용을 아직 모르는 가까운 지인, 동료 또는 직원들에게 작명된 과제명을 보여 주고 내가 개발하려고 하는 것이 어느 정도 전달되었는지 확인해보는 것도 좋은 방법이 될 것이다. 제대로 전달이 되지 않는 부분을 확인하여 해당 부분을 보완해 나가는 것도 좋은 방안이 될 것이다.

많은 경우에 제3자로부터 얻는 조언과 정보가 내가 부지불식간에 놓

창업과 중소기업을 위한 정부지원 사업 계획서 작성법

치고 있던 부분과 미처 알지 못하고 있던 핵심을 찾아 주기도 한다. 익숙해져 있는 나에게는 보이지 않지만 새로운 사람이 새로운 시각으로 바라보게 되면 감추어져 있던 것들이 자주 발견된다. 소프트웨어를 개발하기 위한 프로그램 코딩에서도 나에게는 보이지 않던 오류들이 다른 이가 보면 금방 찾아내는 것이 자주 있는 일이다.

8) 정답은 없다, 내가 정답이다

과제명(그리고 사업계획서)는 정답이 없다. 정답을 찾기 위한 어떤 방법도 약효가 있을 수 없다. 왜냐하면 정답이 밖에 있는 것이 아니라 정답은 내 속에 존재하기 때문이다. 따라서 쓸데없는 힘을 밖에다 쏟는 것보다 정답이 되도록 만들어가는 것이 제일 중요하다.

내가 준비하는 것이 정답이 되도록 탄탄한 근거와 새로운 아이디어를 접목하여 나의 기술개발 세계를 구축하여 이를 근거로 누구와 경쟁하더라도 내가 선정되고 그를 통해 사업화를 추진할 수 있도록 최선을 다해 나가는 것이 핵심이다.

4 사업계획서 작성 기본 지침

사업계획서의 양식에 대해 구체적으로 설명하기 전에, 먼저 좋은 계획서를 작성하기 위한 기본 원칙 또는 지침을 살펴보고 각 장과 절의 내용을 작성하는 가이드라인과 함께 살펴보는 것이 더 도움이 될 것 같다. 실제 계획서를 작성하는 과정에서 제출 마감 일정에 쫓기거나, 각자 중요하다고 생각하는 것을 먼저 처리하다 보면 가이드라인과 기본 원칙을 잊어버리는 경우가 많이 있다. 계획서 작성 과정에서 잊지 말고 지켜야 할 몇 가지 작성 지침들을 여기서 제시하고자 한다.

계획서 작성 경험이 있는 분들은 여기서 얘기하는 지침들을 알게 모르게 이미 적용해왔을 수도 있으나 이번 기회를 통해 그 동안 놓쳤거나 부족했던 부분들을 다시 점검하는 기회를 가질 수도 있을 것으로 생각된다.

돌다리도 두들겨 보면서 건넌다는 옛말이 있듯이 때로는 이미 알고 있었던 것들도 재삼 점검하고 완벽을 기할 수 있는 계기를 만들 수 있으므로 작성 지침을 다시 한 번 음미하고 나름대로 각자의 상황에 맞게 확대 해석하여 좋은 사업계획서를 만들 수 있는 능력을 향상시켜 나가기를 바란다.

제일 좋은 사업계획서는 '형식'보다는 '연구개발 내용' 그 자체인 것은 불변의 진리일 것이다. 즉, 개발이 성공적으로 완료되고 이의 결과물이 상용화되고 사업화를 거쳐서 기업의 매출이 늘고 새로운 시장을 창출해

내거나 시장을 장악할 수 있는 제품으로 히든챔피언이 되거나 적어도 기업 성장을 견인할 수 있는 기술일 것이다. 포장이 아름다운 것보다는 내용물이 건실하고 가치가 있어야 한다.

그러나 구슬이 서 말이라도 꿰어야 보배가 된다고 했듯이 아이디어는 좋은데 연구개발 또는 사업 기회를 만들 수 없다면 아무런 의미가 없을 것이다. 따라서 연구개발 내용이 아무리 좋은 것이라 할지라도 정부지원 사업에서 선정되지 않는다면(그리고 외부 도움 없이 스스로 추진할 자원과 동력이 없다면) 자루 속의 구슬로 남아있게 될 뿐이다.

정부지원 사업의 경쟁은 양과 질적인 측면에서 매우 치열해지고 있으며 이런 경쟁 관계 속에서 각자 준비하고 제안한 사업계획서가 선정이 되기 위해서는 내용뿐만 아니라 형식적인 측면에서도 나름대로의 차별화되고 독창적인 전략이 필요할 것이다.

이 책에서 얘기하는 내용들을 기초로 각자 자신을 더 발전시키는 노력과 새로운 방안과 전략을 찾아내는 연구가 있어야 경쟁에서 생존할 수 있을 것이다. 무엇보다 이제는 작은 국내 시장을 넘어 넓은 세계 시장이라는 무대에서도 통할 수 있는 기술과 제품, 서비스를 개발하고 추진한다면 지금보다 더 나은 성장 단계로 나아갈 준비에 한 발을 내디딘 것이 될 것이다.

1) 양식에 충실하자(변경 금지)

계획서는 주어진 양식의 항목에 맞추어 어떠한 경우에라도 충실히 따라야 한다. 개발 내용을 좀 더 잘 설명하기 위해 필요하다고 생각하는 항목과 내용을 추가하는 것은 괜찮지만 기본 양식에 포함된 항목과 내용(표를 포함하여)을 임의로 삭제하거나 그냥 비워 두지 않아야 한다.

양식에 제공된 표의 항목들도 변경하지 말고 형식에 맞추어 작성해야 한다. 이 역시 계획하는 내용을 잘 전달하기 위한 방법으로 항목을 늘려서 좀 더 내용을 구체화하는 것은 긍정적일 수 있지만, 자료 조사나 준비가 부족하여 이를 피해가는 방법으로 수정하는 것은 좋지 않다.

가장 간단한 원칙인 것 같지만 어쩌면 가장 잊어버리기 쉽고 잘 지키기 힘든 부분이므로 계획서를 제출하기 전에는 잊지 말고 꼭 확인하여야 한다.

2) 당구장 표시가 된 가이드라인은 정독하라

양식에 포함된 내용 중에서 작성 가이드라인을 제시하고 있는데, 이 내용은 필히 정독하고 이해를 한 후에 해당 내용을 작성해야 한다.

만약 가이드라인에서 설명하는 내용이 이해가 되지 않는다면 해당 사업의 문의처를 통해 확인하거나 경험이 있는 지인들을 통해서라도 확인하여 사업계획서에 알맞은 내용을 기입해야 한다.

이 책에서도 공고된 사업계획서 양식을 기준으로 작성 가이드라인을 자세히 살펴볼 기회를 갖고 그의 의미를 해석하여 필요한 작성 요령들을 제시하고 있지만, 무엇보다 각자 이해하려는 노력과 이해한 것을 실천하면서 계획서를 작성하는 것이 제일 중요한 일임을 잊지 말아야 한다.

가이드라인 중에 계획서 작성을 완료하고 제출 전에는 삭제하라는 내용이 있는데, 제출된 계획서를 검토하고 평가하는 입장에서는 비록 같은 내용이라고 하더라도 잘 정리정돈된 계획서가 더 눈에 띄고 신뢰가 가는 것이 당연하다. 따라서 이러한 삭제 권고의 가이드라인도 잊지 말고 잘 지키는 것이 좋다.

3) 새로운 장은 새 페이지에서 시작하라

계획서 양식은 대부분 대략 5~8장 정도로 구성되어 있다. 높은 경쟁률을 갖는 다수의 사업계획서들을 평가하는 입장이 된다면 이들 계획서를 검토 확인하는 데 많은 에너지가 소요된다. 따라서 잘 정리정돈된 계획서를 제공하게 된다면 이러한 쓸데 없는 힘을 낭비하지 않도록 만들어 줄 수 있는 긍정적인 효과가 있을 것이다.

최소한 새로운 장의 시작을 새로운 페이지로 만드는 것은 그리 큰 일은 아니지만 그렇지 못한 계획서와 비교하여 제출된 계획서를 편하게 검토할 수 있도록 상대방을 배려하였다는 것은 최소한 전달할 수 있다.

하지만 산기평의 개념계획서와 2017년 중기청의 간소화된 사업계획서처럼 작성 분량을 제한하는 경우들은 위의 원칙을 적용하지 않는 것이 나을 것 같다.

4) 폰트와 글자 크기, 내용 배치도 고려하자

계획서 양식의 작성 가이드라인에서 어떤 폰트를 사용해야 하는지 지정하고 장, 절, 내용들의 폰트 크기도 지정되는 경우가 있다. 그러나 지정되어 있지 않은 경우에는 작성자가 판단하여 개발 계획 내용을 시각적 측면에서 가장 효과적으로 전달하기에 좋은 폰트를 사용하거나 폰트 크기도 적절히 조정하여 읽기 좋고 이해하기 좋은 계획서를 만드는 것도 바람직한 방안이다.

아울러 표 또는 그림들이 여러 페이지에 걸치지 않도록 잘 배치하고 그를 설명하는 내용들이 같은 페이지에서 함께 어울릴 수 있도록 작성하는 것이 좋다.

5) 중요한 내용은 색깔, 박스, 폰트 서체/굵게/밑줄 등으로 나타내자

내용 중에서 꼭 전달하고 싶거나 강조하고 싶은 부분은 눈에 띌 수 있도록 작성하는 것도 좋은 방법이다. 많은 계획서를 한정된 시간 동안 검토하는 입장이 된다면 아무리 중요한 내용이라도 부각되어 있지 않다면 쉽게 놓칠 가능성이 있다. 이러한 상황을 계획서 작성 단계에서 미리 예측하여 대비할 수 있는 방법이 중요한 내용을 주변 폰트의 색깔과는 다르게, 또는 박스를 씌워서, 혹은 폰트 서체 변경, 굵기 조정, 밑줄, 기울임체 등으로 표현하여 검토자가 놓치지 않는 장치를 만드는 것이 한 가지 방안이다.

환경과 자원 절약, 그리고 편의성을 위해 종이로 흑백으로 인쇄된 사업계획서 등을 사용하지 않고, 서버에 저장된 전자문서를 사용하여 전자평가를 진행하고 있어서 컬러 이미지 및 컬러 폰트 등을 사업계획서에 포함하면 가시적인 효과를 충분히 활용할 수 있다.

이 외에도 나름대로의 강조 방안을 독창적으로 구상하여 계획서 양식의 기본 작성 원칙을 벗어나지 않으면서 자신의 사업계획서를 부각할 방안을 찾는 것도 창의적인 방안이 될 것이다.

6) 개조식 방식을 활용하자

서술식과 대응되는 용어가 개조식이다. 서술식은 문장 형식으로 풀어서 쓰는 것으로 이 책에서 많은 부분을 차지하고 있는 방식이다. 개조식은 쉽게 생각해서 글머리를 사용하여 문장보다는 구 혹은 키워드 단어들을 사용하여 요점 정리와 같이 작성하는 방식이다.

서술식은 글쓴이가 전달하고자 하는 내용을 이야기를 듣는 것처럼 사전 지식이 없더라도 글쓴이의 의도와 목적, 전달하고자 하는 내용을 잘 이해할 수 있다. 반면에 개조식은 짧은 시간에 시각적인 효과로 중요한 내용을 기억하기 쉽도록 요점을 전달하는 효과가 있으나, 경우에 따라서는 사전 지식이 없으면 글쓴이의 의도를 정확히 이해할 수 없으므로 상황에 맞추어 목적에 맞게 잘 활용하는 것이 중요하다.

전체 사업계획서를 개조식으로 작성한다면 검토하는 입장에서는 많은 사전 지식이 없으면 난감할 수 있다. 하지만 서술식으로 설명을 전개하면서 중요한 부분과 강조하고자 부분은 개조식으로 정리한다면, 서술식으로는 기본 내용을 이해하도록 전달하고, 개조식으로 기억에 남는 핵심을 전달하여 경쟁자들보다 더 나은 소기의 목적과 효과를 얻을 수 있다.

7) 상대방을 생각하자

역지사지(易地思之)라는 원칙은 계획서 작성에 있어서 기본 신념이 되어야 한다. 일기처럼 나 혼자 쓰고 나 혼자 보는 것이거나, 신문의 논설과 기사와 같이 주장과 사실을 단방향으로 독자에게 전달하는 성격과는 다르다. 사업계획서는 평가의 대상이 되고 평가 결과가 따르는 양방향성으로 제안자는 평가자 또는 검토자가 내리는 결정을 생각하지 않을 수 없다.

간단하다. 만약 내가 검토자 또는 평가자라고 했을 때 스스로 고민하는 과정을 거치면서 계획서를 준비하고 작성한다면 이미 질적인 측면에서 50% 이상은 달성한 것이라고 보아도 좋다.

독불장군(獨不將軍)이라는 사자성어를 알고 있을 것이다. 역지사지를 하지 않겠다면 독불장군의 계획서가 만들어지는 것이다. 독불장군 방식으로 사업을 하는 경우는 정부지원 과제에 관심을 두지 말고 자신의 철학과 신념으로 자신의 방식으로 사업을 하는 것이 더 나은 방법이 될 것 같다. 독불장군과 가깝게 지내지 말고 역지사지와 가까워지도록 하자.

8) 자세할수록 좋다

분량에 제한을 두지 않는 사업계획서라면 자세하면 자세할수록 좋다. 구체적으로 작성된 계획서일수록 심도 있게 기술개발을 준비한 내용과 진정성을 전달할 수 있으며, 기술개발과 관련하여 내가 하고 싶은 말과 상대방이 알고 싶어 하는 내용을 모두 담을 수 있다.

과제의 목표와 관련된 자세하고 구체적인 내용보다는 단순히 분량을 늘리기 위해 관련 없는 내용으로 계획서를 채우는 것은 당연히 피해야 한다. 자세히 작성하는 것은 구체적인 내용을 전달할 목적으로 작성하는 것이며 기술개발의 중요한 본론에서 벗어난 비중이 낮은 항목이나 내용에 대해서는 요점만 전달하는 것이 중요하다.

연구개발과 기술개발 사업에 제안하는 과제에서 기술개발 내용 부분에

창업과 중소기업을 위한 정부지원 사업 계획서 작성법

집중하여 개발할 핵심 모듈과 요소 기술, 시스템 구조 및 모듈 간 관계 등과 그들을 구현하기 위한 제안사의 특화된 기술과 방법, 보유 기술, 알고리즘 등이 구체적으로 제시되어야 한다. 개발 단계로 표현한다면 기초 설계 수준의 기술개발 내용을 서술하는 것이 바람직하다. 기술개발 사업에서 제안사가 갖고 있는 경쟁력을 가장 잘 나타낼 수 있는 부분이며 기술개발 사업에서 핵심 부분으로 평가 단계에서 가장 주목하는 부분이다.

별도로 작성되는 사업비의 비목별 예산도 기술개발 내용과 사업화에 소요되는 활동들과 관련하여 서로 연계되어 편성되도록 작성하여 관련 내용을 자세히 설명하는 것이 필요하다. 개발과 사업화 내용에 없는 활동들이 사업비에 비용으로 편성되어 있다면 신뢰를 줄 수 없다. 이울러 개발에 참여하는 기관들과 인력들이 어떠한 역할을 기술개발 부분에서 담당하게 되는지도 자세히 전달하는 것이 필요하다.

9) 공유하며 확장하라

"빨리 가려면 혼자 가고, 멀리 가려면 함께 가라"는 아프리카 속담이 있다. 새로운 사업을 위한 아이디어를 찾아내고 이를 구체화하여 사업계획서를 작성하는 단계까지 이르는 길을 혼자서 찾아 올 수 있지만 여럿이 함께 올 수도 있을 것이다. 사업은 어느 한 순간에 결판이 나는 것이 아니므로 먼 길을 헤쳐가기 위해서는 같이 가고 있는 서로에게 힘을 주고 용기를 줄 수 있는 조력자들이 있어야 한다.

여럿이 함께한다면 처음의 아이디어를 더 개선하고 발전시켜 나가고 이를 계기로 더 새로운 기술과 아이디어로 진화될 수도 있는 기회가 만들어진다. 따라서 적어도 3명(아니면 2명이라도) 이상이 서로의 아이디어를 공유하고 토의하며, 기획할 수 있도록 추진한다면 좀 더 완벽하고 경쟁력 있는 계획서를 만들 수 있는 체계를 갖춘 것이다.

10) 3위 1체의 개념을 갖자

정부지원 사업이든 아니면 기업 스스로 새로운 사업을 위해 개발을 준비하고 있다면, 핵심적으로 고려할 사항은 3가지로 요약될 수 있다. 즉, 무엇을 개발할 것인가에 대한 개발 목표와 내용, 어떤 자원과 체계로 추진할 것인가에 대한 개발 인력과 조직, 그리고 이를 투자할 자금 조달과 회수를 위한 사업화 계획이다.

이들 3가지 사항들이 서로 한 몸처럼 움직일 수 있도록 유기적으로 잘 계획되고 체계적으로 추진되어야 성공적인 사업화가 완성될 수 있다. 따라서 이들 3가지 요소에 대해 각각에 대해 경쟁력 있고 차별화된 방안을 마련하고 또한 이들 3가지 요소가 상호 연계되어 최종목표를 달성할 수 있는 객관적인 근거들을 마련하는 것이 중요하다.

정부지원 사업의 사업계획서 양식도 위의 3가지 사항을 중심으로 구성되어 있으며 다만 이들 내용을 여러 항목(장)으로 풀어 써 놓은 형식이다. 이들 3가지 사항에 대해 각자의 전략과 방안을 항상 정리하고 반복적인 검토와 보완을 한 후에 자신 있는 논리와 체계를 세우고 추진한다면 성공 가능성은 높아질 것이다.

창업과 중소기업을 위한 정부지원 사업 계획서 작성법

11) 인용자료는 출처를 제시하라

계획서 내에 포함되는 외부 인용자료, 특히 통계와 시장자료 그리고 경제지표 등에 대해서는 분명한 출처를 밝혀 놓아야 한다. 나에게 아무리 좋고 유리한 자료라 하더라도 신뢰성과 객관성을 갖추지 못한 인용 출처를 밝히지 않은 자료는 인정받지 못할 뿐만 아니라 오히려 계획서 전체 내용의 신뢰성을 잃게 할 수도 있다.

국내외 검색 사이트를 통해 공개된 국내외의 공공데이터와 보고서 등의 정보와 자료는 충분히 입수할 수 있다. 그러나 이러한 자료들이 내가 필요로 하는 정보를 직접 제공하고 있지 않다면 획득한 자료로부터 수치데이터를 추출하고 가공하여 도출하는 것도 한 가지 방법이 될 수 있다. 예를 들어 스마트폰 시장 정보는 입수할 수 있는데, 보호필름 시장은 공개되어 있지 않다면 스마트폰 판매량 정보에 보호필름 가격을 곱하고 국내 또는 해외 시장 규모에 예상 시장 점유율을 대입하여 추정된 시장 규모를 알아내는 것과 같은 방법이다.

대부분의 경우에 어떤 분야 또는 어떤 기술에 해당하는 전체 시장 정보만 제공되는 경우가 많으므로, 위의 예와 같이 스마트폰 보호필름을 개발하는 기업이 해당 시장 자료가 없다고 하여 스마트폰 시장(규모)를 자신들이 개발하는 제품의 대상 시장(규모)이라고 얘기하는 오류를 범하지 않는 것이 좋다.

12) 사업의 목적에 부합하자

정부지원 사업들은 각자 고유의 목적(취지)을 갖고 있다. 어떤 기업 또는 어떠한 상황에 있는 기업을 대상으로 하는지를 사업 공고의 사업 목적에 공지하고 있으며, 기술개발을 지원하는 사업인지 아니면 서비스 개발을 지원하는 것인지 또는 기술 사업화를 지원하는 것인지 등을 구분하여 각각의 사업을 여러 지원 대상들이 특화된 사업에 맞춰 지원할 수 있도록 체계적으로 진행하고 있다.

제안기관이 사업의 목적과는 맞지 않는 신청 조건에 놓여 있다거나, 사업의 취지와 다른 목표를 갖고 제안을 하게 된다면 선정되지 않을 것이다. 사업의 목적과 취지에 부합하는 내용으로 기술개발과 사업화 계획을 세우고 해당 사업에 지원해야 하므로 공고 내용을 잘 살펴보고 목적과 취지에 맞게 신청해야 한다.

13) 제안 내용이 지원 분야에 적합해야 한다

각 기술 분야의 영역들이 융복합 트렌드에 따라 넓어지고 확대되면서 서로 겹치는 현상이 발생하고 있다. 해당 기술이 전기전자인지, 반도체인지, 정보통신인지, 지식서비스인지 또는 ICT융합분야인지 점점 구분이 어려워지고 있는 것이 사실이다.

제안하는 기술개발 내용이 어느 분야에 속하는 것이 적당하고 타당한지를 검토한 후에 지원하는 것이 중요하다. 각각의 분야들의 특성이 구분되어 있으므로 해당 산업 분야에 맞는 기술개발 내용으로 준비하여야 한다.

창업과 중소기업을 위한 정부지원 사업 계획서 작성법

인터넷 공유기를 개발한다고 했을 때, 제어 소프트웨어를 개발하는 것은 정보통신으로 분류될 수 있을 것이고, 공유기에 사용될 와이파이(WiFi) 칩을 개발하는 것은 반도체(SoC) 분야, 그리고 공유기를 고출력 안테나, 저전력 전원회로 구동이 가능한 전자회로를 개발하는 것은 전기전자로 분류하고, 이들을 모두 묶어서 개발하는 것은 융합분야라고 할 수 있을 것이다(한 가지 예를 들어 설명하기 위한 것으로 보는 관점에 따라 판단이 다를 수 있습니다).

따라서 기술개발 영역이 여러 지원분야에 겹칠 수 있다고 생각되면, 개발 내용의 기술 구성이 어느 영역의 비중이 더 높은가를 판단하여 그것을 지원 분야로 결정하는 것이 타당할 것이다. 그것도 어려우면 지원하는 분야에 맞는지를 전문기관에 문의하거나 주위의 전문가와 협의한 후 진행하는 것도 좋은 방법이다.

14) 사업별 관리 규정을 확인하자

정부부처의 사업을 관리하고 있는 전담기관과 전문기관들은 여러 사업을 운영하고 관리하기 위한 기본 규정과 사업별 규정을 갖고 있다. 사업계획서의 평가는 관리기관이나 평가위원들이 임의대로 진행하는 것이 아니라 관리 규정의 절차와 기준에 따라 객관적이고 엄정하게 진행될 수 있는 체계와 형식을 정의하고 있다.

규정을 많이 알고 이해할수록 사업계획서 선정의 가능성을 높일 수 있다. 특히 관리 규정에는 평가 진행의 단계별 평가 기준과 배점을 정의한 평가표를 포함하고 있고, 주관기관의 현장 방문 시에 점검하는 내용을 정의한 현장실태조사표 등도 포함하고 있다.

사업계획서가 평가라는 과정을 거치는 것은 기본이고 이 평가 과정에서 평가의 기준이 되는 내용들이 관리 규정에 포함되어 있으므로 미리 평가표를 통해 기준 및 배점 등을 사전에 이해하고 사업계획서를 준비한다면 손해는 되지 않을 것이다.

15) 사업계획서는 책임자가 직접 작성하라

사업계획서는 대표자(또는 사업 책임자)가 직접 작성하는 것이 좋다. 한 기업 내에서 대표자만큼 책임감과 열정을 갖는 사람은 없을 것이다. 경쟁률이 높은 정부지원 사업을 신청하는 입장에서 가장 양질의 사업계획서를 만들 수 있는 방법은 대표가 직접 나서는 방법이다. 도움은 받을 수 있겠지만 사업계획서는 처음부터 끝까지 본인의 책임하에 자신이 이해하고 자신이 생각하는 방향으로 준비되고 작성되는 것이 좋다.

만약 사업 책임자를 대표자가 아닌 사람으로 지정하였다면 사업 책임자가 무한한 책임감과 열정을 갖고 준비하여 추진할 수 있는 여건을 만들어 주어야 한다. 남의 일이 아니라 자신의 일이라고 확신할 수 있도록 책임과 권한을 주고 지원하는 것이 필요하다.

누가 준비하든 책임감과 열정이 없이 작성된 사업계획서는 쉽게 구분할 수 있다. 성의 없이 준비된 사업계획서는 시간과 인력을 낭비하고, 선정될 수 있는 아까운 기회를 놓치는 쓸데없는 일이 된다.

사업계획서 구성 요소

　사업계획서 작성을 위해 필요하다고 생각되는 요소들을 머릿속에서 모두 그려 보면 전체적인 프레임이 만들어질 수 있다.

　각자의 사업 특성에 따라 세부적인 내용은 다를 수 있으나 기본적으로 생각해볼 수 있는 항목은 크게 다르지 않을 것으로 생각된다. 중기청의 사업계획서 양식에는 포함되어 있지 않으나 KEIT와 IITP의 사업계획서 양식 또는 다른 사업에서 사용되는 양식에 포함된 항목들도 살펴보고 자신의 사업 계획에 도움이 될 수 있는 요소가 있다면 추가로 반영하여 계획서를 더 가치 있고 경쟁력 있도록 만드는 것은 나쁘지 않은 방법이다.

　다음 그림은 사업계획서를 구성하는 개략적인 요소들을 포함하여 한 장의 그림으로 도식화하여 놓았으니 참고하기 바란다.

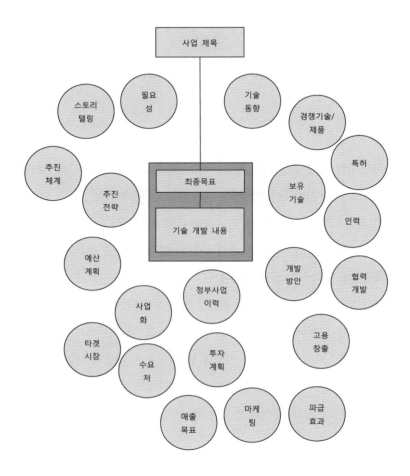

〈그림3-2. 사업계획서 구성 요소〉

창업과 중소기업을 위한 정부지원 사업 계획서 작성법

제 4 장

사업계획서 작성법

중기청 창업성장기술개발사업의 사업계획서(2016년 기준)의 양식과 가이드라인에 대해 부연 설명을 하면서 각 항목별로 어떻게 작성하면 좋을지 그 요령을 설명한다. 2017년 사업계획서 양식이 간소하게 변경되었다가 2018년 다시 적절한 분량으로 작성될 수 있도록 변경된 내용에 맞추어 활용할 수 있는 방법을 알아본다.

개요 및 현황

기술개발 계획의 1장은 개요와 현황을 작성하는 서론 부분으로 다음 과 같은 의미를 갖고 있다.

> **개요 및 현황은 내가 개발하려는 기술개발이 '왜' 필요한지를 설득력 있도록 설명하는 부분이다.**
>
> 기술 현황과 시장 규모 등을 분석하여 기술개발에 의해 얻을 수 있는 기술적, 경제적, 산업적 효과를 분석하고, 개발된 기술을 보호하기 위한 지식재산권 확보 및 회피 방안 등을 제시한다. 경쟁사 및 경쟁 제품을 분석하고 이들을 극복할 수 있는 방안을 수립하는 것을 포함한다.

제출된 사업계획서가 이 책에서 얘기하는 대로 잘 작성되었다면 평가하는 입장에서 표지(Part-0) 부분과 과제 요약에 해당하는 Part-1을 살펴 봄으로서 무엇을 개발하겠다는 것은 기본적으로 파악할 수 있다. 그러나 과제명과 최종목표가 포함된 요약서(Part-1)의 준비가 미비하다면 무엇을 왜 개발하겠다는 것인지 명확히 전달하지 못한다. 어떠한 경우이든지 자세한 기술개발 내용을 파악하고 평가하기 위해서 살펴보게 되는 부분이 계획서의 본문(Part-2)이다.

중기청의 창업성장기술개발사업 계획서 양식에 대해 잘 이해하면, 다른 사업 또는 다른 기관의 사업계획서 양식과 비록 차이가 있으나 이 책에서 이해한 지식을 응용하여 활용하면 좋은 계획서를 작성할 수 있을 것이다. 따라서 어느 제한된 기관의 특정 사업계획서라고 가볍게 여기지 말고, 이 책의 내용을 이해할 수 있다면 어떤 사업계획서라도 작성할 수 있는 능력이 갖추어진다는 확신을 갖고 노력하는 것이 중요하다.

1-1. 개발기술 개요

※ 기술개발의 현황과 필요성을 중심으로 서술하되 필요 시 개발 대상기술 또는 제품의 기본
개념도 등 포함작성

개발 필요성

※ 개발대상기술(또는 제품)의 기술, 경제·산업적 중요성과 이에 따른 기술개발의 필요성을
구체적으로 서술

_
.

위의 '1-1. 개발 기술 개요'는(밑줄 내용은 가이드라인을 옮겨 놓은 것임)

  −기술개발의 현황과 필요성을 중심으로 서술하되 필요시 개발 대상
  기술 또는 제품의 기본 개념도 등 포함하여 작성한다.

- 개발하려는 기술과 관련된 기술들과 제품들의 현황을 조사 분석
  하여 본 사업에서 개발하려는 기술의 개발 필요성과 타당성이 있
  음을 설명함

- 검색 사이트를 통해 개발하고자 하는 기술과 관련된 키워드 검색
  등을 통해 인터넷 정보, 시장 통계 정보 및 국내외 관련 보고서 등
  에서 관련된 정보를 수집 및 활용

- 필요한 경우 관련 사이트 및 자료들을 체계적으로 수집 보관하여
  수시로 검토하고 개발 및 사업화 과정에서도 지속적으로 활용할 수
  있도록 관리

- 제안하는 기술개발이 조사 분석한 내용에 비추어 왜 필요한지에 대한 설득력 있는 이유를 논리적으로 또는 객관적으로 설명할 수 있어야 함
  - 내가 개발하려는 내용이 꼭 필요하다는 결론을 도출할 수 있는 도움이 되는 자료를 수집하고 분석하여 나름대로의 설득력 있는 논리를 전달하도록 작성

- 제안하는 기술, 서비스, 부품 또는 제품을 구성하는 모듈들과 이들의 상관관계를 나타내는 시스템 구성도 또는 개념도 등을 제시하여 개발 대상에 대한 충분한 이해와 준비가 되어 있음을 표현
  - 내가 제안하는 기술 개발 내용을 이미 어느 정도 구체적인 기술수준까지 확보하고 있음을 나타내고 또한 이를 쉽게 이해할 수 있도록 작성

이를 위해 양식에서는 첫 번째 항목으로 'O 개발 필요성'만을 제시하고 있으나, 위의 가이드라인과 같이 '기술개발 현황', '시스템 개념도' 또는 제안자가 필요하다고 판단하는 내용을 추가로 작성하는 것은 좋은 방법이라 생각된다. 이들 추가되는 내용들은 문맥의 앞뒤 관계를 잘 파악하여 순서를 조정하여 적절히 배치한다.

즉, 기술개발 현황이 현재 어떠하고 앞으로 어떤 서비스를 필요로 할 것 같으므로 이를 미리 준비하기 위해 어떤 기술을 개발할 필요성이 있고, 이 기술은 이런 저런 모듈들을 포함하는 이러한 시스템 개념도로 구성된다고 추론적으로 내용을 펼쳐 나가는 것도 좋은 방법이 된다.

창업과 중소기업을 위한 정부지원 사업 계획서 작성법

'O 개발 필요성'은

–개발대상기술(또는 제품)의 기술, 경제·산업적 중요성과 이에 따른
 기술개발의 필요성을 구체적으로 서술한다.

- 제안한 기술이 기술적, 경제적, 산업적 관점에서 중요한 이유를 설명함
- 제안한 기술을 개발함으로써 얻을 수 있는 기술적, 경제적, 산업적
  측면에서의 효과와 중요성을 제안함
- 기술적: 어떤 기술적인 발전과 어떤 기술 장벽을 해소할 수 있고, 어
  떤 신기술을 창출할 수 있는가?
- 경제적: 얼마만한 경제적 이득(매출, 수출, 수입 대체, 비용 절감 등)
  을 직접 그리고 간접적으로 얻을 수 있는가?
- 산업적: 해당 기술을 통해 어떤 새로운 생태계(예: 스마트폰, 빅데이
  터, IoT 등) 등을 창출할 수 있고, 기술 융합에 따른 동종 산업 및
  타 산업 간에 확대 재생산을 만들어 낼 수 있는가?

- 아울러 IT 기술 발전에 따라 각 산업 분야에 미치는 영향이 확대
  됨으로써 새로운 기술, 제품, 서비스 등에 파급 효과를 가져오게
  되므로 기술개발이 필요함을 강조함
- 이번 개발하려는 내용이 개발로만 마무리되는 것이 아니라, 이를 통
  해 여러 측면에서 파급 효과와 경제 이득을 가져올 수 있음을 제시

1-2. 관련기술 및 시장현황

※ 관련기술의 국내·외 기술개발현황 및 트렌드, 정부정책 방향, 문제점 및 향후 전망을 객관적·구체적으로 서술(인용한 경우 출처명기)

관련기술현황(지식재산권 확보·회피방안 포함)
-
.
.

〈표 1〉 국내외 관련지식재산권 현황

지식재산권명	지식재산권출원인	출원국/출원번호
①예) 디자인용 프로그램 개발	(주)우리회사	한국/102009XXXX
②		
③		

※ 본 기술/제품과 직접적 경쟁관계에 있는 국내·외 기관·기업의 지식재산권 관련내용을 기입

위의 '1-2. 관련기술 및 시장현황'은

‒관련 기술의 국내·외 기술 개발현황 및 트렌드, 정부정책 방향, 문제점 및 향후 전망을 객관적·구체적으로 서술(인용한 경우 출처 명기)한다.

■ 제안하는 기술개발과 관련된 기술의 국내외 기술개발 현황과 트렌드를 조사 분석함으로써 제안한 기술개발이 국내외 기술 수준과 비교하여 어느 위치에 있는지, 기술 추세에 맞는 개발인지 등을 확인하고 제시

■ 제안한 기술개발이 정부정책 방향과 관련된 내용이라면 이에 부응하는 사업인지, 개선하는 사업인지, 또는 어떤 부분의 협조와 협력이 필요한지 등에 대한 내용을 설명함

• 각각의 상황에 맞는 나름대로의 방안과 전략에 맞추어 내가 제안하

창업과 중소기업을 위한 정부지원 사업 계획서 작성법

는 것이 이를 해결하고 보완하고 발전시키는 사업임을 설명

- 그 외에도 관련 기술들이 안고 있는 문제점 및 향후 전망 등을 객관적, 구체적으로 서술해야 함
- (인용한 경우 출처 명기)는 어떠한 사업계획서에서든지 꼭 지켜야 할 부분으로 외부에서 인용한 자료(통계, 도표, 기사, 그림 등)는 필히 그 출처를 밝혀야 객관성과 신뢰성이 보장되므로 필히 지켜야 함

앞의 1-1과 기술개발 현황 및 트렌드는 겹치는 부분이 있을 수 있으므로 작성자의 판단에 따라 문맥상으로 설명이 유리한 부분에 해당 내용을 포함하여 작성하는 것이 좋을 것으로 생각된다.

1-2의 첫 번째 내용은 'O 관련 기술 현황(지식재산권 확보 회피방안 포함)'으로 다음과 같이 내용을 작성하여야 한다.

- 위의 가이드라인에 따른 내용(기술개발 현황, 트렌드, 정부정책 방향, 문제점, 향후 전망 등)을 자료 조사와 분석을 통해 작성
- 각각의 내용 별로 세분화하여 작성하는 것이 읽기 좋고 보기 좋음
- 그림, 도표, 통계 자료 등을 인용하는 것이 객관적이고 신뢰도를 높일 수 있으며 시각적으로도 전달과 이해가 쉬울 것임

- 이 항목에서 작성해야 할 내용을 괄호 속에 포함된(지식재산권 확보·회피 방안)만을 지정한 것으로 오해하는 일이 없어야 하며, 지식재산권 확보와 회피방안에 대한 내용도 추가로 포함하여 작성하라는 것이므로 오해하지 말아야 함

〈표 1〉 국내외 관련 지식재산권 현황은 가이드라인 내용인 본 기술/제품과 직접적 경쟁관계에 있는 국내외 기관과 기업의 지식재산권 관련 내용을 기입을 요구하고 있으므로

- 국내 및 국외의 연구소, 기업, 기관 등에서 보유하고 있는 지식재산권(특허 등)을 조사 분석하여 표로 정리하여야 함
- 제안한 기술개발 내용과 직접적인 관계에 있는 것들을 포함하고
- 만약 이들과 유사성이 있는 경우 어떤 방법으로 지식재산권 회피가 가능한지에 대한 분석과 대처 방안을 제시

- 이미 출원 및 등록된 지식재산권을 확보하고 있다면 이를 별도 표를 작성하여 제시하는 것도 방법이며 제안사의 기술력을 보여줄 수 있는 항목임
- 과제 제안 이전부터 해당 사업을 준비해 왔다는 것을 증명하는 것으로 사업 준비와 추진이 충실하다는 것을 나타낼 수 있음

- 아울러 어떤 방법으로 자체 지식재산권을 확보하여 기존 기술을 회피하고 내가 개발하는 기술을 보호할 것인지에 대한 계획을 수립하여 제시해야 함

창업과 중소기업을 위한 정부지원 사업 계획서 작성법

○ **목표시장의 경쟁현황**
   ※ 해외기업 및 대기업의 독점 등으로 인해 진입장벽이 있는 경우 극복방안 서술
   –
   ·
   ·

〈표 2〉 국내·외 시장 규모
   ※ 객관성 있는 산출근거를 바탕으로 개발대상의 기술(제품)에 대한 시장규모를 제시하거나,
   시장규모 파악이 어려운 경우 아래표를 생략하고 관련 사례, 소비자 조사결과, 뉴스, 논문 등
   관련 자료 제시할 것

(단위 : 억원)

구 분	현재의 시장규모(20 년)	예상 시장규모(20 년)
세계 시장규모		
국내 시장규모		
산출 근거	예시) 중소기업 기술로드맵(2015)	

〈표 3〉 국내·외 주요시장 경쟁사
   ※ 본 기술/제품과 직접적 경쟁관계에 있는 국내·외 기관·기업의 제품 등을 명기할 것

경쟁사명	제품명	판매가격 (천원)	연 판매액 (천원)
①			
②			
③			

'목표 시장의 경쟁현황'은

<u>–해외기업 및 대기업의 독점 등으로 인해 진입장벽이 있는 경우 극복
   방안 서술</u>

■ 개발하려는 기술로 진입하고자 시장에 대한 분석 자료 제시

▪ 기술을 최종적으로 상용화하고 사업화하는 과정에서 목표가 되는
   시장에 대한 현황을 분석

▪ 기술 현황과는 달리 상품, 제품, 서비스로서 최종 소비자를 대상으

로 할 때의 시장 및 산업 현황 조사 및 분석

- 개발된 기술을 활용하여 다양한 방법(제품 판매, 라이선스 판매, 기술 판매 등)으로 매출을 기대할 수 있는 직접적인 시장과 개발된 기술을 활용하여 시스템 또는 제품에 활용될 수 있는 간접적인 시장을 포함하여 분석하는 것이 필요함

- 경쟁 기술 및 경쟁 제품의 조사 및 분석 자료 제시
- 이미 존재하는 경쟁 기술과 제품에 대한 조사
- 개발 대상 기술과 경쟁 기술/제품과의 비교 분석

- 만약 해당 시장에 독점적인 기업이 존재하여 진입장벽이 있는 경우는 어떠한 방안으로 극복할 것인지 방안을 제시
- 진입장벽이 없는 경우는 해당 내용에 대해 설명할 필요가 없으나,
- 만약 해당 시장에 독점적 기술과 기업이 있다면, 더 나은 성능, 더 낮은 가격, 더 질 좋은 서비스, 독점기업과의 협력(해당 기업과의 약점 보완, 새로운 기능 추가 등) 등의 어떠한 방안으로 진입장벽을 해결할 것인지에 대한 방안을 제시

〈표 2〉 국내·외 시장 규모는

-객관성 있는 산출근거를 바탕으로 개발 대상의 기술(제품)에 대한 시장 규모를 제시하거나, 시장 규모 파악이 어려운 경우 아래 표를 생략하고 관련 사례, 소비자 조사 결과, 뉴스, 논문 등 관련 자료 제시할 것

창업과 중소기업을 위한 정부지원 사업 계획서 작성법

- 객관성 있는 산출근거로는 주로 검색 또는 통계자료를 통해 입수한 시장 자료를 활용하는 것이 바람직할 것으로 생각됨
- 다만 시장 자료는 해당 분야의 전체 시장을 나타내는 자료가 일반적이므로, 예를 들어 가스 감지 센서가 부착된 IoT 원격가스밸브 제어기를 개발한다고 하면서 IoT 전체 시장을 해당 시장이라고 제시하는 것은 불합리 함
- 필요하다면 전체 시장에서 제안하는 기술개발의 결과물이 차지하는 해당 시장을 논리적인 설명을 통해 유추하여 제시하는 것도 한 가지 방법이 될 수 있음

- 시장 규모에 대한 적절한 자료를 입수하기 불가능하거나 해당 시장이 없다면 표 작성을 생략
- 다만, 이러한 경우에도 양식으로 제시된 표는 제출된 사업계획서에 남겨 놓고 표를 작성하지 않은 이유를 표 중간에 표시하고, 이를 대체하여 다음의 블릿(bullet)에 포함된 다른 여러 가지 자료로 제시하는 것이 바람직함

- 관련 사례, 소비자 조사결과, 뉴스, 논문 등 관련 자료 제시
- 시장 자료를 대체할 수 있는 여러 가지 자료를 제시한 것으로 개발 기술 시장에 대해 다양한 소스로부터 확보하여 제시할 수 있음

- 무엇보다 중요한 것은 임의로 추정한 것이 아니라, 공신력 있는 제3자에 의해 분석된 자료를 활용하는 것이 제일 중요함

▪ 출처를 분명히 명시하는 것은 기본 사항임

　기술개발 목표의 국내외 시장 규모를 제시하는 부분이지만 6장의 사업
화 계획 부분에서는 매출 목표도 제시하게 된다. 저자는 가끔 이 두 개의
목표 수치를 평가에 도입하면 어떨까라는 극히 개인적인 생각을 해본다.

- 시장 규모에 비례하여 매출 목표가 커야 하는 것은 당연한 이치이므
  로, 제시된 그 둘의 비율을 경쟁 사업들과의 비교 기준으로 활용함
- 비율(매출/시장)이 상대적으로 높을수록 사업화 의지 및 가능성이
  높다고 판단함
- 개발 결과물에 의한 매출 규모는 사업비 대비하여 최소 10배(또는
  그 이상)는 넘어야 의미가 있는 것으로 최소 배율을 권고함
- 이를 통해 대상 시장을 구체적으로 분석하여 타게팅할 수 있고, 예
  상 매출을 실현 가능한 수준으로 목표화 할 수 있고, 사후 관리를
  통해 사업화에 성공하였는지를 판단할 수 있는 정량적 지표로 활
  용할 수 있음

〈표 3〉 국내·외 주요 경쟁사는

<u>-본 기술/제품과 직접적 경쟁 관계에 있는 국내·외 기관·기업의 제품
등을 명기할 것</u>
- 제안하는 기술/제품 개발과 관련된 경쟁 관계에 있는 국내외 기관
  및 기업의 제품 및 서비스 등을 조사하여 제시

　　창업과 중소기업을 위한 정부지원 사업 계획서 작성법

- 정보 입수가 가능한 경쟁사, 제품, 판매가격까지는 정보를 작성할 수 있으나, 정보 입수가 쉽지 않은 연 판매액 등은 '정보 입수 불가능' 또는 '비공개 정보' 등으로 표시하는 것도 노력을 나타낼 수 있는 방법임
- 다만 다양한 자료를 통해 유추할 수 있는 경우는 간접적으로 추산된 판매액을 제시하는 것이 더 나은 방안이 될 것임

- 개발하려는 기술과 이를 바탕으로 개발되는 제품과 서비스는 기업마다 기능과 성능에서 차이가 있음
- 좀 더 분석적으로 계획서를 만드는 입장에서는 경쟁사의 제품과 개발하려는 기술로 만들어질 제품의 기능 및 성능 등을 자세히 비교 분석하여 제시하는 것도 바람직함
- 비교 분석을 서술 또는 개조식으로 작성하는 것이 가능하겠지만, 일목요연하게 한눈에 비교해볼 수 있는 도표로 작성하는 것은 더 나은 방법임
- 개발 기술이 대형 서비스의 일부 모듈로 활용될 수 있는 경우도 있으므로 이런 특성을 반영하여 효과적으로 제시하는 방안도 필요함

기술개발 준비 현황

사업계획서 2장은 선행 연구 결과 및 현재의 애로사항과 이를 극복하기 위한 방안 등과 정부지원사업 참여현황을 정리하고 다음과 같은 의미를 갖고 있다.

> **기술개발 준비 현황은 현재 내가 얼마나 성공적으로 사업을 수행할 수 있는 준비가 되어 있는지를 나타내는 내용을 작성하는 부분이다.**
>
> 제안하는 기술개발 사업과 직간접적으로 관련된 어떤 기술, 제품, 서비스들을 개발했었는지, 또는 개발하고 있는 것이 어떤 것이 있는지, 그리고 제안 기관에서 관련 기술개발과 관련하여 어떤 기술적인 어려움(애로사항)을 갖고 있는지를 서술한다.
>
> 제안 과제의 성격이 보안과제인지 확인하는 항목과 연구실 안전조치를 유지하기 위한 이행 계획을 작성하고, 현재 제안기관의 정부연구개발사업 참여현황을 확인하기 위한 표로 구성되어 있다.

1장 개요 및 현황이 외부적 환경에 대해 조사 분석하였던 것에 비하여, 기술개발 준비 현황에서는 제안사의 내부적인 상황에 대한 내용이라고 볼 수 있다. 즉, 제안사가 지금 제안하는 기술개발과 관련하여 얼마나 연구개발, 제품개발을 해온 경험이 있고, 이번 기술개발과 관련하여 어떤 애로 사항을 발견하여 이를 해결하기 위한 준비를 하고 있는지를 서술한다.

> 2. 기술개발 준비현황
> ○ 선행연구 결과 및 애로사항
> –
>   ·
>   ·

기술개발 준비 현황에는 별도의 가이드라인이 제시되어 있지 않으나 양식에 제시된 항목에 대해 아래와 같은 방법으로 작성할 수 있도록 해보자.

선행연구 결과

- 제안한 기술개발과 관련하여 그 동안 수행하였거나 현재 수행하고 있는 연구개발 및 기술, 제품 개발 관련 내용을 정리하여 제안사가 본 사업에 잘 준비된 기관임을 나타냄
- 제안사와 사업책임자, 참여 연구원들이 수행하고 보유한 연구 및 기술, 제품 개발 중에서 본 사업과 관련된 연구 및 기술 결과물과 기술력을 제시

애로사항

- 본 사업과 관련된 애로사항이 무엇인지 미리 분석하여 제시함
- 그러나 해결 방안이 확보되지 않고 애로사항만을 제시한다면 바람직한 방향이 되지 않을 수 있음
- 따라서 애로사항에 대한 해결 방안 및 계획을 확보한 후에 해당 부분을 정리하여 계획서에 함께 제안하는 것이 바람직한 준비 자세라고 판단됨

선행 연구와 그에 따른 애로사항이 하나 이상인 경우라면 각각을 보기 좋게 나누어 정리하는 것이 좋음

○ **보안등급**

보안등급	□ 보안과제 □ 일반과제
분류 근거	

※ 보안과제로 보호받아야 하는 과제인지, 일반과제인지 판단하고, 보안과제로 신청하는 경우
　그 타당한 사유를 적시

* 보안과제의 유형 : 세계 초일류 기술제품의 개발과 관련되는 연구개발과제, 외국에서
　기술이전을 거부하여 국산화를 추진 중인 기술 또는 미래핵심기술로서 보호의 필요성이
　인정되는 연구개발과제, 「산업기술의 유출방지 및 보호에 관한 법률」제2조제2호의
　국가핵심기술과 관련된 연구개발과제, 「대외무역법」 제19조제1항 및 같은 법 시행령
　제32조의2에 따른 수출허가 등의 제한이 필요한 기술과 관련된 연구개발과제, 그 밖에
　연구개발과제 평가위원회에서 보안과제로 분류되어야 할 사유가 있다고 인정하는 과제

보안등급 항목은

–보안과제로 보호받아야 하는 과제인지, 일반과제인지 판단하고, 보
안과제로 신청하는 경우 그 타당한 사유를 적시

■ 보안등급은 제안하는 기술개발 내용이 정부사업 차원에서 보호되
어야 하는 기술인지를 판단하여 나타내는 항목으로 위의 양식에
서 제시한 '보안과제의 유형' 내용을 잘 확인하고 판단하여 작성함

■ 일반과제의 경우에도 주관기관이 사업 종료 시점에 최종 개발된
기술의 보호를 위해 기술개발성과의 기술자료임치 또는 보안을 위
해 최장 5년 동안 최종보고서의 비공개를 요청할 수 있음

■ 보안등급 행에서 해당 분류에 체크 혹은 검은 박스로 대체하여 표
시함

거의 대부분의 중소기업들이 제안하는 기술개발의 경우 일반과제로
분류될 가능성이 많지만, 보안과제로서 보호하여야 할 기술인지 의문이

든다면 외부 전문가 또는 전문기관에 확인하고 진행하는 것이 필요하다.

○ **연구실 안전조치 이행 계획**

※「연구실 안전환경 조성에 관한 법률」및「산업안전보건법」등 관련 법령에 따른 연구실 등의
안전조치(직원 교육, 안전장치 설치, 장비 검사 등) 계획을 적시
-
.
.

○ **연구실 안전조치 이행계획**
※「연구실 안전환경 조성에 관한 법률」및「산업안전보건법」등 관련 법령에 따른 연구실 등의
안전조치(직원 교육, 안전장치 설치, 장비 검사 등) 계획을 적시
-
.
.

연구실 안전조치 이행계획은

–기술개발 중에 발생할 수 있는 여러 가지 안전과 보안 문제와 관련된
위험을 사전에 방지하고 지속적으로 운영하는 계획이 적절하게 수립
되어 있는지를 확인하는 것임
- 가능하면 기술개발 제안에 필요한 일시적인 내용으로 취급하지 말
고 제안기관 내부적으로 자체 지침을 갖고 지속적으로 운영하는
것이 바람직함
- 이미 준비된 이행 계획이 있으면 해당 내용을 그대로 제시하고, 만
약 아직 준비된 지침이 없다면 이번 기회에 가이드라인에 권고된
관련 자료들을 참고하여 제안기관에 맞는 연구실 안전조치 지침을
마련함

- 지침과 함께 이를 어떻게 이번 기술개발과 관련하여 이행할지에 대한 계획을 수립하여 제안함
- 이번 기회에 지침을 마련해 놓으면 자사의 내부 안전 보안 운영에 활용함과 동시에 다른 사업 제안에 필요한 경우 바로 활용할 수 있는 장점이 있음

								과제현황		
번호	프로그램명 (시행부처/기관)	과제명	과제 핵심 내용	총개발기간 (시작-종료일)	총정부 출연금 (천원)	참여형태 (주관/참여/ 위탁 등)		완료	개발중	신청중
1										
2										
3										

○ 수행기관 정부연구개발사업 참여현황

수행기관의 정부연구개발 사업 참여현황은

- 제안기관이 정부지원 사업을 수행한 경험과 어떤 기술개발을 수행하였는지 제시하여 기 확보된 기술력과 현재 제안한 기술개발과 관련성을 나타낼 수 있음
- 제안하려는 정부부처의 사업뿐만 아니라, 다른 정부부처의 정부지원 사업도 정리하여 작성함
- 마지막 컬럼에 과제 현황 내용에 포함되어 있듯이 현재 신청 중(접수 완료되고 평가 대기 또는 평가 결과가 나오지 않은 과제)인 내용도 포함하여 정리함
- '프로그램명'은 사업명(정부지원 사업 분류명)을 기입하고 '과제명'은

창업과 중소기업을 위한 정부지원 사업 계획서 작성법

제출된 사업계획서의 과제명을 기입하고, 괄호 속의 내용인 시행부처/기관도 빠뜨리지 말고 작성함

- 제공된 표에서 각 칼럼의 크기가 작아서 내용을 작성하는 것이 어려운 경우에는 해당 칸에 주석 번호를 부여하고 표 아래에 별도로 해당 내용을 자세히 작성하는 것이 좋음
- 계획서 양식의 다른 부분에서의 표 작성에 있어서도 형식 및 크기가 맞지 않아 작성하지 않았다는 것은 미작성 또는 부실 작성의 이유가 될 수 없음
- 개발 기간에 맞추어 시간 순차적으로 작성하는 것도 상대방을 배려하는 요령임
- 참여 형태는 주관기관, 참여기관 또는 위탁기관으로 구분하여 작성함

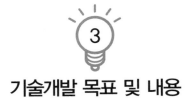

기술개발 목표 및 내용

사업계획서 양식의 3장은 기술개발 사업에서 가장 핵심적인 부분으로 다음과 같은 의미를 갖고 있다.

> 기술개발 목표 및 내용은 기술개발 사업계획서에서 제일 핵심 부분이며, **무엇을, 어떤 목표로, 어떻게** 개발할지 구체적이고 상세하게 작성하는 부분이다.
>
> 기술개발 최종목표가 '무엇을'에 해당하는 부분이고, 목표달성도 평가지표가 '어떤 목표로'에 해당하는 정량적 개발 목표를 나타내고, 기술개발 내용이 어떤 핵심 기술과 알고리즘 등으로 어떤 개발 방법을 적용하고, 수행기관별 업무분장은 참여하는 기관들이 어떤 역할을 담당하는지, 세부 추진 일정은 어떤 개발 일정으로 '어떻게' 사업을 수행하는지를 서술하게 된다.

기술개발을 준비하는 입장에서 또 평가하는 입장에서 가장 중요하게 취급될 수 있는 부분이며, 사업계획서의 선정과 탈락, 그리고 최종 결과의 평가를 결정하는 중요한 기준이 되는 최종목표와 목표 달성의 판단 기준들이 포함되어 있다.

1) 기술개발 최종목표

3-1. 기술개발 최종목표
※ 개발하고자 하는 기술의 내용을 최종산물(제품, 기술 등)로 함축하여 간략히 표현

○

기술개발 최종목표는

−개발하고자 하는 기술의 내용을 최종산물(제품, 기술 등)로 함축하
 여 간략히 표현

■ 기술개발의 결과를 최종 산출물을 중심으로 표현할 것을 요구하고
  있음

• 유형(시스템, 제품, 부품, 하드웨어, 물질, 소프트웨어 등) 및 무형(기
  술, 서비스 등)의 결과물이 포함될 수 있음

• 사업 수행 기간 종료 이후 최종평가 시점에서 최종목표의 달성 여
  부를 판단하기 위해 필요한 중요한 점검 및 평가 대상이 됨

• 최종목표 내용을 함축하여 효과적으로 표현하기 위해서는 개조식
  표현 방식으로 한눈에 강렬하게 전달하는 방안이 필요함(양식에서
  도 글머리를 예로 들고 있음)

기술개발 최종목표는 과제명과 직접적인 관계가 있음을 이 책의 앞
부분에서 설명한 바 있다. 과제명을 기술개발 내용을 집약하여 아주 잘
작명하였다면 그것 자체가 기술개발 최종목표로 사용해도 손색이 없을
것이다.

그러나 1년에 수만 개 이상의 과제가 새로 만들어지는 개발 분야에 있
어서 짧은 시간에 눈에 확 띄는 과제명을 작명하는 것은 쉽지 않고, 그러
다 보니 좀 더 구체화된 내용으로 기존 과제 또는 경쟁 과제와는 차별화
할 수 있는 항목들을 도출하고 전달하는 것이 효과적인 방법이 된다.

일반적으로 주관기관이 하나로 구성되는 사업이거나 규모가 작은 사

업의 경우는 최종목표를 하나의 시스템 또는 블록 수준으로 표현하고 이 시스템과 블록을 구성하는 모듈들을 구체적인 세부 목표로 설정하는 방식을 취하는 것이 좋다. 반면에 여러 기관이 참여하거나 과제의 규모가 큰 경우에는 여러 개의 시스템 또는 블록을 갖게 되도록 최종목표를 설정하는 것도 방법이 된다.

기술개발 최종목표는
● 제목을 좀 더 자세히 설명하되, 핵심 내용만을 전달하자.
● 최종목표 내용만으로 사업계획서에서 개발하고자 하는 내용이 모두 전달되도록 하자.
● 중간 모듈과 세부 기능으로 정리하는 것도 좋은 방안이다

아래의 자전거 개발 사례는 하나의 기업이 참여하는 작은 규모 과제의 최종목표를 예로 들었다.

3-1. 기술개발 최종목표

o 체인 없이 유니버설 조인트로 동력을 전달하는 자전거 개발
-자전거용 유니버설 조인트 모듈 개발
-길이 조절이 가능한 동력 전달 장치 개발
-페달 탈부착이 가능한 자전거 프레임 개발
→ 접이식 자전거 프레임
→ 탈부착 용 페달 모듈

총론(자전거)을 위해 여러 개의 각론(모듈, 장치, 프레임)이 제시되어 있다. 각론에서도 좀 더 세분화된 기술개발 내용을 제시하려면 그 해당

각론에 추가하여 작성해도 되지만, 그 이상 너무 자세하게 들어가는 것은 깊게 고민하여 작성하는 것이 좋다. 좀 더 규모가 있거나 여러 개의 중요한 개발 시스템과 모듈로 구성되는 경우는 위의 사례에서 총론(블릿 o)가 2개 또는 3개로 늘어나도록 작성하면 된다.

기술개발 최종목표의 작성 지침을 다음과 같이 정리하였으니, 이를 잘 살펴보고 개발 내용에 부합되는 임팩트 있는 최선의 최종목표를 제시할 수 있도록 노력하자.

1. 서술식 문장보다는 개조식으로 작성하라
-문장을 읽어 나가면서 핵심을 찾아내는 것은 노력이 필요하다

2. 총론만 작성하지 마라 (위의 예에서 글머리 o 에 해당하는 부분)
-한 줄로는 정확한 의미가 전달되지 않는다

3. 총론 없이 각론만 작성하지 마라(위의 예에서 글머리 – 에 해당하는 부분)
-각론을 통해 총론을 만드는 노력을 전가하는 것이다

4. 총론과 그에 해당하는 각론으로 작성하라
-체계적이고 분석적이라고 생각된다

5. 기술적인 용어를 사용하고 일반적인 용어와 미사여구는 가급적 사용하지 마라
-모호한 것은 좋은 인상을 주지 못한다

6. 각론은 기술개발 내용에서 주요 개발 항목으로 다루어져야 한다
-각론은 시스템을 구성하는 모듈에 해당한다

7. 필요한 경우 중요한 부분은 눈에 띄도록 강조하는 방법을 활용하라
-더 강조하고 싶은 부분은 글자체, 컬러, 표 등을 사용한다
-필요한 경우 간략하고 명확한 시스템 구성도를 추가한다

8. 최종목표에 정량적 수치를 포함하는 것은 좋은 방법이다
-구체화된 목표보다 더 좋은 것은 없다

9. 필요한 경우 시스템 구성도, 개념도 등을 추가하여 가시적 정보를 활용한다
-총론과 각론을 작성한 다음 부분에 배치하여 이해도를 증강시킨다

목표달성도 평가지표는 중기청 사업에서는 매우 중요하고 비중 있게 다루어지는 부분이다. 사업계획서 선정뿐만 아니라 사업 최종평가에 있어서도 핵심적인 기준 역할을 하고 있다.

특히 기계, 소재, 전기, 전자, 화학, 바이오, 의료, 에너지, 자원 등과 달리 정보통신과 지식서비스 중에는 표준화된 규격이나 스펙을 정의하기

힘든 소프트웨어와 서비스 개발 분야의 경우는 특히 제안 기업들이 계획
서 작성 과정에서 가장 큰 어려움을 겪는 부분이다.

아래 표의 목표달성도 평가지표는 2017년 일부 변경된 내용을 반영하
여 '시료정의 및 측정항목'이 포함되어 있고, 표의 이름은 2017년 양식에
서는 '성능지표 목표 및 측정방법'으로 되어있다.

<표 4> 목표달성도 평가지표

※ 선정평가시 주요 검토사항으로 정량화·수치화 하여야 하며 미흡할 경우 감점 요인이 됨
※ 기술개발종료 후, 최종 개발목표 달성 여부는 측정시료의 평균값을 계획된 목표치와 비교하여 평가

주요 성능 지표[1]	단위	최종 개발목표[2]	세계최고수준[3] (보유국/보유기업)	가중치[4] (%)	객관적 측정방법	
					시료 수[5] (n≥5개)	시험규격[6]
1. 예)속도	km	55km 이상	60km(3M, 미국)	20	10	
2. 예) 소음	db	10db 이하	8db(노키아, 핀란드)	15	10	
3. 예) RF 출력						
4.						
5.						

□ 시료수 5개 미만(n<5개)시 사유

ㅇ

□ 측정결과의 증빙방법[7] 제시

ㅇ 예) (성능지표 1) : 해당 공인 시험인증기관(한국 OOO연구원)의 시험성적서 제출
ㅇ 예) (성능지표 2) : OO의 사유로 자체평가 수행
* 자체측정방식을 선택시 사유와 객관적 신뢰성 확보를 위한 방법을 명시

□ 시료정의 및 측정방법[8]

ㅇ 예) RF 출력 : 상온 25도 환경조건에서 전파차단 장비의 전 대역에 대하여 규정된 출력전력을 1시간 동안 방사하고 각각의 출력 대역에 대하여 규정된 출력전력이 정상적으로 출력되는지 확인
* 성능지표 목표를 측정하기 위한 평가기관(공인인증, 자체측정 등), 평가방식(규정, 매뉴얼 등), 평가환경 등을 기재

* 주1) 주요 성능지표는 정밀도, 회수율, 열효율, 인장강도, 내충격성, 작동전압, 응답시간 등 기술적 성능판단 기준이 되는 것을 의미하며, 분야별 개발내용에 적정하게 항목에 따라 구체적으로 수치화하여 반드시 제시
* 주2) 최종 개발목표는 '특정목표값 이상(min)' 또는 '특정목표값 이하(max)'의 형태로 표현
* 주3) 세계최고수준으로 작성할 대상이 없는 경우는 수요처의 요구수준 등 타당한 수준을 제시하고 사유기재
* 주4) 가중치는 각 주요 성능지표의 최종목표에 대한 상대적 중요도를 말함(가중치의 합은 100이 되어야 함)
* 주5) 시료 수는 시험평가 결과의 신뢰성 확보를 위해 최소 5개 이상이어야 하며, 5개 미만 시 사유기재
* 주6) 시험규격은 가능하면 공인규격상의 시험검사방법을 기재(예 : KS …, JIS …)하고, 공인 시험이 불가능한 경우 객관적인 평가방법을 반드시 제시하여야 함
* 주7) 측정결과의 증빙방법은 주요성능지표에 대해서 외부 공인 시험·인증기관을 원칙으로 기재하되, 자체평가(주관기관·공동개발기관·참여기업·위탁기관 등이 시험(성능평가)실시)를 수행하는 경우 객관적 사유기재

〈표 4〉 목표달성도 평가지표는

－선정평가시 주요 검토사항으로 정량화, 수치화하여야 하며 미흡할
　경우 감점 요인이 됨
- 서면평가와 대면평가 과정에서 기술성 평가의 가장 중요한 검토 대
　상이 되고 있음
- 개발 결과물의 기능이 아니라 그 주요 핵심 기능들의 성능과 관련
　된 항목으로 제시하는 것을 요구함
- 개발 결과물의 기술적인 대표 성능지표 항목을 찾아서 얼마나 잘
　정량화 시켰는가에 따라 제안기관이 기술성을 갖고 있는지 평가할
　수 있음

- 미흡한 경우 감점 요인이 될 수 있음으로 신중을 기하여야 함
- 평가지표 항목이 개발 결과물을 대표하기에 미흡하게 제시되는 경
　우는 기술성이 낮다고 판단될 가능성이 있음
- 평가지표 항목의 성능이 세계 수준과 비교하여 상대적으로 너무 낮
　게 제시되는 경우도 기술성이 부족한 것으로 판단될 가능성이 있음

－기술개발 종료 후, 최종 개발 목표 달성 여부는 측정시료의 평균값
　을 계획된 목표치와 비교하여 평가
- 최종목표 달성 여부의 판단은 측정시료 평균값을 목표치와 비교하
　여 결정함
- 양산에 의해 오차가 발생하는 하드웨어(센서, 전자부품, 기구물 등)

와 같은 경우 제조된 부품들의 오차가 발생하는 것이 일반적이므로, 측정 대상의 시료 수를 정하고 이들의 평균을 취하여 성공 여부를 판단함

- 최종평가에서 달성 여부 시험 평가를 수행기관별로 할 수 없으므로, 자체 평가 또는 공인기관을 통한 평가의 서면(인증) 자료를 통해 간접적으로 수행함
- 양산에 의해 오차가 발생하지 않는 소프트웨어, 시스템, 서비스 등과 같은 경우는 시료 수보다는 시험 운영 횟수에 따른 성능 평가를 기준으로 설정하는 것이 가능할 것으로 생각됨

가이드라인에 대한 설명만으로는 목표달성도 평가지표를 작성하는 데 있어서 많이 부족할 것으로 판단된다. 자세한 작성 지침과 방법을 설명하기 전에 계획서 양식으로 제공된 목표달성도 평가지표를 구성하는 세부 항목에 대해서도 그들의 의미와 함께 작성법을 제대로 확인하고 이해한 후에 진행하는 것이 좋다. 이러한 내용이 2017년 양식에서 추가된 부분인 '시료정의 및 측정방법'이 보완된 부분으로 생각된다.

목표달성도 평가지표의 표를 작성하는데 필요한 지침들이 계획서 양식의 주석으로 제공되고 있으나 좀 더 구체적인 내용을 아래 표에 부연 설명하였으니 필히 내용을 확인하도록 하고, 특히 '시험규격'과 '측정 결과의 증빙방법 제시'는 많이 오해하고 실수할 수 있는 부분이므로 잘 숙지하고 작성하면 도움이 될 수 있을 것 같다.

창업과 중소기업을 위한 정부지원 사업 계획서 작성법

〈표4.1 목표달성도 평가지표의 항목 설명〉

항목		의미	설명 및 예
주요 성능지표		개발 결과물의 핵심 기술들을 대표할 수 있는 항목으로 정량적 성능으로 표현이 가능한 지표	전송속도, 저장용량, 측정 정밀도, 전송거리,
단위		성능 지표의 단위	msec, TeraByte, nm, Km,
최종 개발 목표		성능 목표 수치 제시	30
세계 최고수준 (보유국/ 보유기업)		해당 지표의 세계 수준 및 해당 기술 보유국과 보유기업 제시	20 (미국/S-inc)
가중치(%)		각 항목의 중요도	15 주) 컬럼의 가중치 합은 100%
객관적 측정 방법	시료 수(≥5)	객관적 시험을 위한 시료 수 제시 SW와 같은 경우는 시료 수는 1개이지만 시험횟수 또는 검사자 수 등을 제시	3 (제시된 기본 시료 수보다 적은 경우 아래 부분에 사유 작성 필요)
	시험규격	해당 항목의 국제/국내 표준 시험 규격 제시	KN 61000-4-2 (표준 시험규격) 주) 자체 시험규격을 명시
시료수 5개 미만 시 사유		객관적 측정(평가)를 위해 최소 5개의 시료가 있어야 하는 것이 가이드라인 이지만, 이를 준수할 수 없는 경우에 사유를 작성	SW와 같은 경우 하나의 소프트웨어로 여러 가지 입력 경우에 대한 반복적 시험으로 객관적 측정을 보장할 수 있으며, 하드웨어라 하더라도 시료의 제작 비용이 큰 경우에 객관성이 보장될 수 있는 현실적인 시험 대체 방안을 제시할 수 있음
측정 결과의 증빙방법 제시		공인인증기관을 활용하면 객관적 신뢰성이 보장되지만, 여건상 자체평가를 진행하거나 대체 방법이 필요한 경우 이를 제시하도록 가이드라인 하고 있음	자체평가로 진행할 수 밖에 없는 경우는 객관적 신뢰성 있는 시험을 위한 환경, 방법 및 절차, 평가 판단 기준 등을 구체적으로 제시하는 것이 필요함
시료정의 및 측정방법 (2017년 추가 항목)		해당 성능 지표를 측정하기 위한 시료가 무엇인지를 정의하고 측정 방법 제시	양식의 설명과 같이 성능 지표 (RF출력)는 시료(전파차단 장비)를 활용하여 측정 방법(전대역, 1시간 방사, 출력 확인 등)으로 확인하기 위한 평가기관, 평가방식, 평가환경 등을 기재함

(1) 주요 성능지표는 기술개발 내용에 포함되어 있다

"우리 회사는 소프트웨어 개발을 하고 있는데 사업계획서의 목표달성도 평가지표를 어떻게 작성해야 할지 모르겠습니다."

하드웨어 또는 부품 등을 포함하여 특히 국제 표준으로 규정된 기술개발을 추진하는 기관은 평가지표 항목을 도출하는 데 크게 고민하거나 어려움이 없을 것 같다. 그러나 소프트웨어, 앱, 서비스, 웹, 펌웨어 등을 개발하려는 경우와 아직 범용적으로 사용되지 않는 아이디어 개념의 하드웨어 혹은 시스템 등을 개발하는 입장에서는 목표달성도 평가지표, 그것도 정량적 성능 지표로 측정될 수 있는 항목을 도출하라고 하면 막연한 경우가 적지 않을 것이다.

공인시험 기관에도 연락해보고, 전담기관 혹은 전문기관에 물어봐도 뾰족한 답은 얻을 수 없는 것이 현실이다. 그들 기관의 담당자들과 기술개발을 준비하는 기관이 무엇을 어떻게 개발하려는 것인지에 대해 깊숙이 이해하지 못한 상태에서는 전화 몇 통화와 이메일을 주고 받는 것으로는 원하는 답을 얻을 수 없거나 일부 도움을 받더라도 좋은 결론을 얻기는 쉽지 않을 것이다.

목표달성도 평가지표는 기술개발을 준비하는 책임자와 담당자가 이미 답을 갖고 있지만 다만 이를 알아 보지 못하고 있을 뿐이다.

목표달성 평가지표의 주요 성능지표는 '최종목표의 각론'에서 도출하자

최종목표는 이번에 제안하려는 기술개발의 가장 핵심을 정리한 내용이다. 앞에서 설명하였듯이 총론과 각론으로 정의하는 것이 좋다고 하였던 것을 기억하고 있을 것이다. 각론들을 통합한 것이 총론이고, 각각의 각론은 개발의 핵심 기술 요소이다.

각론에 대해 그 개발 내용을 대표할 수 있는 지표, 그 중에서도 가능하면 수치화된 성능 지표로 나타낼 수 있는 대표성 있는 기술 항목을 1개 이상 찾아내어 이를 주요 성능지표로 정의해보자. 최종목표 작성 요령에서 예로 들었던 첫 번째 각론이 "자전거용 유니버설 조인트 모듈 개발"이었다. 이 경우 만약 동력전달을 위한 유니버설 조인트의 최대 허용 각도가 하나의 요소가 될 수 있을 것이다(저자는 기계 전공이 아니라 잘못된 예를 들었더라도 의미만 이해해주세요). 다른 경쟁 모듈 제품은 10도까지만 가능하지만 내가 제안하는 것은 20도까지 사용할 수 있다면 한 가지 모듈로 다양한 자전거에 활용할 수 있는 경쟁력을 확보하게 될 것이다.

또한 각론에서 도출한 성능지표 항목이 그 각론 기술을 대표할 수 있는 중요성이 포함되어 있어야 한다. 기술개발의 핵심과 동떨어진 내용으로 제시되는 것은 오히려 역효과를 갖고 올 수도 있다.

목표달성 평가지표의 주요 성능지표는 '기술개발 내용'에서 찾아내자

최종목표의 각론에서 성능지표를 도출하였지만 '기술개발 내용'에도 중요한 핵심 기술이 포함되어 있을 수 있다. 최종목표는 자세한 기술 요소까지 모두 표현할 수 없는 경우가 많으므로 기술개발 내용 부분에서 중요한 기술 요소를 찾아내어 이를 주요 성능지표로 정의하는 것도 좋은 방법이다.

숲을 보고 나서 나무를 찾아야 하는데, 성능의 정량화, 수치화, 지표를 만들어 내기에 급급하여 중요하지 않은 성능지표를 제시하지 않도록 해야 한다. 숲은 나무로 만들어지지만 나무가 있다고 해서 숲이 되지 않는다. 목표달성도 성능지표들(나무)이 최종목표(숲)를 대표할 수 있어야 의미가 있다.

무엇보다 과제명, 최종목표, 기술개발 내용이 체계적이고 유기적으로 연결되어 기술개발 계획서가 작성되고 위와 같은 방법으로 주요 성능지표를 도출하게 된다면 고민했던 것보다는 어렵지 않게 해결할 수 있을 것이라 확신한다.

<hr />

주요 성능지표는 판매할 제품의 규격(Specification)이다

기술개발의 최종 결과물이 소프트웨어, 하드웨어, 서비스, 모듈, 부품, 서비스, 장치, 기기 등 무엇이 되었든지 그들을 판매하기 위해서는 소비자를 만나 제품을 소개하고 그들의 기능과 성능을 얘기하면서 필요성과 효용성을 호소하여 거래를 성사시킬 수 있다. 이때 기술적인 부분에서 소비자의 구매 결정을 끌어낼 수 있는 것은 다른 제품에 비해 기능과 성능이 얼마나 더 좋으냐가 될 것이다. 이 내용이 사업계획서에서 포함된 목표달성도 성능지표가 될 수 있다.

따라서 기업이 기술개발만을 수행하고 사업화를 추진하지 않겠다는 계획을 갖고 사업을 추진하는 경우는 없으므로, 기술개발을 지원하는 입장에서 계획서의 양식에서 요구하여 마지못해 작성하는 것이 아니라 개발 완료 후 판매할 때 어떤 부분에서 차별성과 경쟁력을 갖도록 개발할 것인지를 생각한다면 제품의 규격서를 미리 작성하는 수준에서 사업계획서를 준비할 수 있을 것이다.

기술개발 추진 이전에 내가 개발할 경쟁력 있는 기술과 제품의 규격(Specification)을 미리 정의하고 이를 목표로 개발을 추진하여 사업화 준비를 계획하는 것이 무엇보다 바람직한 것이다.

공고된 RFP 사례 검토를 통해 능력을 키우자

기술개발 사업은 여러 정부부처에서 추진되고 있는데, 중기청과 달리 산기평과 정보통신기술진흥센터는 지정공모 사업의 비중이 높은 편이다. 지정공모 사업의 경우는 RFP(제안요청서)를 통해 과제 공모를 진행하고 있으며, 이 RFP에 포함된 '개발 목표'를 살펴보면 어떤 항목들이 최종목표 달성을 위한 정량적 목표로 지정되어 있는지를 알 수 있고, 이들을 통해 나름대로 성능지표를 도출하는 안목과 능력을 키우는 데 도움이 될 수 있다.

다만 두 기관의 사업들은 원천기술, 혁신제품 기술개발 사업 등의 제안 요청서(RFP)이므로, 중기청 사업의 사업계획서 양식에 포함되어 있는 목표달성도 평가지표와는 달리 시험규격 및 측정 결과 증빙 방안에 대한 내용은 '개발 목표'에 포함되어 있지는 않다. 중기청의 사업들이 중소, 중견 기업들이 주로 참여하고 사업화와 단기간에 직접 연결되는 특성으로 인해 시험과 인증에 대해 강조하고 있으므로 사업계획서 양식에 반영되어 있다.

산기평과 정보통신기술진흥센터의 사업에서 사용하고 있는 '개발 목표'가 중기청의 '목표달성도 평가지표'와는 성격상 일부 차이가 있으나 두 기관의 RFP 사례를 살펴 봄으로써 성능지표를 도출하고 정의할 수 있는 능력을 키울 수 있다. 좀 더 많은 RFP 사례들을 해당 전담기관에서 다운 로드받거나 획득할 수 있는 방법을 별첨2에 포함해놓았으니 준비하고 있 는 사업과 유사한 RFP를 활용해 보도록 하자. 이들 RFP 이외에도 여러 사업의 RFP들이 계속 공고되고 있으므로 새로운 기술과 새로운 분야에 대해서도 어떻게 성능지표들이 정의되고 있는지 지속적으로 살펴보면서 능력을 키워 나가는 자세가 중요하다.

> 도출된 주요 성능지표가 본 과제에서 개발하려는
> 핵심 기술을 대표하고 있는지 반문하라

이제 도출된 목표달성도의 평가지표들이 본 사업 계획에서 개발하려 는 최종목표를 대표성 있게 나타내고 있는지를 점검해봐야 한다. 필요하 면 사업계획서에 포함된 핵심 기술과 기능, 기술 요소를 포함하고 있는지 도 확인해 봐야 하며, 기술개발 내용을 과제명을 통해 잘 전달하여야 하 는 것과 마찬가지로 목표달성도 평가지표만으로도 어떤 기술개발을 목표 로 하고 있는지 전달할 수 있다면 아주 잘 정리된 것이라 할 수 있겠다.

사업 계획을 책임지고 있는 대표와 사업책임자가 스스로 검토하는 것 이 기본이겠지만, 사업 계획에 참여하지 않았던 사내 또는 사외의 제3자 를 통해서 점검해보고 보완하는 과정에서 만족할 수 있는 지표를 완성해 나갈 수 있다.

(2) 세계 최고 수준은 개발 목표 성능 기준점이다

개발 기술의 성능지표를 비교할 수 있는 세계 최고 수준의 기술과 제품의 기준치를 제시하는 항목으로 어느 나라의 어느 기업이 해당 기술을 갖고 있는지 함께 나타낸다. 1장에서 조사한 경쟁 기술과 제품을 이미 조사 분석하였다면 해당 내용은 이미 확보하고 있을 것이다.

그러나 경쟁 기술이 없거나 새로운 성능지표를 제시하는 것이라면 해당 내용은 비교 대상이 없으므로 〈해당 없음〉으로 나타내면 되겠지만, 평가 과정에서 질문을 받는다면 제시하지 못한 것에 대해서는 충분히 소명할 수 있는 근거와 이유를 준비하고 있어야 한다.

아울러 사업의 성격, 사업의 규모, 해당 기술의 용도 등에 따라 세계 최고 수준을 꼭 능가하는 목표치를 설정해야 하는 것으로 생각하지 말고, 최종목표 달성을 만족할 수 있는 타당한 이유가 있다면 굳이 무리한 목표를 세워 과도한 목표로 인해 시간과 자원을 낭비하거나 또는 목표 달성 실패의 위험성을 안을 필요는 없을 것으로 생각된다.

(3) 가중치는 성능지표의 우선순위이다

성능지표를 몇 개를 제시하여야 한다는 규정은 없으나, 과제의 규모와 성격에 따라 최소한 어느 정도 합리적인 수준에서 제시될 필요는 있다. 드문 사례겠지만 성능지표가 하나일지라도 개발하는 기술을 대표할 수 있는 경우도 있겠지만, 대부분은 기술을 구성하는 다수의 항목을 제안하는 것이 일반적일 것이다. 굳이 숫자로 기준을 정해야 한다면 5개 내외가 적당하지 않을까 생각되지만 사업의 규모와 성격에 따라 사업책임자가 적절하게 제시하여야 한다.

이러한 성능지표들의 기술개발 내용에서의 중요도를 나타내는 것이 가중치이다. 그리고 모든 지표의 가중치를 합하여 100%가 되는 것이 당연할 것이다. 제안 기관이 제시한 성능지표의 가중치를 통해 어느 기술 요소에 가장 중요한 비중을 두고 있는지를 나타낼 수 있고, 계획서에 포함된 기술개발 내용 중에서 어느 기술 부분을 중요하게 평가 받게 될 것인지의 기준이 될 수 있다. 사소한 것이지만 총합이 모자라거나 넘지 않도록 주의하여야 한다.

(4) 공인시험규격/자체시험기준을 제시하라

작성 과정에서 특히 유념할 부분은 '시험규격' 부분으로서 이 칼럼에 인증기관 이름을 기입하지 않도록 주의하고, '측정 결과의 증빙 방법 제시'에서 시험 및 인증을 의뢰하는 공인인증기관 이름을 기입하여야 된다.

국내 및 국제 표준 시험/인증 규격이 없는 항목을 성능지표로 설정한 경우의 시험규격은 공인시험/인증 기관을 통하든지 아니면 자체평가를 진행하든지 관계없이 기술개발 제안기관이 시험 방안을 포함하여 수립하여야 한다. 기술과 제품에 대한 국내, 국제 규격이 있다면 관련 공인인증기관에서 시험과 인증을 해당 규격에 맞추어 진행하여 시험결과서와 인증서를 발급해주겠지만, 이러한 표준규격이 없는 경우라면 어떠한 환경, 절차, 방법으로 시험을 수행하여야 하는지를 기술개발 제안기관이 계획을 수립하여 자체 또는 외부 시험기관을 통해 진행해야만 한다.

공인된 시험·인증기관을 통해 이러한 시험을 진행하기 위한 방법을 계획서 제출 단계에서 공인 시험·인증기관이 요구하는 수준으로 모두 자세하게 수립하여 제시하는 것은 무리가 있겠지만 최소한 각 성능지표에 대해 시험 환경, 절차, 그리고 방법 등이 간략히 정의되어 사업계획서에 포함되어 있다면 경쟁력이 있을 것이다.

자체평가 방법을 적용하는 경우는 계획서의 목표달성도 평가지표의 표 다음에 자세한 시험 환경, 방법 및 절차 등을 제시하여 서면 및 대면 평가 과정에서 해당 시험 방안이 충분히 객관적이고 신뢰성 있는 방법으로 수행하겠다는 계획을 포함하여 작성되는 것이 좋다.

언제나 신기술과 새로운 아이디어로 개발되는 신기술과 신제품, 소프트웨어 및 기기들은 일반적으로 표준 시험규격이 없는 경우가 대부분이며, 통신 및 영상 등과 같은 국제 표준이 필요한 기술 이외에 여러 가지 용도를 위해 만들어지는 특정 기기들도 시스템 기능 측면에서는 시험규격이 없는 경우가 많으므로 이들을 위한 객관적인 성능 측정과 평가를 위한 시험 방안은 직접 정의하여 제시하여야 한다.

중기청이 공고한 KOLAS 인증 시험·인증 기관 목록을 활용하라

아직 사업 초창기라서 시험 및 인증을 진행한 경험이 없는 기업들이 정부지원 사업에서 요구하는 시험과 인증을 처음으로 준비하는 것에는 여러 가지 애로사항이 산적해 있다. 어떤 항목을 정의하고 어떻게 시험해야 하는지는 위에서 설명하였고, 이외에도 실제로 원하는 성능지표의 시험을 의뢰할 수 있는 공인 시험인증기관을 찾는 것도 쉽지 않은 일이다.

그런데 다행히도 중기청에서 진행하는 2016년 창업성장기술개발 사업에서 바우처 기관으로 KOLAS(Korea Laboratory Accredittion Scheme, 한국인정기관)에서 공인한 시험·인증기관을 공고하였고, 이 책의 별첨3에 해당 자료를 다운로드할 수 있는 방법을 첨부하였다. 중기청에서 공고한 기관들은 민간기관은 제외하고 비영리기관들이므로 지원 기술개발 분야, 기관 소재지, 서비스 등을 판단하여 유용하게 활용할 수 있을 것으로 생각된다.

외부 시험기관으로 KTL과 TTA의 경우는 아래에서 간단히 좀 더 살펴본다.

가) 공인 시험·인증기관 KTL

목록에 포함된 여러 기관 중에서 넓은 산업 분야의 시험인증 서비스를 제공하고 있는 KTL(www.ktl.re.kr, 한국산업기술시험원)은 공인 인증과 시험 서비스를 같이 제공하고 있으며 본부는 진주에 위치하고 지방 여러 곳에 분원을 두고 있다.

전기전자, 정보통신, 원자력, 에너지, 환경, 소프트웨어, 기계 및 재료 등 여러 산업 분야를 지원한다. 홈페이지에서 KTL의 인증, 품질평가 그리고 시험 분야 서비스 항목들을 보여 주고 있으므로 꼭 살펴보고 활용하는 것이 필요하다.

다음 그림은 일반소프트웨어의 시험 절차와 대상 품목을 보여주고 있고, 필요한 서류와 담당자 연락처 등의 정보를 제공하는 화면이다. 다른 기술분야에 대해서도 아래 그림과 같이 자세한 지원 서비스 정보를 제공하고 있다(www.ktl.re.kr 홈페이지 'KTL주요사업' 메뉴 중에서).

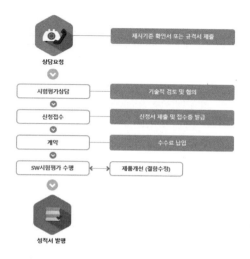

〈그림4-1. KTL 소프트웨어 시험 신청 절차〉
출처 : http://customer.ktl.re.kr

앞에서 표준 시험규격이 없는 경우 기술개발 제안기관이 자체 시험 기준을 제시한다고 하였는데, KTL에 제공하는 '소프트웨어시험 신청자제시 기준확인서' 신청 양식을 별첨 4에 첨부하였으므로 참고하기 바란다.

나) 공인 시험인증기관 TTA

TTA(Telecommunications Technology Association, 한국정보통신 기술협회)는 주요 사업인 표준화 활동 이외에도 시험인증 서비스를 정보 통신 분야 위주로 지원하고 있다. 홈페이지(www.tta.or.kr) '주요 사업' 메 뉴에서 TTA가 지원하는 여러 시험인증 서비스를 공지하고 있다.

〈표4.2 TTA의 시험인증 서비스〉

국제기관과의 제휴	┃국제공인시험기관 자격 확보로 세계시장에서 요구하는 시험성적서 발행 ┃해외시험인증 비용 및 기간 단축(적시적 수출지원) ┃제휴기관 ―Agilent(미국), Spirent(미국), AT4Wireless USA(미국), 7Layers(독일), AT4Wireless(스페인), WLLC China(중국), TMC(중국), BABT(영국), BV ADT(대만) 등 14개 기관
시험 인증의 필요성	┃이용자 보호 ―ICT 제품 상호간 간섭으로 인한 장애나 오작동 최소화 (인명피해와 재산손실 미연 방지 효과) ┃이용자의 선택의 폭 확대 ―고품질의 다양한 ICT 제품 공급으로 이용자가 원하는 제품을 손쉽게 선택 가능 (이용자의 생활 편리성 증대에 기여) ┃방송통신서비스 및 제품 품질 향상 ― ICT 제품에 대한 품질의 사전 검증 강화로 전반적인 수준 제고 가능 (ICT 산업경쟁력 강화에 기여) ┃비용절감 및 해외 수출지원 ― 국내에서 국제적 수준의 적시적 시험인증을 통해 시험인증 비용절감 및 기술유출 방지 (해외시장 조기진입으로 국제경쟁력 강화) ┃제품 개발주기의 단축 ―시험인증을 통한 제품의 문제점 조기 해결 가능 (제품 개발주기 단축으로 조기에 시장 선점 가능) ┃이기종 제품간 상호운용성 확보 ―ICT 제품이 실제 통신환경에서 상호연동 되는지 확인 가능 (동시에 표준의 완성도 향상 가능)

창업과 중소기업을 위한 정부지원 사업 계획서 작성법

		네트워크
시험 인증서비스 Item	―블루투스, Server, IPv6(라우터, 단말), LAN, VoIP(H.323, SIP, MGCP, MEGACO), xDSL, 광통신, 정보보호, ITS, 무선랜(IEEE 802.11a, 802.11b, 802.11e), 통신응용, WPAN(UWB, ZigBee), USB(USB2.0, WUSB), MMoIP, 차세대 PC,USN, 홈네트워크(게이트웨이, 홈서버, 정보가전), 블루투스 저전력, WiMedia, URC 로봇, RFID, Continua, Wi-Fi, USB 3.0 등 35종 | 소프트웨어 ―패키지, 모바일, 컴포넌트, GIS, e-Biz, Game, ERP, 교육용, 콘텐츠 개발용, 리눅스OS, 웹관리도구, SW개발도구, 유틸리티, 보안용, 홈네트워크, 스토리지, SI, 바이오매트릭스, 디지털콘텐츠, 임베디드, e-Learning, 텔레매틱스, DRM, 정보보안(CC), SMS, 가상화 솔루션, Anti-DDoS, U-Health 등 28종 | 디지털 방송 ―방송 장비(3D입체모니터, A/V라우터, 인코더, 송신기/중계기/변조기, 광전송장치, 그래픽 문자 발생기 등), 수신장비(DTV, 셋톱박스, 수신제한모듈, 모바일 방송단말), 미들웨어(ACAP, ICSP, OCAP, MHP 등), 인터페이스(HDMI, HDCP, DisplayPort, SATA 등), 영상보안장비(CCTV), Dolby 등 22종 | 이동통신 ―유럽GSM, 북미 GSM(EGPRS, 850MHz), WCDMA, WiBro(W1, W2), HSDPA, HSUPA, 충전기, OTAP, LTE 등 13종

(5) 인증과 시험의 차이를 이해하자

사업계획서의 목표달성도 평가지표에서 필요한 수준에서의 인증과 시험의 차이를 이해하면 계획서 준비에도 도움이 될 것 같다.

국제 또는 국내 기술/제품 표준이 이미 규정되어 있고 이에 따라 기술이나 제품을 정해진 프로세스에 의한 시험과 정해진 규격을 만족하고 통과된다면 공인 인증 자격을 허가 받은 기관으로부터 공인인증서를 발급받을 수 있다.

그러나 국제 또는 국내 기술/제품 표준이 없는 상태에서 제안기관이 정하거나 또는 일반적으로 통용되는 방식에 따라서 시험을 통과하였더라도 이는 인증을 득한 것이 아니므로 이 경우는 시험을 진행한 기관이 '시험 성적서'를 발급한다.

따라서 목표달성 평가지표의 시험규격에 표준규격을 정할 수 있는 경우는 공인인증서 발급이 가능하겠지만, 이를 제시할 수 없는 경우는 시험 성적서가 최선의 방법이 된다.

2) 기술개발 내용

> **3-2. 기술개발 내용(기술의 독창성 및 도전성 포함)**
> ※ 전체 개발하고자 하는 주요 핵심기술 위주로 기존 제품(기술)과의 차별성 등 세부적인 개발내용 서술
> ○
> −
> −

기술개발 내용은 최종목표를 어떤 기술로 어떠한 방법으로 어떤 차별성(독창성 및 도전성)을 가질 수 있도록 개발할 것인지를 구체적으로 제시하는 부분이다. 어떤 기술을 확보하고 있는지 어떤 개발 방법론을 적용할 것인지, 본 과제에서 개발하려는 내용이 경쟁 또는 기존 제품(기술)과 비교하여 어떤 차별성(독창성 및 도전성)을 갖고 있는지를 자세히 전달할 수 있어야 한다.

괄호 속의 내용은 기술개발 내용에 기술의 독창성과 도전성 부분을 포함하여 작성하라는 뜻이지 단지 독창성과 도전성만 작성하라는 의미가 아니므로 오해하지 말아야 한다.

−전체 개발하고자 하는 주요 핵심기술 위주로 기존 제품(기술)과의

<u>차별성 등 세부적인 개발 내용 서술</u>

■ 주요 핵심기술은 최종목표의 각론에 반영되어 있는지 상호 점검해 야 함

■ 기존 제품 또는 경쟁 기술과의 비교 분석 및 차별성을 부각함

■ 직접 경쟁 관계가 아니더라도 필요한 경우 기존 제품(기술들)과의 차별성을 분석함

<u>−2017년 변경된 사업계획서(세부 설명자료)에는 '개발 기술의 독창성·</u>
<u>차별성' 부분이 별도로 독립되어 있음</u>

■ 개발 기술 또는 서비스의 독창성과 차별성이 더욱 중요함을 나타냄

■ 독창성은 비교할 수 있거나 경쟁이 될만한 기술과 제품이 없는 그 자체가 기원이 될 수 있는 것을 뜻하고, 차별성은 비교 경쟁 대상이 있고 이들과 구분할 수 있거나 또는 더 나은 특성이 있음을 나타내 며, 신규성은 현재 공지 또는 공용되지 않은 새로운 것을 의미함

■ 아래 표는 변경된 사업계획서에서 가이드하고 있는 작성요령 부분 으로서 매우 구체적인 항목들을 요구하고 있으므로 계획서에서 이 들을 모두 포함하여 제시하는 것이 바람직함

O **개발 기술의 독창성 및 도전성**
– 개발대상 기술(제품 또는 서비스)의 개념도, 구조도, 프로세스 등 설명자료
– 개발대상기술(또는 제품)의 독창성, 신규성 및 차별성 등을 기존기술 및 세계수준과의 비교를 통해 구체적으로 서술
– 관련기술의 국내·외 기술개발현황 및 트렌드, 정부정책 방향, 향후 전망을 객관적·구체적으로 서술(인용한 경우 출처 명기)

– 최종목표를 만족하도록 개발하기 위해 필요한 기능 및 기술 요소와 이를 구현하기 위한 세부 기술 구현 방안, 알고리즘 등을 구체적으로 작성함
– 최종목표의 핵심 구성 요소를 도식화하여 포함하고 각각의 모듈들을 설명하는 것도 좋은 방안임
– 기술개발 내용이 시스템에서 필요한 기능들을 나열하는 것이 아니라 각각의 기능들과 핵심 기술들을 구현할 수 있는 방안을 포함하여 제시해야 함
– 상대평가에서 기술적인 우위를 나타내기 위해서는 적어도 기초 설계 단계까지 포함한 계획서가 준비되도록 작성하는 것이 필요함
– 참여기관들 및 개인들의 상세한 업무분장을 기술개발 내용에 반영하여 작성하는 것이 사업 계획의 구체성을 나타낼 수 있는 방안임
– 추진 일정에 포함된 세부항목들이 기술개발 내용과 연계되어 작성되는 것이 좋은 방안임
– 사업비 구성 내역에 포함된 연구 장비 및 재료, 시작품제작, 전문가 초청, 해외출장 등을 기술개발 내용과 연계하여 작성하는 것이 바람직함
– 2017년 사업계획서에서는 주관기관의 개발내용과 참여기관, 위탁기관 등의 개발내용을 '3. 기술개발의 방법'에서 별도로 구분하여 작성하도록 양식을 제시하고 있음

<u>-각 참여기관들의 역할을 분명히 구분하고 최선의 결과를 얻을 수 있
도록 사업계획서에서 구체적으로 명시하는 것을 요구하고 있으므
로, 참여기관들의 강점과 특성이 반영된 역할 분담이 이루어져야 함</u>

(1) 최종목표의 구성 요소를 도식화하라

먼저 개발하고자 하는 최종 기술과 제품이 총론이라면, 이 기술과 제
품을 구성하는 세부 기술 요소 또는 모듈이 각론이라고 하였다. 각론을
더 세분화하여 기능(모듈) 간에 상관관계를 도식화하는 것으로부터 출발
하는 것도 한 가지 방법이다. 이렇게 표현함으로써 평가 단계의 제한된 시
간 내에 제안사가 갖고 있는 목표와 의지를 효과적으로 전달할 수 있다.

각 모듈들은 이번 과제에서 최종목표를 달성하기 위해 필요한 것이
고, 이들은 모두 새로 개발이 필요한 경우도 있겠지만, 일부 모듈은 이미
다른 기술개발을 통해 확보하고 있는 것일 수도 있고, 또 다른 일부는 오
픈 소스 또는 상용 모듈(Chip 등)을 활용하여 구성할 수 있는 요소가 될
수도 있다.

이들을 각각 구분하여 일부 기술은 이미 확보되어 있고, 일부 기술은
현재 기술을 활용하고, 본 과제에서는 어떤 부분만을 추가 개발하면 최
종목표를 달성할 수 있다고 구체적으로 명확하게 구분하여 제시한다면
더 좋은 개발 전략을 보여줄 수 있는 방안이 될 것이다.

(2) 기존 수행 과제를 강점으로 활용하자

이미 수행한 정부지원 과제가 있다면 새로운 정부과제를 신청하여 활
용하면 여러 가지 면에서 중요하고 또한 유리하게 작용할 수 있다. 새로

운 과제에서 필요한 기술의 일부를 기 수행한 과제에서 확보한 것을 사용한다면 장점이 될 수 있으며, 다른 경쟁자들보다 유리한 입장에서 출발할 수 있는 강점이 될 수도 있다.

정부지원 과제의 결과물을 스스로 활용함으로써 정부지원 사업의 효과를 확산하는 것이기도 하고 기업이 성장하고 있는 것을 보여주는 계기가 될 수 있다.

이미 수행한 내용과 새로이 제안하는 사업의 내용이 극히 일부가 겹치는 부분이 있어서 이를 소심한 판단으로 드러내지 않으려고 하는 경우 오히려 원하지 않았던 오해를 불러올 수 있으므로, 당당히 밝히면서 이미 확보된 기술과 현재 개발하려는 기술개발 부분을 한 장의 도표 또는 그림으로 명확히 구분하여 보여주는 것은 매우 좋은 방법이다. 또한 기업이 자신의 사업 분야와 관련된 기술들에 집중하여 체계적이고 지속적으로 추진하는 것을 보여 주는 것은 좋은 인상을 주고 신용을 얻을 수 있을 것이다.

(3) 기능이 아니라 구현 방안을 제시하라

기술개발 내용에서 서술해야 하는 내용은 기술과 제품의 기능이 아니다. 그 기능들이 어떤 역할을 하는지도 당연히 설명해야 하겠지만, 제일 중요한 것은 그 기능들을 제안사가 가진 기술, 알고리즘, 그리고 어떤 개발 방법으로 구현할 것인지를 구체화하여 제안하는 것이다. 이러한 내용 속에 기술 개발의 독창성과 차별성이 포함된다면 금상첨화일 것이다.

만약 하나의 RFP를 대상으로 여러 기업이 경쟁을 하는 상황이라면 평가하는 입장에서는 무엇을 보고 판단하게 될까? 어느 기업이 상대적으로 더 나은 기술력과 더 나은 개발 방안, 그리고 분명한 개발 방법론을 가지고 있는지를 판단하여 해당 기업을 선정하게 되지 않을까 싶다.

(4) 기술개발과 연구는 다르다

기초 연구, 원천기술 연구개발, 알앤디(R&D), 출연연구소 등등에 '연구'라는 용어는 자주 등장한다. 이 책에서는 주로 기술개발이 중심인 사업에 대해 얘기를 하고 있는데, '개발'과 '연구'의 차이는 무엇일까?

연구는 세상에 없는 무엇인가를 창의적으로 만들어 내거나 또는 새로운 방법과 알고리즘을 찾아내어 이론화시키는 것을 말하고, 개발은 이미 세상에 존재하는 것을 더 좋게 만들거나 또는 이미 이론으로 정립된 것을 실현하는 것을 말한다고 볼 수 있다.

따라서 기초 연구와 원천기술 연구와 같은 경우는 목표는 정해져 있지만 그것을 실현하는 방법이나 알고리즘은 아직 구체화된 것이 없으므로 연구기간 동안 이것들을 찾아내고 이론을 정립해 나가야 함으로 짧지 않은 시간과 노력, 그리고 실패의 가능성을 갖고 있다.

상용화를 통해 짧은 시간 내에 사업화 목표를 실현하여 매출을 발생시키기 위한 사업의 경우는 개발 기간에 여유가 없고 위험부담이 높아서는 안 되는 특성이 있다. 이러한 이유 때문에 기술개발 내용은 구현 방안이 구체화되어 명확히 제시되어야 한다고 앞에서 언급하였다.

그러나 기술개발 사업이라 하더라도 연구가 필요한 내용이 있다면 이를 포함하는 것이 기술개발 내용을 더욱 빛나게 할 수 있다.

(5) 기초 설계를 포함하여 구체화하자

사업계획서에서 기술력을 구체적으로 보여 줄 수 있는 부분은 기술개발 내용 부분뿐이다. 특히 기술개발 사업에서는 가장 중요한 부분으로 무엇보다도 자세하게 내용을 작성해야 한다.

물론 분량이 많다고 구체적인 것은 아니다. 구체적으로 작성하다 보면 분량이 많아질 수는 있겠지만, 관련이 없거나 핵심에서는 벗어나는 내용으로 페이지를 늘리는 것은 오히려 역효과를 가져올 수 있으므로 피해야 한다.

제안하는 기술개발 목표는 제안기관이 가장 잘 아는 분야이고 기술이기 때문에, 만약 과제가 선정된다면 어떻게 개발해나갈 것인가를 최소한 기초 설계까지는 사업계획서에 포함하겠다는 목표 의식을 갖고 준비하는 것이 필요하다.

선정 후 실제 개발 추진 과정에서 기술 개발 방안과 방법에 있어서 변화와 변경이 필요할 수는 있지만, 완벽하지는 않을지라도 구체적인 사전 계획이 더 진정성 있는 자세와 의지를 보여줄 수 있음은 당연한 것이라고 생각된다.

(6) 업무 분장을 포함하자

다음 절에 설명할 수행기관별 업무분장을 표로 작성하도록 양식이 제공되어 있지만, 기술개발 내용에서도 주관기관, 참여기관, 위탁기관, 외주용역 기관 등이 담당하는 내용을 구분하여 작성하는 것이 필요하다.

앞의 시스템 구성도에서도 기본 보유 기술, 외부 기술, 그리고 이번 과제에서 개발할 기술로 구분하여 작성한 것과 마찬가지로, 기관별로 담당하는 역할과 개발 영역에 대해서도 구분하여 제시하는 것이 더 체계적인 방법이다.

만약 주관기관 단독으로 수행하는 과제라면, 개발 내용에 대해 각각의 참여연구원들이 어떤 개발 부분을 맡게 되는지를 나타내는 것도 좀 더 계획적인 준비를 하고 있음을 보여줄 수 있다.

(7) 추진 일정을 포함하자

추진 일정도 표로 만들어진 일정표(Pert)로 양식이 제공되고 있지만, 표에 포함된 내용은 요약 성격이 짙다. 따라서 구체적인 기술개발 내용을 추진 일정에 맞게 시간 순차적으로 구체화하여 제시할 수 있다면 더 좋은 계획이 된다.

기술개발 내용이 추진 일정에 맞추어 각각의 단계에서 어떤 개발 목표를 실행하고, 다음 단계 및 일정과 어떤 상관관계를 갖고 연계되는지, 그리고 어떤 중간 결과물들을 만들어 가면서 최종 단계까지 연결되는지를 일정 순서에 따라 펼쳐 놓고 설명하게 되면 좋은 사업계획서를 만들 수 있는 한 가지 요소가 될 것이다.

(8) 연구 시설·장비비 및 재료비를 반영하자

양식의 5장에 보유 및 구입할 연구 시설·장비비 내역을 작성하도록 되어 있고, 별도의 자세한 예산 계획서를 적성하게 되어있지만, 그 양식에 포함되는 구입 또는 임차에 필요한 장비와 재료에 대해서 자세한 필요성과 용도를 잘 나타내는 데 한계가 있다. 이러한 장비와 재료에 대해서도 기술개발 내용과 관련하여 필요성과 용도를 함께 설명하게 되면 필요한 예산으로 잘 편성된 짜임새 있는 개발 계획서임을 나타낼 수 있다.

별도로 작성되는 양식이든지 또는 각 장으로 구분되어 작성되는 내용이라도 이들이 한 가지 최종목표를 달성하기 위해 필요한 요소들이므로 아무 관계없이 독립적으로 존재하는 것이 아니라 서로 연관 관계를 갖고 있는 상호연결성을 나타내어 전달하는 것이 중요하다.

3) 수행기관별 업무분장

3-3. 수행기관별 업무분장
※ 주관기관, 참여기업, 위탁연구기관, 외주용역처리 등 해당기관별로 담당업무를 명기

수행기관	담당 기술개발 내용	기술개발 비중(%)
주관기관		
참여기업		
위탁기관		
외주용역처리		
총 계		100%

* 수행기관은 기술개발 추진체계에 포함되어 있는 기관으로 상기의 표를 감안하여 작성요망
* 외주용역처리란 주관기관의 추진체계에는 없으나 목업(mock-up) 등 외부 업체를 활용하는 경우를 의미함
* 기술개발 비중이란 전체 기술개발내용을 100%로 하였을 경우에 각 수행기관에서 담당한 업무의 비중을 의미함

수행기관별 업무분장은

─주관기관, 참여기업, 위탁연구기관, 외주용역처리 등 해당 기관별로 담당업무를 명기

■ 과제에 참여하는 모든 기관들이 담당한 기술개발 내용뿐만 아니라 역할 분담에 대해 명시적으로 정리하는 것이 바람직함(예를 들어

각 수행기관별로 하드웨어, 소프트웨어, 알고리즘, 목업(Mockup) 개발 등을 해당 최종목표를 구성하는 요소에 맞추어 구체적으로 작성함)

■ 담당 기술개발 내용은 계획서 3-2절에서 작성한 중요한 항목을 중심으로 개조식으로 작성하며, 표의 크기에 관계없이 가급적 총론과 각론 형식으로 구체적으로 정리함

−수행기관은 기술개발 추진체계에 포함되어 있는 기관으로 상기의 표를 감안하여 작성 요망

■ 추진체계(본 계획서 양식에서는 삭제된 부분) 및 본 사업계획서에 포함된 기관들을 모두 반영하여 누락 없이 작성함

■ 주관기관, 참여기관 그리고 위탁기관이 공식적인 수행기관으로 포함되는 대상이 되지만 일반적인 용역기관을 포함하지는 않음 (다음은 특별한 예외 경우임)

■ 수행기관 분류를 예시와 다르게 추가할 필요가 있는 경우는 상황에 맞추어 작성함

−외주용역처리란 주관기관의 추진체계에는 없으나 목업(mock-up) 등 외부 업체를 활용하는 경우를 의미함

■ 기술개발의 주요 핵심 분야 또는 정부지원 사업의 주된 기술개발 분야가 아니지만 개발 결과물을 구성하는 데 꼭 필요한 것은 외주용역으로 처리 가능함

■ 예를 들어 개발된 보드 등의 동작 환경 시험을 위해 필요한 케이스

제작 등은 목업 개발 업체 활용 가능함

■ 단, 양산을 위해 필요한 금형 제작은 사업에서 지원되지 않는 것이
일반적임

–기술개발 비중이란 전체 기술개발 내용을 100%로 하였을 경우에 각
수행기관에서 담당한 업무의 비중을 의미함

■ 기술개발 비중은 사업비 예산의 배분 비율 또는 담당 역할의 중요
성 비중에 의해 표현될 수 있으나 예산 배분 비율이 비교적 객관적
인 기준이 될 수 있으며, 주관기관이 50%가 넘도록 편성하는 것이
일반적이나 사업의 성격에 따라 다를 수 있음

■ 기관별 역할과 담당 업무의 비중 및 중요도를 나타내는 것이지만,
객관적으로 제시하기 위한 기준으로는 각 기관별 예산 배정의 비
율이 사용될 수 있음

참여기관, 위탁기관, 외주용역기관들의 역할로 1개 이상의 기관이 참
여하는 경우가 있다면, '담당 기술개발 내용' 항목 내에서 이를 구분하여
서술하거나, 또는 행을 늘려서 작성하는 요령도 필요하다.

4) 세부 추진 일정

차수	세부 개발내용	수행기관 (주관/참여 /수요처/ 위탁 등)	기술개발기간												비고
			1	2	3	4	5	6	7	8	9	10	11	12	
1차 년도	1. 예)계획수립 및 자료조사		■	■											
	2. 예)설계도면 작성				■	■									
	3. 예)진공펌프 설계						■	■							
	4. 예)전체시스템 구성								■	■					
	5. 예)시제품 설계										■	■			
	6. 예)시품 제작												■		

세부 추진 일정은 개발기간 동안의 개발 일정을 단계별로 계획된 내용을 보여주어야 한다. 앞서 작성한 기술개발 내용을 반영하여 어떤 '세부 개발내용'을 어떤 '수행기관'이 얼마의 기간 동안 수행하여 어떤 단계를 거치면서 결과물을 만들어 낼 것인가를 나타낸다.

세부 개발내용은

−소프트웨어 개발은 다음과 같은 단계를 개발기간 동안 진행하는 것이 일반적이지만, 기술 분야 별 기술의 성격과 제품 및 서비스의 유형 등에 따라 개발 단계를 달리할 수 있음

■ 요구사항 분석(Requirements Specification)
■ 설계(Design)

- 기초 설계

- 상세 설계

- 구현(Implementation)

- 시험(Testing)

- 내부 검증

- 외부 인증

- 배포(Deployment)

–다양한 개발방법론이 있고 이에 따른 개발 단계도 개발 목표 및 개발 대상에 따라 다를 수밖에 없으므로 각자 특성에 맞는 방법론의 단계를 참고하여 작성함

–위의 과정은 이론적인 과정에 해당하는 용어이므로 실제 각자의 개발 목표(기술, 제품, 시스템, 장치, 서비스 등)와 개발 과정에 맞도록 개발 대상을 기술적으로 구체화하고 필요한 경우 더 세분화된 과정으로 나누어 작성해야 함

- 절대 위에서 설명한 단계에 사용된 일반적인 용어들을 사용하지 않아야 함

–각 단계는 서로 선후 관계가 있거나 앞 단계의 결과물이 뒤 단계의 입력으로 사용되는 관계를 갖게 되므로 이를 추진 일정표에서 화살표 또는 점선 등의 효과적인 표현 방법을 활용하는 것이 바람직함

–비고란에는 계획 단계별 결과물, 개발 담당자, 또는 개발 과정을 구

창업과 중소기업을 위한 정부지원 사업 계획서 작성법

체화하여 설명하는 데 필요한 정보를 서술하는 용도로 활용함

－양식으로 제시된 일정표에 제한을 받지 말고 기본은 준수하되 더 세
분화된 단계와 구체적인 일정이 효과적으로 전달될 수 있는 차별화
된 방안을 적용하도록 노력함

(1) 실질적인 일정 계획표를 작성하자

일정 계획을 위해서도 양식을 채우기 위해서 형식적으로 작성한다는
생각을 버려야 한다. 실제 사업에 선정이 된 것으로 가정하고(사업에 선정
되지 않더라도 기술개발을 자체적으로 추진하겠다는 목표로) 어떤 일정
과 마일스톤을 세우고 진행할 것인지를 실질적인 일정 계획을 수립하여야
한다.

목표달성도 평가지표에서 기술개발 결과물의 성능 측정을 자체 평가
또는 외부 공인인증시험 기관 등을 활용한다고 하였다면, 이의 실행 시점
도 세부 추진 일정 표에 분명히 등록하는 것도 좋은 방법이다. 이러한 일
정 계획을 구체적으로 수립함으로써, 기술개발 기간이 지나서 사업이 종료
된 후에야 중요한 일들을 사후에 처리하는 잘못을 미연에 방지할 수 있다.

연구인력 주요 이력

사업계획서 양식의 4장 부분이다. 참여인력 중에서 주요 핵심 인력을
상세히 기술한다.

4. 연구인력 주요 이력

성 명 (구분)	경력사항			전 공 (학위)	최종학력
	연 도	기 관 명	근무부서/직위		
(과제책임자)	~				
	~				
(핵심개발자)	~				
	~				
(핵심개발자)	~				
	~				
(참여기업 과제책임자)	~				
	~				

※ 구분난에 과제책임자, 핵심개발자(2인 이내) 등 기입, 참여기업이 있을 경우 참여기업
연구책임자도 추가하여 작성

계획서 Part-1 또는 별도 예산 편성 자료 등에서 전체 참여 연구인력
을 작성하고 있지만, 본 계획서 Part-2에서는 주관 및 참여기관의 주요

연구인력의 이력을 자세히 작성하게 되어 있다. 주요 연구인력 자료를 통해 제안기관들이 기술개발에 필요한 충분한 능력을 갖고 있는 인력과 조직을 확보하고 있고, 기술개발을 문제 없이 추진하여 최종목표를 성실히 달성할 수 있음을 보여줄 수 있는 내용으로 작성하여야 한다.

작성 가이드라인의 내용은

―구분 난에 과제책임자, 핵심개발자(2인 이내) 등 기입, 참여기업이 있을 경우 참여기업 연구책임자도 추가하여 작성

- 주관기관의 과제책임자 1인과 핵심개발자 2인 이내로 작성을 권고하고 있으나 더 작성하는 것을 제한하지 않는 것으로 해석됨
- 참여기관이 있는 경우는 해당 기관의 책임자도 작성하는 것으로 되어 있으나 추가로 중요한 핵심개발자를 작성할 수도 있을 것임
- 기본적으로는 최종목표 기술개발 내용에 부합하는 적합한 인력으로 편성하여야 함
- 경력사항의 세부 항목들을 최종목표의 기술개발과 관련된 내용들이 포함되도록 작성하고 필요한 경우는 행을 추가하여 자세한 경력 사항을 제시할 수 있을 것임
- 참여연구원이 기업 내에서 개발 업무를 맡고 있지 않은 경우는 참여인력으로 인정 받지 못하므로 주의하여야 함

―전공(학위)과 최종학위가 기술개발 분야가 아니거나, 개발 대상과 거리가 있는 분야의 인력이 포함된 경우에는 경력사항의 이력을 통해 최종목표의 기술을 개발하기 위해 필요한 능력과 자질을 갖추게 된

것에 대한 충분한 보완 설명을 할 필요가 있음

■ 표 아래에 그 동안 참여한 개발 사업과 경력을 자세히 제시하여 필
  요한 개발 능력을 갖추고 있음을 제시하는 것도 좋은 방안임

■ 해당 기술개발 분야와 관련된 학력이 아니라고 하여 결격 사유가
  될 수는 없지만, 해당 분야의 개발 경력과 참여 이력이 없거나 또
  는 관련 기술 확보를 위한 직업 전공 교육 및 관련 활동 노력이 없
  었다면 경쟁상태에서는 불리한 입장이 될 가능성이 있음

연구시설장비 보유 및 구입현황

사업계획서 양식의 5장 부분이다. 연구시설장비 보유 및 구입현황 내용을 기술한다.

5. 연구시설·장비보유 및 구입현황

구 분		시설 및 장비명	규격	구입 가격* (백만원)	구입 년도	용 도 (구입사유)	보유기관 (참여형태)
기보유 시설· 장비 (활용가능 기자재 포함)	자사보유						(주)우리회사 (주관기관)
							자기개발(주) (참여기업)
		소계					
	공동 장비활용						
		소계					
신규 확보가 필요한 시설· 장비	임차						
		소계					
	구입						
		소계					

현재 보유하고 있는 연구시설과 장비를 정리하고, 이번 제안 과제의 수행을 위해 해당 예산으로 구입이 필요한 시설과 장비를 정리하는 부분이다.

- 이번 제안 과제를 수행하기 위해 사용할 시설과 장비 중에서 주관, 참여, 위탁기관들이 이미 확보하고 있는 것들을 정리함
  - 자사 보유는 주관, 참여, 위탁 기관이 구입하여 소유하고 있는 것이며 각 기관별로 정리하고 보유기관과 참여 형태를 표시함
  - 공동장비는 제안 기관들이 소유하지는 않았지만 국가기관, 연구협회, 연구센터, 산학지원단, 창업보육센터, 혁신센터 등과 같은 다양한 기관으로부터 실비 또는 무상으로 공동 활용할 수 있는 시설과 장비이며 각 사용기관 별로 구분하여 작성함

- 신규 확보가 필요한 시설과 장비는
  - 이번 과제를 수행하기 위해 참여하는 기관들이 구입하거나 또는 임차를 통해 확보가 필요한 중요한 시설과 장비를 말함
  - 기술개발에 필요한 소모성 부품과 재료들은 별도의 사업비 명세서 자료에 포함하여 작성하므로 여기에는 작성하지 않음
  - 임차 대상은 시설 및 장비 구입비가 과제 규모에 비해 너무 과도하거나, 또는 기술개발 완료 후 상시 보유와 운영이 필요하지 않는 경우에 활용하는 대상임

- 규격은 해당 장비 또는 시설의 특정할 수 있는 내용으로 작성하고 작성 칸이 내용을 작성하기에 작을 경우는 별도 주석을 달고 아래

창업과 중소기업을 위한 정부지원 사업 계획서 작성법

부분에 설명하는 것도 요령 있는 방법임

-각각의 시설과 장비가 앞 장의 기술개발 내용에서 어떻게 활용되는 지를 '용도(구입사유)'에서 잘 연계하여 작성하여야 함

-'소계'는 구입가격 컬럼의 금액만 합산함
-작성 내용 중에 해당 내용 또는 작성할 내용이 없는 경우는 필히 〈해 당 없음〉 이로 명시해주는 것이 필요함

■ 그냥 비워 둘 경우, 양식을 임의로 작성하지 않은 것으로 오해될 수 있으므로, 이미 검토하였으나 해당 내용이 없다는 것을 분명히 전달하는 것이 바람직함

기술개발 활용 및 사업화 방안

사업계획서 양식의 6장 부분이다. 사업화와 고용창출, 수출을 위한 제반 내용을 기술한다.

기술개발 활용 및 사업화 방안은 계획서 양식과 가이드라인에 설명되어 있는 바와 같이 기술개발이 완료된 이후에 진행할 사업화와 관련된 계획을 작성하는 것이다. 사업계획서의 평가가 크게 기술성과 사업성으로 구분되어 있고 평가 단계에 따라 그 비중이 달라지기도 하지만 제안사가 목표로 하는 사업성을 나타낼 수 있는 가장 중요한 부분이다.

사업화는 기술개발을 통한 결과물을 어떻게 제품으로 만들어 어떻게 양산하며 어떤 판매 전략으로 국내외 시장을 공략하여 어느 정도의 매출과 고용창출을 만들어 낼 수 있는지를 가급적 정량적 목표를 통해 제시할 수 있어야 한다.

–제품화 계획
■ 개발된 기술 또는 시제품이 즉시 판매가 가능한 상태가 아닌 경우에 이를 판매가 가능한 제품으로 상용화 개발하기 위한 과정과 일정을 포함하는 계획을 제시함

-양산 계획

■ 제품을 양산하기 위해 필요한 생산 시설, 장비, 인력 확보 등에 대한 방안과 계획을 제시함

-판매 계획

■ 마케팅, 홍보, 판로확보 방안에 대한 계획 및 판매전략 등의 계획을 제시함

-인력 계획

■ 제품화 개발, 양산, 판매 등에 필요한 인력 고용, 양성, 유지 방안 등의 계획을 제시함
■ 수출 계획
■ 해외시장 발굴을 위한 방안을 제시함
▪ 시장 및 고객 발굴 활동 계획
▪ 해외 경쟁 제품 분석 및 경쟁 전략 등

■ 해외 판매를 위한 계획을 제시함
▪ 마케팅, 판로확보, 판매전략
▪ 협력사를 통한 판매망 구축 및 확대 방안 등

논리적 전개를 활용하자

기술개발 사업계획서에서 개발 내용을 제외하고는 최종 결과물을 사

업 단계까지 연결시키기 위한 가장 중요한 부분이라고 생각된다. 여기서 작성할 내용은 위에서 보듯이 다양하고 구체적인 설명을 요구하고 있으므로, 이를 잘 전달하기 위해서는 이들 내용을 전후 상관관계를 연결하면서 논리적으로 전개해나가는 방법이 필요하다.

6-1. 개발기술 활용 및 제품개발 계획(기술적 파급효과 포함)
※ 기술개발결과의 활용분야 및 활용방안을 구체적으로 서술
※ 기술개발 결과 특성이 반영된 시제품이 최종 제품형태로 개발되는 동안의 계획과정을 자세히 설명

-
-

사업계획서의 기술개발 내용을 성공적으로 완료하고 난 뒤에 개발된 기술 또는 시제품을 제품으로 개발하기 위한 계획을 구체적으로 제시하여야 한다. 제목에 있듯이 기술적 파급효과를 포함하여 작성하여야 한다. 정부지원 사업이 기술개발 과제라 하더라도 기술개발로만 마무리되는 것은 아무런 의미가 없다. 기업 입장에서는 예산과 인력, 그리고 적지 않은 개발 기간이 투입되어 산출된 결과물을 사업화를 통해 제품으로 완성하여 매출을 발생시켜 기업이 성장하는 것이 최선일 것이고, 정부지원 사업의 취지를 충실히 따르는 것이 될 것이다.

본 절의 가이드라인에서

–기술개발 결과의 활용 분야 및 활용 방안을 구체적으로 서술
- 개발된 결과물을 활용할 수 있는 분야
- 결과물 자체(기술)보다는 이를 포함하는 소분류 내지는 중분류 정

도의 기술 분야 및 산업 분야를 제시함

▪ 개발된 기술 전체뿐만 아니라 일부 기술을 활용하여 적용할 수 있는 다양한 분야가 있는 경우는 해당 분야를 모두 제시하는 것도 바람직함

■ 활용 방안
▪ 최종목표에 부합하는 분야에서의 활용 방안을 구체적으로 제시함
▪ 다양한 분야에서 각각 어떻게 활용되는지를 그 방안에 대해서 설명하고, 이를 통해 개발된 기술이 매우 유용하고 가치 있는 기술임을 제시하게 됨

-기술개발 결과 특성이 반영된 시제품이 최종 제품형태로 개발되는 동안의 계획 과정을 자세히 설명
■ 제품화 개발 방안
▪ 개발된 기술과 시제품이 판매 가능한 제품 수준이 아니라면 이를 위해 사업을 성공적으로 완료한 사업 기간 종료 후에 추가 개발하기 위한 방안과 계획을 제시함
▪ 제품화가 완료된 후의 판매될 제품 형상을 구체화하여 설명하거나 제품의 사용 방법 및 고객 사용 사례까지 포함하여 설명하는 것도 바람직함

■ 제품화 과정
▪ 제품의 형상 및 사용 사례까지 정리되었다면, 최종 제품화 개발까

지 필요한 추진 과정을 단계별로 제시함
- 제품화에 필요한 추가 개발, 자체 검증, 공인 인증, 고객 평가 등을 포함하여 최종 단계까지 구체적으로 설명하는 것이 바람직함
- 사용자 및 관리자 매뉴얼, 제품 패키징, 고객지원 방안 등을 포함하여 제시하는 것도 계획의 구체성과 계획성을 나타낼 수 있음

－기술적 파급효과
- 개발된 기술의 전부 또는 일부를 확대 적용할 수 있는 다른 제품, 다른 분야, 또는 관련 산업의 기술 부분에서의 영향 및 파급효과를 제시함
- 개발된 기술의 일부 핵심 기술 요소를 활용하여 얻을 수 있는 간접적 효과도 포함하여 설명함
- 개발된 기술을 널리 보급 및 파급할 수 있는 방안을 제시함

6-2. 양산 및 판로 확보 계획
※ 제품화 이후의 양산 계획, 방법 및 양산 제품의 마케팅·판매전략 등 생산 및 판로 확보방안을 구체적, 객관적으로 서술

O
－
－

제품화가 완료되면 제품을 어떻게 양산하고 어떻게 판매할지에 대한 계획을 세운다. 양산 부분과 판매 계획 부분을 나누어 계획을 수립하는 것도 한 가지 방법이 될 것 같다.
본 절의 가이드라인은

-제품화 이후의 양산 계획, 방법 및

■ 양산 계획

▪ 제품화 과정을 통해 완성된 제품을 어떻게 양산할 지에 대해 절차 중심으로 계획을 수립함

▪ 하드웨어, 소프트웨어, 부품, 칩, 서비스 등 제품의 형상에 따라 양산 방법이 상이하므로 각자 제품 특성에 맞는 계획을 수립하여 제시함

■ 양산 방법(시설 및 장비 등)

▪ 필요한 경우 양산에 필요한 시설 및 장비가 무엇인지, 어떻게 준비하여 운영할지에 대한 계획을 제시함

▪ 양산 시설과 장비가 필요하지 않은 소프트웨어, 서비스와 같은 경우는 어떠한 형태 및 방법으로 고객에게 배포하는지에 대한 방안을 수립하여 제시함

-양산 제품의 마케팅·판매전략 등 생산 및 판로확보 방안을 구체적, 객관적으로 서술

■ 제품 판매 계획을 위한 내용으로 가능하다면 마케팅, 판로확보, 판매전략으로 나누어 작성함

■ 마케팅

▪ 제품화(상품화)와 판매 관련 내용까지 포함하는 것이 일반적이지만, 해당 내용이 별도로 포함되어 있으므로, 시장 관련 내용을 중심으로 제시함

- 시장 조사, 수요 예측, 가격 정책, 경쟁 제품 대책 및 광고와 홍보 등을 중심으로 구체적 상황을 분석 검토하여 정책 및 대책 방안을 제시함
- 외부 자료 및 인터넷 검색을 통해 수집된 각종 보고서와 통계자료를 바탕으로 시장 조사와 수요 예측 정보를 분석하여 작성함
- 가격 정책과 경쟁 제품 대책 등은 내외부의 전략적인 판단을 통해 마련된 방안을 제시함

- **판로확보**
- 시장 및 고객의 정의, 시장 및 고객의 발굴방안, 판매 경로 설정 등을 통해 판로확보에 대한 계획을 수립함
- 개발에 특화된 기업의 경우는 영업 및 판매를 위한 전략적 협력사 제휴 방안을 수립하는 것도 필요함
- 제품의 특성에 따라 B2B와 B2C 또는 B2G 등의 여러 가지 판매 모델에 대한 방안을 검토하여 제시함

- **판매전략**
- 제품의 기능, 성능, 가격, 서비스 등의 다양한 방안에 대한 검토를 통해 제품의 특성에 맞는 방안을 도출하여 제시함
- 제품 판매 이외에도 기술 판매, 기술 지원 등의 다양한 방법을 통한 판매 전략을 검토하여 제시함
- 자체 판매, 협력 판매, 총판 활용 등 다양한 판매 방식에 대한 검토 후 방안을 제시함

〈표 5〉 기술개발 후 국내·외 주요 판매처 현황

판매처	국가 명	판매 단가 (천원)	예상 연간 판매량(개)	예상 판매 기간(년)	예상 총판매금 (천원)	관련제품

※ 본 기술/제품 개발 완료 후 판매 가능한 판매처를 명기 하되 수요량은 파악이 가능할 경우만 작성
※ 관련제품의 경우 본 기술/제품 개발 완료 후 판매될 제품을 명기하되, 판매처에서 원부자재로 사용되는 경우 최종 제품 명기

제시된 양식(표)은 국내·외 주요 판매처 현황을 작성하는 것으로 B2B 또는 B2G 판매 모델인 경우는 판매처(구입기관)에 기관명을 기입하고, B2C 모델인 경우는 판매처를 '일반 고객'으로 기입하고 나머지 내용들은 전체 판매 예상 규모를 작성하는 것도 요령이 될 것 같다.

작성 가이드라인은

－본 기술/제품 개발 완료 후 판매 가능한 판매처를 명기하되 수요량 은 파악이 가능할 경우만 작성

■ 제품화 후에 판매가 가능하거나 판매가 예상되는 판매처를 중심으 로 작성함

■ 가급적 수요량을 충분히 검토하고 예측한 다음 제시하고, 수요량 을 예측하는 기준이 된 사항은 표 다음에 별도로 기입하여 제시하 는 것도 좋은 방법임

■ B2C 판매 제품인 경우도 판매처를 '일반고객'으로 기입하고 나머지 항목들을 작성하는 것이 바람직함

■ 금액과 수량 등의 단위는 신중히 확인하여 작성함

—관련 제품의 경우 본 기술/제품 개발 완료 후 판매될 제품을 명기하
되, 판매처에서 원부자재로 사용되는 경우 최종 제품 명기
■ 기술개발 당사자가 판매하는 경우는 자체 제품명을 명기함
■ 개발된 기술 또는 부품을 제3자에게 판매하고 그 회사(판매처)가
자신들의 제품과 서비스에 통합하거나 연계하여 활용하는 경우에
관련 제품 항목에는 판매처의 제품명을 기입함

〈표 6〉 사업화 계획 및 기대효과

구 분		( )년 (기술개발 전년)	( )년 (개발종료 해당년)	( )년 (개발종료 후 1년)	( )년 (개발종료 후 2년)
사업화 제품					
투자계획(백만원)					
판매 계획 (백만원)	내 수				
	직접수출				
	간접수출				
	계				
비용절감(백만원)					
수입대체(백만원)					

* 주1) 기술개발 전년은 최근 결산 재무제표를 기준으로 최신자료 활용
* 주2) 직접수출은 수출실적증명서(한국무역협회), 간접수출은 내국신용장(Local L/C), 구매확인서,
수출실적증명원(은행) 등으로 증빙하며 자료는 현장평가시 확인

양식의 〈표 6〉 사업화 계획 및 기대효과는 2017년 변경된 사업계획서
양식으로 대체해 놓았으며 기술개발 전년부터 개발종료 후 2년까지의 사
업화 제품을 위한 투자계획 및 판매 계획, 비용절감 그리고 수입대체 효

　창업과 중소기업을 위한 정부지원 사업 계획서 작성법

과를 작성한다.

2016년 양식에서는 상기표에 포함되어 있던 고용창출 부분은 아래와 같이 별도의 표로 분리하여 작성하도록 2017년 양식에 반영되었다. 무엇보다 사업을 통해 지속적인 고용 창출에 깊은 관심과 노력을 하고 있음을 나타내고 있다.

〈표〉 고용 현황 및 기대효과

구 분	( )년 (기술개발 전년)	( )년 (개발종료 해당년)	( )년 (개발종료 후 1년)	( )년 (개발종료 후 2년)
신규고용(명)				
상시고용(명)				

* 주) 기술개발 전년은 최근 원천징수이행상황신고서를 기준으로 기입, 자료는 현장평가시 확인

－사업화 제품
■ 기술개발의 결과를 제품으로 만들었을 때의 제품명을 기입하고, 만약 제품 버전업(Version Up) 계획이 있다면 각 해당 연도에 버전업 된 제품명으로 기입함

－투자계획
■ 제품화, 버전업, 업그레이드, 마케팅, 판매 및 개발 및 지원 인력 등에 소요되는 투자계획이 있다면 이를 반영하여 기입함
■ 제품화를 통한 사업을 진행하기 위해서는 필히 비용이 소요되므로 예측되는 인력, 개발, 양산, 마케팅, 판매 등에 필요한 비용을 산정하여 투자비용으로 제시함

-판매 계획
- 내수와 수출로 나누어 작성함
- 만약 제품 및 기술 판매가 개발 종료 후 바로 추진될 수 없는 경우
는 이를 반영하여 사업화 연도를 조정하여 제시함
- 기본적으로 개발 종료 해당년부터 사업화가 진행되는 것이 바람직
한 사업의 경우는 개발 준비 단계부터 이를 반영하여 계획하고 개
발을 추진하는 것이 바람직함

-수입대체 효과
- 개발된 기술 또는 제품이 수입되고 있거나 수입이 추진되고 있는
해외 기술과 제품을 대체하는 효과를 수입 비용으로 추산하여 제
시함
- 해외 경쟁 기술과 제품이 있는 경우는 표 하단에 해당 내용(제품,
가격, 수입 수량 등)이 제시하는 것이 필요함
- 동일한 제품과 기술이 아니더라도 대체 가능한 기술과 제품이 있
다면 이를 포함하는 것도 바람직함

-고용 창출
- 본 사업계획서 제출 단계에서도 개발에 필요한 신규인력을 계획하
고 채용하였을 수도 있지만, 기술개발 종료 후에도 사업화 단계에
서 소요되는 추가 인력 채용 계획을 반영하여 어느 정도의 고용창
출이 예상되는지 작성함
- 다음에 중복되는 고용 관련 작성 부분이 있으나 누락하지 말고 작성함

창업과 중소기업을 위한 정부지원 사업 계획서 작성법

6-3. 고용창출 효과 및 고용의 질 향상

※ 중장기적 고용창출 및 고용유지를 위한 자체적 방안을 구체적, 객관적으로 서술

○ 기술개발을 통한 고용창출 효과 및 신규인력 채용 계획

–

○ 고용유지를 위한 복리후생 등 기업 자체적 방안

–

–

○ 신규인력에 대한 교육 프로그램 등 기술인력 육성계획

–

–

　고용창출 효과 및 고용의 질 향상은 무엇보다도 본 과제의 기술개발을 통해 기업이 사업 확장과 함께 성장을 하면서 더 많은 인력들을 고용할 수 있는 기회를 만든 내용과 채용한 인력들의 지속적인 고용 유지를 위한 방안 및 인력 육성 계획을 수립하여 제시하도록 한다.

　–기술개발을 통한 고용창출 효과 및 신규인력 채용 계획

- 사업계획서의 개발 기간 동안 채용할 신규인력을 포함하여 개발 종료 후에도 관련 사업화를 위해 필요한 인력 채용 계획을 3년~5년 이후까지의 계획을 수립함

- 기술개발 인력뿐만 아니라 지원인력 등도 구분하여 제시하는 것도 바람직함

- 고용 계획 대상 인력들의 사업화 과정에서 담당 분야 및 역할에 대해서도 제시함

–고용 유지를 위한 복리후생 등 기업 자체적 방안

- 기존 인력 및 신규 채용 인력들의 이직이 최소화 될 수 있는 방안을 수립하여 제시함
- 본 사업계획서와 별도로 기업이 이미 실행하고 있는 복리후생 및 고용 유지를 위한 프로그램을 설명함
- 산업 분야의 특성과 기업의 성격에 따라 특화된 방안을 제시하는 것도 필요함

–신규인력에 대한 교육 프로그램 등 기술인력 육성 계획

- 신입 혹은 경력 채용 인력들의 과제와 관련된 기술 교육 프로그램을 제시함
- 사업화 및 차기 프로젝트 등을 위한 기술인력 육성 계획을 수립하여 제시함
- 기술개발과 관련된 내부와 외부 기술 교육 프로그램과 현황 등과 교육 계획을 수립하여 제시함

6-4. 개발제품의 수출 가능성

※ 개발제품의 수출가능성 및 해외시장 발굴을 위한 방안을 구체적, 객관적으로 서술

○ 해외 마케팅 전략 및 제품 경쟁력

–

–

○ 해외시장(또는 고객) 발굴을 위한 정보수집 활동 계획

–

–

창업과 중소기업을 위한 정부지원 사업 계획서 작성법

개발된 제품의 수출을 위해 필요한 방안을 제시하여야 한다. 제품의 차별성 있는 경쟁력으로 수출 가능성을 높일 수 있도록 사전에 검토하고 사업계획서에 이를 반영한 기술개발 내용이 포함되도록 하는 것이 필요하다. 이제는 세계 시장을 대상으로 하지 않는 기술개발의 사업화는 한계가 있다. 기본적으로 세계 무대를 기본 시장으로 두고 기술과 제품 개발을 통해 사업을 추진하는 것이 기본이고 필수이므로 수출 가능성 관련 내용을 사업계획서에 포함하고 있는 것으로 생각된다.

−개발 제품의 수출가능성 및 해외시장 발굴을 위한 방안을 구체적, 객관적으로 서술

■ 개발 제품의 수출 가능성을 높이기 위한 방안을 구체적이고 객관적으로 제시함
■ 해외 시장 발굴을 위한 방안을 구체적이고 객관적으로 제시함

이를 다음의 항목에서는

−해외 마케팅 전략 및 제품 경쟁력

■ 수출을 위해 필요한 제품 경쟁력이 무엇인지 도출하고 이를 과제 계획 목표에 반영되어 있어야 함
■ 해외 경쟁 기술과 제품의 비교 및 경쟁 극복 방안을 도출하여 반영하고 제시함
■ 해외시장 및 고객 발굴을 위한 시장 조사, 수요 예측, 가격 정책, 경쟁제품 대책 및 광고와 홍보 방안의 계획을 수립하여 제시함

−해외시장(또는 고객) 발굴을 위한 정보 수집 활동 계획

- 해외 및 국내의 국제 전시회 참가 및 참석을 통한 제품 홍보 및 시장 동향 파악 계획 및 방안을 제시함
- 사업화가 중요한 사업인 경우는 과제 수행 예산 편성 중 해외 전시회 참가 및 출장의 근거와 연계되는 것이 필요함

- 컨설팅 전문 기업을 통한 해외 시장 및 고객 동향 조사 및 분석 계획 및 방안을 제시함
- 기술 발전 및 산업 동향의 추이에 따른 변화 예측과 대응 계획 및 방안을 제시함

창업과 중소기업을 위한 정부지원 사업 계획서 작성법

2017년 사업계획서

　앞에서 언급하였지만 중기청은 2017년 사업계획서 양식을 변경하였다. 기업을 포함한 주관기관 및 참여기관들이 계획서를 준비하고 작성하는 부담을 조금이라도 덜어주기 위한 노력으로 생각된다.

　이 책에서는 2016년의 양식을 기준으로 설명하고 있지만, 일부를 제외하고 거의 대부분의 내용이 사업계획서와 세부 설명자료에 포함되어 있다. 다만 크게 차이가 있는 부분은 과거의 계획서 작성 분량에 제한이 없었던 반면에 변경된 사업계획서는 작성 분량에 제한을 두어 부담을 실질적으로 덜어 줄 수 있는 장치를 마련한 것이다.

　제한된 페이지 내에서 개발하고자 하는 내용을 경쟁력과 차별성을 갖추고 전달하는 것이 쉽지 않을 수도 있으나 이 책에서 제시한 여러 가지 방안들을 잘 반영하고 각자의 독창적인 방법을 가미하는 것이 필요하다.

　아래 표는 2016년 사업계획서 양식과 2017년 변경된 내용들을 비교하여 정리한 내용이다. 창업성장기술개발사업 또는 중소기업기술혁신개발사업에 적용하기 위해 어떤 부분을 활용하면 되는지 확인할 수 있다.

2016년 사업계획서	2017년 사업계획서
	사업계획서 : 5페이지 이내로 작성
1. 개요 및 현황 1-1. 개발기술 개요 o 개발 필요성 1-2. 관련기술 및 시장현황 o 관련기술현황(지식재산권 확보·회피방안 포함) 〈표1〉 국내외 관련지식재산권 현황 o 목표시장의 경쟁현황 〈표2〉 국내·외 시장 규모 〈표3〉 국내·외 주요시장 경쟁사	1. 기술개발의 개요 및 필요성 (0.5p)
2. 기술개발 준비현황 o 선행연구 결과 및 애로사항 o 보안등급 o 연구실 안전조치 이행계획 o 수행기관 정부연구개발사업 참여현황	
3. 기술개발 목표 및 내용 3-1. 기술개발 최종목표 〈표4〉 목표달성도 평가지표 3-2. 기술개발 내용(기술의 독창성 및 도전성 포함) 3-3. 수행기관별 업무분장 3-4. 세부 추진일정	2. 기술개발의 목표 (1p) 2.1 최종목표 2.2 목표 달성도 지표 3. 기술개발의 방법 (2p) 〈주관기관 개발내용〉 〈참여기업, 위탁연구기관 등의 개발내용〉
4. 연구인력 주요 이력	
5. 연구시설·장비보유 및 구입현황	
6. 개발기술 활용 및 사업화방안 6-1. 개발기술 활용 및 제품개발 계획(기술적 파급효과 포함) 6-2. 양산 및 판로 확보 계획 〈표5〉 기술개발 후 국내외 주요 판매처 현황 〈표6〉 사업화 계획 및 기대효과 6-3. 고용창출 효과 및 고용의 질 향상 6-4. 개발제품의 수출 가능성	4. 사업화 계획 (1.5p) 4.1 제품화 및 양산, 판로개척 4.2 해외시장 진출 계획 4.3 고용현황 및 기대효과
	세부 설명자료 : 15페이지 이내로 작성 (사업비 비목별 소요명세서 포함)

	□ 개발 기술의 독창성·차별성 〈표〉 개발대상 기술(제품, 서비스 등) 관련 지식재산권
	□ 기술개발 관리체계 〈표〉 수행기관별 업무분장 〈표〉 세부 추진일정 〈표〉 연구인력 주요 이력 〈표〉 연구시설·장비보유 및 구입현황
	□ 기술개발 이후 계획 〈표〉 기술개발 후 국내외 주요 판매처 현황 〈표〉 현재 및 미래의 국내·외 시장규모 〈표〉 국내·외 주요시장 경쟁사 〈표〉 사업화 계획 및 기대효과 〈표〉 고용 현황 및 기대효과
[별지] 사업비 비목별 소요명세 1. 사업비 총괄 2. 주관기관 사업비 총괄 3. 참여기업 사업비 총괄 4. 사업비 비목별 소요명세	□ 사업비 비목별 소요명세 1. 사업비 총괄 2. 주관기관 사업비 총괄 3. 참여기업 사업비 총괄 4. 사업비 비목별 소요명세

위에서 보는 바와 같이 2016년 양식에서 2. 기술개발 준비현황 부분은 계획서에서 제외되었고, 〈표4〉 목표달성도 평가지표를 제외한 모든 표들과 4장 연구인력 주요 인력, 5장 연구시설장비보유 구입현황 부분, 그리고 기술개발 내용에 포함되어 있던 기술의 독창성과 차별성 부분을 세부 설명자료에 포함하였다.

일부 사업에서는 2. 기술개발 준비현황을 작성을 요구하는 경우도 있으므로 해당 내용은 앞 절의 해당 부분을 참고하면 준비하는 데 도움이 될 것이다.

2017년 양식에서 본문에 해당하는 사업계획서 부분은 5페이지 이내에서 작성하도록 권고하고 있으며, 세부 설명자료는 사업비 비목별 소요명세서를 포함하여 15페이지 이내로 작성을 권고하고 있다. 아울러 일부 목차 제목들은 변경이 되었으므로 잘 확인하고 내용이 누락되거나 취지와 다른 내용이 들어가지 않도록 주의한다.

세부 설명자료는 예산을 제외하고 크게 3개의 그룹으로 나누어져 있고 첫 번째 개발 기술의 독창성·차별성 부분은 본 장의 2) 기술개발 내용에 2017년 작성요령을 포함해 놓은 것과 같이 구체적인 개발 기술의 특성들이 제시되어야 한다.

두 번째 기술개발 관리체계 부분에서도 주관기관 그리고 참여기관과 위탁기관들의 강점을 반영한 역할 분담과 시너지 효과를 얻을 수 있는 업무 추진 전략 등이 제시되는 것이 필요할 것 같다.

세 번째 기술개발 이후 계획은 2016년 6장(2017년 4장) 사업화 계획과 연계하여 실질적이고 구체적인 방안들이 제시되어야 하며, 2017년 양식의 작성 요령은 다음과 같이 가이드라인을 제시하고 있다.

사업비 비목별 소요명세 부분은 5장 사업비 명세서 작성법에서 설명하는 내용을 참고하여 작성하도록 한다.

작성 요령

○ 양산 제품의 마케팅·판매전략 등 판로확보방안
○ 경쟁사(경쟁제품) 분석을 위해 SWOT 등을 이용하여 요소기술/제품/서비스의 시장경쟁력 분석

상기 작성 요령에 포함된 내용 중에 앞의 사업화 부분 설명에서 언급하지 않은 내용은 SWOT 분석 기법이다. SWOT 분석의 4가지 요소를 가끔 잘못 사용하는 경우가 있는데, 강점(Strengths)과 약점(Weaknesses)은 자기 자신, 즉 기업에 해당하는 내부 요인이고, 기회(Opportunities)

와 위협(Threats)는 외부 요인이다.

즉 내가 가진 약점을 어떻게 극복하고 내가 가진 장점을 어떻게 활용하여 외부의 위협을 어떻게 극복하고 외부의 기회를 어떻게 활용할 것인가를 분석하는 것이 SWOT 분석 기법이다. 4개로 나누어진 사분면에서 이들 4가지 요소를 나열하는 경우도 있지만, 실질적인 방법은 다음 그림과 같은 분석 기법을 통해 문제 극복과 성공 전략을 수립하게 된다.

〈표4.4 SWOT 분석 전략〉

내적요소 외적 요소	강점(S)	약점(W)
기회(O)	**SO 전략** 기회로부터 이익을 얻기 위해 강점을 활용하는 전략	**WO 전략** 약점을 극복하고 기회를 살리는 전략
위협(T)	**ST 전략** 위협을 회피하기 위해 강점을 활용하는 전략	**WT 전략** 약점을 최소화하고 위험을 회피하는 전략

2017년 사업계획서를 준비하기 위한 요령과 전략을 살펴보자.

(1) 계획서 초안은 분량에 제한을 두지 말자

수정된 사업계획서에서 1장의 경우 0.5페이지 이내로 작성할 것으로 권고하고 있다. 처음부터 이 분량에 맞추어 정리해나가는 것은 쉬운 일이 아니다. 머리 속에서는 여러 가지 생각과 아이디어와 계획과 방안들이 넘쳐나는데 이를 한 번에 정리한다는 것은 웬만한 전문가가 아니라면 불가능한 일이다. 따라서 초안을 만드는 과정에서는 분량에 제한 받지 말고 원하는 대로 작성하도록 하자.

(2) 초안에서 일관된 방향을 찾자

작성된 초안을 여러 번 반복하여 검토하면서 최종목표 달성을 위해 전체 맥락이 일관된 방향으로 논리적으로 전개되도록 계획서 내용들의 순서를 정리한다.

(3) 핵심을 요약하고 축약하자

방향과 순서가 정리된 초벌 계획서에서 문장과 용어를 다듬어 핵심 내용을 전달할 수 있도록 한다. 서술식은 개조식으로 바꾸고, 문장은 구문으로 바꾸고, 구문은 키워드로 바꿔가면서 한눈에 전달하고자 하는 핵심이 드러나도록 요약하고 축약하면서 제한된 분량에 맞도록 정리한다.

앞 부분의 과제명 도출 방법을 다시 한 번 살펴보고 이를 활용하는 것도 좋은 방법이 될 것 같다.

(4) 시각적 효과를 부가한다

작성 분량이 적더라도 중요한 내용들은 글자체, 크기 및 색깔 등의 시각적 효과를 활용하여 간과되지 않도록 강조한다. 다만 과유불급(過猶不及)이란 말이 있듯이 너무 지나치게 많은 효과를 사용하면 오히려 중요한 내용을 놓칠 수 있으니 적절한 수준을 유지하는 것이 좋다.

(5) 세부 설명자료를 활용하자

계획서의 본문(5페이지 이내)에서 다 전달할 수 없었던 내용들은 세부 설명자료의 적절한 부분에 배치하여 중요한 내용을 빠뜨리지 않도록 한다. 세부 설명자료는 3그룹의 내용 중에서 각 그룹별로 개요 부분을 작성하는 영역도 있지만 나머지는 거의 표 형식으로 구성되어 있어서, 본 계획서를 충분히 보완할 수 있는 공간이 있다.

(6) 필요한 경우 표 내용을 설명한다

세부 설명자료의 많은 부분들이 표 형식으로 구성되어 있지만, 표만 으로는 그들의 의미를 정확하게 전달할 수 없는 경우가 있다. 이러한 경 우는 해당하는 표에 대해 앞뒤 부분에서 그 내용을 구체적으로 설명하여 이해를 돕는 것이 좋다.

(7) 작성전략과 점검 요령 등으로 최종 확인한다

3장과 4장 그리고 나머지 부분에서 습득한 지식과 전략, 요량 등으로 다시 한번 점검하여 최종 마무리 한다.

2018년 사업계획서

중기부는 2018년 사업계획서 양식을 다시 변경하였다. 기업 부담을 줄이기 위해 사업계획서를 적은 분량으로 줄였지만 기업이 개발 계획 내용을 충분히 전달할 수 없다는 의견을 반영하여 15페이지 이내로 작성분량을 조정하고 작성 목차를 조정하였다.

특히 사업비 명세서는 서면평가가 통과한 기업만 제출하도록 개선한 것은 매우 바람직한 것으로 생각된다. 평가 절차에서도 예년과 달리 현장조사를 대면평가 이후에 진행하여 효율적인 방향으로 바뀌었다.

아래 표는 이 책에서 2016년 양식 기준으로 설명한 사업계획서의 목차와 2018년 변경된 목차에 매핑해 놓은 것으로 새로운 사업계획서 작성에 참조하여 활용하기 바란다.

창업과 중소기업을 위한 정부지원 사업 계획서 작성법

〈표4.3 신·구 사업계획서 활용 비교표〉

2016년 사업계획서	2018년 사업계획서
	사업계획서 : 15페이지 이내로 작성(창업성장기술개발) 주의) 제한을 두지 않는 사업도 있음
1. 개요 및 현황 1-1. 개발기술 개요 o 개발 필요성 1-2. 관련기술 및 시장현황 o 관련기술현황(지식재산권 확보·회피방안 포함) 〈표1〉 국내외 관련지식재산권 현황 o 목표시장의 경쟁현황 〈표2〉 국내·외 시장 규모 〈표3〉 국내·외 주요시장 경쟁사	1. 기술개발 개요 및 필요성 3.2 지식재산권 확보회피 방안 7.2 국내·외 시장규모 7.3 국내·외 주요시장 경쟁사
2. 기술개발 준비현황 o 선행연구 결과 및 애로사항 o 보안등급 o 연구실 안전조치 이행계획 o 수행기관 정부연구개발사업 참여현황	3. 기술개발 준비현황 3.1 선행연구 결과 및 애로사항 (3.2 지식재산권 확보회피 방안) 3.3 기술유출 방지대책
3. 기술개발 목표 및 내용 3-1. 기술개발 최종목표 〈표4〉 목표달성도 평가지표 3-2. 기술개발 내용(기술의 독창성 및 도전성 포함) 3-3. 수행기관별 업무분장 3-4. 세부 추진일정	4. 기술개발 목표 및 내용 4.1 기술개발 최종목표 4.2 기술개발 내용 4.3 수행기관별 업무분장 4.4 세부 추진일정 2. 개발기술의 독창성 및 차별성
4. 연구인력 주요 이력	5. 주요 연구인력
5. 연구시설·장비보유 및 구입현황	6. 연구시설·장비보유 및 구입현황
6. 개발기술 활용 및 사업화방안 6-1. 개발기술 활용 및 제품개발 계획(기술적 파급효과 포함) 6-2. 양산 및 판로 확보 계획 〈표5〉 기술개발 후 국내외 주요 판매처 현황 〈표6〉 사업화 계획 및 기대효과 6-3. 고용창출 효과 및 고용의 질 향상 6-4. 개발제품의 수출 가능성	7. 사업화 계획 7.1 사업화 실적 (7.2 국내외 시장규모) (7.3 국내외 주요시장 경쟁사) 7.4 제품화 및 양산, 판로개척 7.5 투자 및 판매계획 7.6 해외시장 진출 계획 8. 고용유지 및 고용창출 계획

위에서 보는 바와 같이 2018년 양식에서 2016년과 비교하여 새로이

추가된 부분은 다음과 같다.

- ✓ 3.3 기술유출 방지대책
- ✓ 7.1 사업화 실적
- ✓ 7.6 해외시장 진출 계획

변경된 사업계획서의 가이드 라인에 맞추어 추가된 내용을 작성하기 위한 요령을 살펴보자.

⟨3.3 기술유출 방지대책⟩

작성 요령

○ 신청과제에 대한 R&D산출물(사업계획서, 최종보고서, 연구노트, 실험데이터, 디자인·설계도, 기타 결과물 등)에 대한 무단복제, 외부유출 등 기술유출 방지대책에 대해 서술

신청과제의 기술개발을 추진하면서 만들어지는 R&D 산출물인 사업계획서, 최종보고서, 연구노트, 실험데이터, 디자인설계도 및 기타 결과물 등이 무단 복제 되거나 외부유출 등이 된다면 과제 수행 기업에 막대한 피해를 주고 정부지원을 통한 기술개발 사업의 목적을 훼손할 수 있으므로 기술유출 방지대책을 위한 방안과 계획을 구체적으로 제시하여야 한다.

가이드라인에서 예로 든 산출물은 다음과 같이 구분된다.

- 유형의 산출물 : 사업계획서, 최종보고서, 연구노트, 실험데이터, 디자인·설계도, SW, HW
- 무형의 산출물 : 기술, 알고리즘, 노하우, 특허, 비즈니스 모델, 개념

이러한 산출물들의 외부유출과 기술유출을 막기 위해 보안 시스템과 체계가 마련될 필요가 있다.

- 시스템 보안 체계 : 자료 관리
- 연구인력 보안 체계 : 인력 관리

위와 같은 일반적인 방안 이외에도 각 과제의 특성과 기업의 기술과 사업 분야에 따라 여러 가지 특화된 방안이 검토되고 바람직한 내용으로 기술유출 방지대책을 마련해야 한다.

〈7.1 사업화 실적〉

사업화 계획 부분에 포함되어 있는 사업화 실적은 아래 표와 같이 사업화 품목, 품목 용도, 품질 및 가격경쟁력, 수출여부, 판매채널 항목으로 구성되어 있고, 표 아래 가이드라인에서 보듯이 내수와 수출 모두 포함하여 최근 5년 이내 실적으로 주력품목 중심으로 제시하라고 되어 있다.

사업화 품목명 (사업화 연도)	품목용도	품질 및 가격경쟁력	수출여부	판매채널 (온·오프라인)
		작성 예) 제품 단가가 xx국가 경쟁기업 xx사 대비 10% 낮아 가격경쟁력이 있고 품질은 세계시장에서 유사한 수준으로 평가됨	수출	작성 예) 베트남 현지 xx 에이전시 활용

※ 기업의 사업화 실적(내수, 수출 모두 제시) 에 대한 내용 제시 (최근 5년 이내 실적제시, 판매 주력 제품을 중심으로 제시)

창업기업이 전혀 사업화 실적이 없을 수도 있고 또는 내놓기 부끄러운 작은 실적이 있을 수 있겠지만, 있는 그대로 제시하면 좋을 것 같다. 때에 따라서는 대표자가 이번 창업기업 이전에 만들었던 사업화 실적을 포함하여 제안하는 것도 나름의 능력과 경험을 나타낼 수 있는 방법이라 생각된다.

이번 신청한 과제의 기술 및 서비스와 관련성이 많은 사업 실적이면 더 좋겠으나, 그렇지 않더라도 기업 대표자의 능력과 사업화 경험을 통한 사업화 의지가 충만해 있음이 전달될 수 있어야 한다.

〈7.6 해외시장 진출 계획〉

작성 요령

○ 개발대상 기술(제품, 서비스)의 현지 시장분석 및 해외마케팅 전략, 경쟁사 제품·서비스 분석
○ 현재 직·간접 수출액이 없더라도 기술개발을 통한 해외진출 방안·계획을 기술

이제는 국내 시장만 바라보고 기술개발을 한다는 것은 희망이 없는 일을 한다는 것과 같은 의미 같다. 창업 기업, 작은 기업이라도 세계 시장을 내다보고 기술개발을 하지 않는다면 바로 도태될 수 밖에 없는 환경으로 바뀌었다.

해외시장 진출 계획은 작은 규모, 작은 기술이라도 큰 시장, 세계 무대를 목표로 기술개발을 통한 결과를 해외 진출에 적합하도록 준비하여 추진 계획을 수립하라는 것이다.

이를 위해 가이드라인에서 제시한 내용들은 다음과 같다.

- 개발대상 기술(제품, 서비스)의 현지 시장분석 및 해외 마케팅 전략, 경쟁사 제품서비스 분석

- 현재 직간접 수출액이 없더라도 기술개발을 통한 해외진출 방안계획을 기술

　해외 시장과 주요 경쟁사 등은 7장에서 조사하고 분석한 내용들이 있으므로 이를 활용하되, 해외 마케팅 전략과 해외진출 방안은 단순히 전시회와 박람회 참석만을 언급하는 수준으로 마무리 하지 말고, 구체적인 시장과 고객 접근 방안과 추진 계획 등을 포함하여 주요 핵심 고객(기업)을 제시할 수 있어야 한다.

　실질적인 해외진출을 위해서는 기술개발 기간 중에도 현지화에 필요한 사항을 조사 분석하고 수시로 개발 내용에 반영하여야 하고, 해외 바이어 및 해외 고객들과의 협조와 협력을 통해 경쟁력을 갖춘 차별화된 기술과 제품, 서비스가 개발되도록 노력해야 한다.

제 5 장

사업비 명세서 작성법

기술개발 사업에서 가장 중요한 것은 핵심 기술이고 이를 구현하고 실행하는데 필요한 실질적인 도구가 사업비이다. 사업비 명세서의 인건비, 개발 장비 및 재료비, 시작품 제작경비 그리고 연구활동비와 연구과제 추진비 등이 기술개발 과정과 사업화 준비 등에서 어떻게 유용하게 사용될 예정인지를 사업계획서의 기술개발 내용과 연계하여 작성하는 것이 중요하다.

사업비 비목별 소요명세서는 정부출연금과 민간부담금을 어떻게 사용할 것인지에 대한 개발 예산의 사용 계획이다.

해당 과제의 전체 총괄 사업비와 과제에 참여하는 주관기관과 참여기관 별 총괄 사업비, 그리고 각 기관별 인건비, 연구장비 및 재료비의 상세 소요 명세서를 포함하고 있고, 만약 주관기관이 위탁기관을 활용한다면 이의 내용도 같이 포함하여야 한다.

작성할 내용 목차는 다음과 같이 구성되어 있다.

〈표5.1 사업비 소요명세서 목차〉

사업비 비목별 소요명세서 목차	
목차	내용
1. 사업비 총괄	과제 수행에 소요되는 출연금과 민간부담금을 포함하는 전체 예산 총괄표
2. 주관기관 연차별 사업비 총괄	주관기관에 편성된 출연금과 민간부담금을 포함하는 전체 예산 총괄표
3. 참여기관 연차별 사업비 총괄	참여기관에 편성된 출연금과 민간부담금을 포함하는 전체 예산 총괄표
4. 사업비 비목별 소요명세	
4-1. 주관기관 사업비 비목별 소요명세 (1) 주관기관 직접비 소요명세 ○ 인건비 소요명세 ○ 연구장비·재료비 등 소요명세 ○ 위탁연구개발비 소요명세 (2) 주관기관 간접비 소요명세	주관기관이 계획한 사업비의 구체적인 비목별 소요 명세서로 인건비, 장비 및 재료비를 포함하며, 위탁기관(대학 등)이 있는 경우는 교수, 학생, 외부 인건비와 장비 및 재료비가 포함됨
4-2. 참여기업 사업비 비목별 소요명세 (1) 참여기업 직접비 소요명세 ○ 인건비 소요명세 ○ 연구장비·재료비 등 소요명세 (2) 참여기업 간접비 소요명세	참여기관이 계획한 사업비의 구체적인 비목별 소요 명세서로 인건비, 장비 및 재료비를 포함

작성 가이드라인에서, '전산 입력된 비목별 총괄의 합산 금액과 일치

하도록 작성하여야 하며, 불일치 작성 시 감점요인 및 불이익처분을 당할 수 있으며, 시스템에 입력된 사업비 합계와 아래의 소요명세의 합계가 틀릴 경우, 시스템에 입력한 세목별 총괄 금액을 기준으로 처리하는 것을 원칙으로 함'이라고 되어 있으므로 주의하여 작성하도록 하고, 다음에 제시한 예산 편성 지침을 유념하도록 한다.

예산 편성은 최종목표 달성 전략을 반영한다

예산 편성은 사업계획서에 포함된 기술개발의 최종목표를 성공적으로 수행하기 위해 필요한 예산의 전략적 배분 계획이다.

예산의 규모와 관계없이 제안기관들이 최종목표를 달성하기 위해 인력 충원 및 보강에 중점을 두고 추진하는지, 또는 필요한 시설과 장비, 그리고 재료들의 확보를 통해 추진하는지, 아니면 융합 기술과 제품 개발을 위해 여러 기업 및 대학 등과의 협력에 강점을 두고 추진하는지 등등 여러 가지 방안들과 기술개발의 비중이 예산에 나타나게 된다.

따라서 사업의 성격뿐만 아니라 사업의 추진 전략에 따라 예산 편성의 특성이 나타나므로 사업 특성에 맞지 않는 예산 편성이 되지 않도록 주의를 기울여야 한다. 예를 들어 소프트웨어 개발인데 인건비가 낮게 편성되거나, 하드웨어 개발인데 재료비가 너무 적게 배정되거나, 기술개발 사업인데 외주용역 개발을 지나치게 많이 편성하거나 또는 사업화 단계에서 소요되는 비용을 기술개발 중심 사업에서 많이 편성하는 경우 등이 일부 사례가 될 수 있다.

예산 편성 근거가 분명해야 한다

개발 부분에서도 얘기하였지만 연구장비와 재료가 어떠한 기술개발 부분에서 어떤 용도로 사용되는지 구체적인 내용들을 설명하는 것이 필요하고, 비목별로 배정된 예산들이 기술개발의 활동 계획과 대응되도록 편성하는 것이 신뢰성 있는 예산 편성 전략이 될 것이다.

기술개발 내용 이외에도 사업화와 관련된 국내외 전시회 참가 및 시장과 정보 수집을 위한 활동 계획 등도 예산 편성에 대한 근거가 분명하게 사업계획서에 반영되어 있어야 하고, 본 과제의 참여인력 규모에 맞는 간접 비용들이 적절한 수준에서 편성되는 것이 올바른 방법이다.

정부출연금보다 실 소요비용에 맞추어라

모든 정부지원 사업들이 지원이 가능한 최고 정부출연금을 사업공고의 내용에 포함하여 공지된다. 제안사 대부분이 최대의 지원금을 받기를 원하겠지만, 각 제안사가 계획하는 개발 내용과 방법이 동일하지는 않으므로 각자 필요한 개발 비용이 다르고, 이 개발 비용이 최대 지원되는 정부출연금을 넘어설 수도 있지만, 경우에 따라 넘지 않는 경우도 있을 것이다.

필요한 예산이 최대 지원금을 넘지 않도록 신청하는 것이 기본이지만, 최대 지원금을 받지 않고도 수행할 수 있는 경우라면 정부출연금에 맞추어 불합리한 예산 계획을 세우는 것보다는 현실적인 목표와 계획에 맞추어 최대 정부지원 예산보다 낮은 예산 계획으로 제안하는 것이 더 성실하고 신뢰성 있는 계획서가 될 것이다.

창업과 중소기업을 위한 정부지원 사업 계획서 작성법

민간부담금은 사업 의지의 표현이다

민간부담금은 정부출연금에 대응하여 기업이 부담하는 예산인 것은 알고 있을 것이다. 정부 출연금이 전체 예산에서 차지하는 최대 비율을 정해놓았는데 중기청의 창업성장기술개발 사업의 경우, 정부출연금이 5천만원이라면 다음과 같이 구성된다(%는 반올림처리 함).

| 정부출연금
(65%) | 민간부담금(35%) = 26,924 | | 단위(천원) |
	현금(40%)	현물(60%)	합계
50,000	10,770	16,154	76,924

여기서 중요한 것은 정부출연금은 65% 이상을 넘지 말아야 하고, 민간부담금의 현금은 40% 미만이 되지 않도록 해야 하는 것은 잘 알고 있을 것이다. 이것은 꼭 지켜야 하는 기준 원칙이므로 제안기관은 이 기준에 따르되 민간부담금의 비율이 35%가 넘는 것에 대해서는 제한하지 않는다. 따라서 더 많은 민간부담금을 부담하면서 기업의 참여 의지를 더 강하게 표현할 수도 있다. 즉, 어느 사업이든지 규정된 정부출연금의 비율과 민간부담금의 현금 비율을 기업이 더 적극적으로 부담하는 방향으로 제안을 하는 것이 유리할 수도 있다는 것이다.

같은 이유로 민간부담금에서의 현금과 현물 비율도 제안사인 기업이 좀 더 많은 비율의 현금을 부담하는 것이 더 강한 참여 의지의 표현이라 판단될 수도 있다. 현물과 달리 현금은 출연금을 지원받는 시점에 별도의 계좌에 미리 총액을 입금한 후에 출연금과 같이 사용하게 되기 때문이다.

예산 편성 가이드라인을 숙지하라

정부지원의 핵심 원동력이 개발비용이므로 무엇보다 정부지원 규정에 맞추어 예산을 편성함으로써 잘못된 예산 계획으로 불이익을 받지 않도록 가이드라인을 꼼꼼히 살펴서 예산 편성에 오류가 없도록 준비하여야 한다.

용어 및 편성 방법, 작성 방법 등에서 이해되지 않는 부분이 있으면 경험 있는 사람들을 통해서 확인하고, 만약 그것이 여의치 않으면 전문기관의 해당 사업 담당자에게 문의하여 확인한 후에 규정에 맞는 예산 편성을 한 후에 사업계획서를 제출하도록 해야 한다.

이 책의 별첨5에는 중기청의 창업성장기술개발사업의 사업비비목별소요명세서 양식에 포함된 가이드라인을 실어 놓았으니 자세히 살펴보도록 하고, 다른 사업의 경우에도 일부 차이는 있으나 작성 요령에는 큰 차이가 없으므로 이를 잘 숙지하면 큰 도움이 될 것이라 생각된다.

작성 양식표의 크기를 극복하라

예산 편성과 관련하여 각종 표 양식에 세부 내용을 해당 칸에 작성하는 과정에서 어려움을 겪는 경우가 있다. 작성할 내용은 많은데 칸이 너무 적어서 폰트를 아무리 작게 줄여도 만족이 되지 않는다면 해당 칸에는 주석 번호를 달고 필요한 내용은 표 다음의 공간에 작성한다면 나름대로의 해결 방안이 될 수 있다.

제시된 양식을 가능하면 지키고 활용하면서 필요한 경우에는 적절한 대안을 찾아서 내가 전달하고자 하는 내용을 충분히 제안하는 것이 최선의 방안이다.

창업과 중소기업을 위한 정부지원 사업 계획서 작성법

사업비 총괄

아래 표가 사업비 총괄을 보여주는 양식이다.

구 분				현 금	현 물	소 계
1차년도 (20)	직접비	내부 인건비	기존			
			신규			
		외부인건비				
		연구장비·재료비 (바우처외 비용)				
		연구활동비 (바우처외 비용)				
		연구과제추진비				
		연구수당(해당시)				
		바 우 처 비	위탁 연구 개발비	직접비			
				간접비		
			연구시설·장비사용료			
			전문가활용비			
			연구개발서비스활용비			
		소 계				
	간접비 (현금)	인력지원비				
		연구지원비				
		성과활용지원비				
		소 계				
	1차년 합계					

사업비 총괄은 양식으로 제공된 표에서 보는 바와 같이, 기술개발 연

도별 예산 계획의 총괄표로서 요약 형식으로 구성되어 있다. 과제에 참여하는 모든 기관들의 예산을 모두 통합하여 하나의 표로 작성하는 것이고, 하나의 주관기관만 있는 경우도 당연히 작성한다.

각 비목별 자세한 내용은 기술개발 내용을 반영하겠다는 목표를 갖고 작성하도록 한다.

주관기관 연차별 사업비 총괄

　앞의 양식과 동일한 형식을 취하고 있으며 '참여기관이 없는 경우 삭제' 라는 가이드라인이 있는 것과 같이, 하나의 기관만 과제를 수행하는 경우라면 앞의 사업비 총괄과 동일하므로 필요 없다.

　그러나 참여기관이 있는 경우는 예산을 나누어 편성하였으므로 이를 반영하여 작성하여야 한다. 양식은 사업비 총괄과 동일하므로 같은 요령으로 해당 기관에 배정된 예산의 요약표를 작성하여야 한다.

참여기업 연차별 사업비 총괄

참여기관의 사업비 총괄표도 앞의 양식과 동일하며 작성 가이드라인에 '참여기업이 없는 경우 삭제하며, 참여기업이 다수인 경우 동일 양식 추가하여 작성'으로 되어있는 바와 같이, 만약 참여기관이 없는 경우는 이 내용을 작성할 필요가 없으나 하나 이상의 참여기관이 있는 경우 모든 참여기관별로 각자 하나씩의 사업비 총괄표를 작성하여야 한다.

사업비 비목별 소요명세

    사업에 참여하는 기관별로 상세한 비목별 소요 내용을 작성하는 부분으로 먼저 주관기관이 사용할 예산 계획은 다음 표와 같이 구성되고, 대학과 같은 위탁기관이 참여하는 경우는 주관기관의 직접비 내에 예산을 편성한다. 참여기관이 있는 경우는 주관기관과 같은 양식으로 예산을 작성하게 되지만 위탁기관 작성 부분만 포함하지 않도록 구성되어 있다.

〈표5.2 참여기관별 사업비 소요명세 내역 〉

직접비	인건비	내부인건비 외부인건비	기존/신규
	연구장비·재료비	연구장비·재료비 연구활동비 연구과제 추진비 연구수당	
	위탁연구개발비(바우처 비용)	직접비	인건비 연구장비·재료비
		간접비	
간접비	인력지원비 연구지원비 성과활용지원비		

1) 인건비

구분		인력 구분	성명	직위	실지급액 (연봉/12) (A)	참여율(%) (B)	참여기간 (월) (C)	합계(AxBxC/100)		
								현금	현물	계
내부 인건비	주관 기관	기존 인력								
		신규 인력								
		소 계								
외부 인건비										
		소 계								
		합 계								

사업비 양식의 작성 요령(별첨5)은 최소한 한 번은 자세히 읽어보고 진행하는 것이 좋다. 실제 도움이 되는 내용이 많이 포함되어 있으므로 놓치지 않도록 해야 한다. 아울러 다음의 내용도 참고하기 바란다.

- 기존 인력과 외부 인력은 실명을 필히 기입하여야 하고, 신규인력은 채용되었거나 채용 대기 중인 경우는 실명을 기입하되, 앞으로 채용할 미정 인력이라면 '채용예정'으로 기입할 수 있음
- 실지급액은 월별 지급되는 평균 급여이므로 연봉을 12로 나눈 금액을 기입함
- 참여율은 본 과제에 참여하는 비율로 최소 10%(과제책임자는 30%)에서 최대 100%까지 가능하고, 신규인력인 경우에만 현금만으로도

창업과 중소기업을 위한 정부지원 사업 계획서 작성법

100%까지 배정 가능하고(사업에 따라 다를 수 있으므로 확인 후 편성), 기존인력인 경우는 현금과 현물을 모두 포함하여 참여율을 계산할 수 있으나 기존인력의 경우 현물만 인정하는 경우가 있으니 확인 후 편성함

- 참여 기간은 기존 인력과 이미 채용된 신규인력의 경우는 총 개발 기간 동안의 참여가 가능하겠지만, 앞으로 채용 예정인 인력에 대해서는 전체 개발 기간 동안의 참여가 현실적으로 불가능한 경우가 있으므로 이를 반영하여 참여 기간을 산정해야 함
- 외부 인건비에 편성되는 외부 인력에 대해서도 실제 개발에 참여하는 기간이 총 개발 기간과 다를 수 있으므로 이를 고려하여 참여 기간을 반영하여야 함

2) 연구 장비·재료비

구 분			내역 (품명)	규격	수 (회수)	단 가 (천원)	금 액(천원)		
							현금	현물	계
연구장비· 재료비	연구시설· 장비비	바우처							
		비 바우처							
	시약·재료 구입비								
	시작품 제작경비								
소 계									

연구 활동비	국외여비									
	수용비 및 수수료									
	전문가 활용비 및 기술정보 수집비 비 바우처	바우처								
	연구개발서비스 활용비 비 바우처	바우처								
	디자인 정보·개발 및 컨설팅비									
	소 계									
연구 과제 추진비	국내여비									
	사무용품비 및 연구환경유지비									
	회의비									
	초과근무 식대									
	소 계									
연구수당 (해당시)	소 계									
합계										

이 부분도 별첨의 작성요령을 자세히 살펴보는 것이 필요하며, 다음의 내용도 참고하여 작성하는 것이 도움이 될 것이다.

▪ 개발에 소요되는 각종 비목의 항목들이 기술개발 내용과 사업화 계

창업과 중소기업을 위한 정부지원 사업 계획서 작성법

획 부분과 매칭되어 설명되어 있는 것이 좋으며, 이를 통해 예산 배정 계획이 객관적이고 합리적으로 수립되었음을 보여줄 수 있음

- 민간부담금의 현물은 대부분 주로 인건비로 편성하는 경우가 많지만, 과제 수행 기관이 보유한 연구개발 시설과 장비 중에서 본 과제에서 활용할 수 있는 시설과 장비들의 장부가 기준 20%를 현물로 계상이 가능함(매년 규정이 바뀔 수 있는 부분이므로 확인 후 작성함)

- 시작품 제작경비는 개발 결과물의 기능과 성능을 시험하고 제조 단계 이전의 워킹 샘플(Working Sample)을 만들기 위해 외주 기관을 활용하면서 소요되는 비용으로, 과제 수행기관들이 직접 개발하는 내용들이 포함되지 않도록 주의해야 함

- 시약 재료 구입비도 과제의 성격에 맞는 용도로 활용되어야 하는데, 예를 들어 3D 프린터의 제어기술을 개발하는 사업이면서 3D 프린터에 사용되는 인쇄 재료(플라스틱 분말 등)들을 여러 종류를 구입하게 된다면 개발 목적과는 맞지 않을 수도 있음

- 국외여비는 분명한 목적과 구체적 일정이 계획서에 반영되어 있어야 하며, 기술정보 수집을 위한 활동 등은 기술개발 과정에 필요한 것이나, 전시회에 참가하는 비용 등은 기술개발이 아닌 사업화 과정에 필요한 것으로 인식될 수 있고, 만약 사업화가 목적인 과제를 추진하는 경우라면 반대가 될 수도 있음

- 전문가 활용비를 효과적으로 사용하기 위해서는 별첨의 작성 요령에도 있듯이 전문가 활용 계획 내용을 작성하여 계획서에 포함하여 제시하여야 함

- 디자인 정보 개발 컨설팅 비용은 디자인 연계가 필요한 과제에서 활

용이 가능한 예산이며, 전문가 활용과 같은 경우는 사전 계획을 수
립하여 어떠한 기술 자문을 받을 것인지 등에 대해 계획서에 반영하
는 것이 바람직함
- 연구과제 추진비의 경우는 과제 수행기관의 직원이 아니라 본 과제
에 참여하는 개발 인력을 기준으로 필요한 비용을 산정하여야 함
- 연구수당은 대학과 연구소와 같은 비영리기관에만 해당하는 비목임

3) 위탁연구개발비

주관기관이 편성하는 비목별 소요예산과 같은 양식으로 되어있으며,
다만 대학의 경우에 교수와 학생이 참여하게 되어있으므로 인건비 편성
표에 학생인건비가 포함되어 있다.

- 작성 요령에 따르면 '위탁연구개발비는 주관기관(참여기업 포함)의
직접비(현물포함, 위탁연구개발비 제외)의 40%를 초과할 수 없다'라
고 되어있음
- 위탁연구개발비 ≤ ((전체예산 중 직접비) - 위탁연구개발비) * 40%
- 따라서, 위탁연구개발비 ≤ (전체예산 중 직접비) * 40% / 1.4
- 예를 들어 정부출연금이 5천만 원이라면 민간부담금(35%)을 최소
로 편성하여 더하면 전체 예산은 76,924천 원이 되고, 그 중 직접
비가 70,000천 원이라면 최대로 배정할 수 있는 위탁연구개발비는
(70,000*40%)/1.4를 계산하면 20,000천 원까지 가능함

창업과 중소기업을 위한 정부지원 사업 계획서 작성법

구분	성명	직위	소속	실지급액 (연봉/12) (A)	참여율(%) (B)	참여기간 (월) (C)	합계(A×B×C/100)		
							현금	현물	계
인건비									
학생 인건비									
외부 인건비									
합 계									

상기 인건비 편성표 이외의 다른 예산 비목은 동일한 기준으로 작성하면 된다.

4) 간접비

간접비는 인력지원비, 연구지원비, 성과활용지원비로 구성되며 작성요령을 잘 숙지하여 편성하고 특히 성과활용지원비는 특허 출원 및 등록 그리고 과제 비용 결산 및 회계감사 비용에 활용할 수 있으므로 많은 도움이 된다.

제 6 장

사업계획서 전산 접수

사업계획서가 작성 완료되었거나 또는 그 이전이라도 사업 신청을 위한 전산 접수를 진행할 수 있다. 접수 마감일에는 어떤 일이 발생할지 아무도 알 수 없다. 분명한 것은 마감일에 항상 접수자들로 붐비는 것은 언제나 바뀌지 않는 일이다. 따라서 미리 접수하고 수정 보완이 필요한 내용은 수시로 변경하는 것도 한 가지 좋을 방법이 될 것이다.

사업계획서와 예산 편성이 되었고, 해당 사업에서 요구하는 각종 서류가 준비 되었으면 이제 온라인으로 전산접수를 진행해야 한다. 해당 페이지는 중기청의 경우는 기술개발사업 종합관리시스템 홈페이지(www.smtech.go.kr) 에서 '온라인과제관리' 메뉴를 선택한다.

〈그림6-1. 중기청 전산접수 화면 예〉

로그인을 하지 않은 상태라면 로그인을 하라는 메시지가 나오므로, 만약 개인회원으로 가입하지 않았다면 먼저 회원가입을 한 후에 진행할 수 있다.

※ 과제 참여 횟수 조회(졸업제 관련)

    온라인과제관리 메뉴의 하위 첫 번째 서브 메뉴는 현재 과제를 수행하고 있거나, 과거 수행 경험이 있는 경우에 최대 참여 제한 규정에 해당하는지 등을 확인할 수 있도록 정보를 제공하고 있다. 기업 지원 정책의 변화에 따라 해당 규정의 변동이 있을 수 있으므로 필요한 경우 참여 가능한지 불가능한지 자세히 살펴보는 것이 좋다.

1) 1 STEP

    온라인과제관리 화면에서 신청안내는 4개의 단계(step)로 구성되어 있는데, 이를 진행하기 전에 화면에서 볼 수 있듯이 사전 준비 사항을 확인하는 1단계에서 4가지 사항을 먼저 점검하고 진행하자.

회원가입 확인

    기관의 대표자와 과제책임자는 모두 회원 가입이 되어있어야 한다. 만약 대표자가 과제책임자를 맡는다면 대표자만 가입이 되어있어도 된다.

기관등록 확인

기관등록이 되어있지 않다면, 마이페이지/기관정보관리 메뉴에서 신규 등록이 가능하다. 신규 등록은 대표자가 로그인한 후 진행할 수 있다. 입력해야 하는 항목은 다음 그림에서 확인할 수 있고, 필수 내용만 입력해도 된다.

〈그림6-2. 중기청 기관정보관리 화면 예〉

참여 제한 확인

기관, 대표자 또는 과제책임자 등이 참여 제한에 해당하는 사항이 있는지 확인해야 한다. 혹시라도 신청을 모두 완료하고 평가를 기다리고 있는데 참여 제한 사항이 나중에 확인되어 사업신청이 취소되는 상황이 발

창업과 중소기업을 위한 정부지원 사업 계획서 작성법

생하지 않도록 해야 한다.

제출서류 확인

사업의 종류에 따라 제출해야 하는 사업계획서뿐만 아니라 제출해야 하는 서류들도 모두 다르므로 다시 한번 해당 내용을 확인한다.

2) 2 STEP

과제 신청 절차를 간단히 그림으로 소개하고 있으며, 이해하고 넘어가면 된다.

3) 3 STEP

온라인 과제 접수를 위해 필요한 보안 모듈 및 프로그램의 설치를 확인하거나, 수동으로 설치할 수 있도록 지원한다.

4) 4 STEP

현재를 기준으로 신청 기간에 해당하는 사업들을 3가지 분류 기준에 따라 조회가 가능하며, 신청하려는 사업을 찾아서 과제 내용을 입력한다.

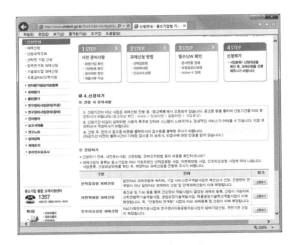

〈그림6-3. 전산접수 사업분류 선택〉

해당하는 사업이 포함된 분류의 링크 칼럼의 신청하기 버튼을 클릭하
면 과제신청대상 공고 화면으로 들어간다.

〈그림6-4. 전산접수 해당 사업 선택〉

신청할 사업명의 신청하기 칼럼의 버튼을 클릭하면 사업계획서의 요약
정보를 입력하여 과제 신청 및 접수를 진해하기 위한 화면으로 들어간다.

　　　　　창업과 중소기업을 위한 정부지원 사업 계획서 작성법

이미 작성된 사업계획서(Part-2)의 내용을 기준으로 필요한 항목들을 온라인 신청 양식에 맞추어 직접 입력하거나 사업계획서에서 복사해 넣으면 된다. 입력해야 하는 내용들은 다음과 같다.

〈표6.1 전산접수의 사업개요 입력 내용〉

	단 계	내 용
1	주관기관 정보	해당공고 및 지역선택 기업명, 주요 수행자 정보
2	개발기간 및 기술개발 개요	최종목표 기술개발 내용 키워드 입력
3	보안등급 신청 및 기술분류	보안등급 기술분류표의 분류 선택
4	수행기관 및 참여연구원	우대조건 경영현황표 - 업력 3년 이하는 제외 참여연구원 및 신규 채용 예정 포함
5	사업비 내역	정부지원금 및 민간부담금 기관별 사업비 구성 비목별 합계 등
6	제출서류 등록	과제권한자 연구시설장비 정보 제출서류 업로드 (필수 확인 요망) 제출하기 버튼으로 입력 작업 완료
7	신청내역 조회	입력된 내용의 수정 필요시 수정하기 버튼 활용 접수증 출력

제 7 장

제출 전 점검 사항

사업계획서 작성 요령대로 준비가 되었는지 제출 전 점검하기 위한 사항들이다. 일부 내용들은 사업계획서 준비 및 작성 단계에서 참조할 사항들도 포함되어 있으므로 미리 확인하고 숙지한 다음 작성 요령을 익혀나가는 것도 좋은 방법이라 생각된다.

사업계획서 작성 요령대로 준비가 되었는지 제출 전 점검하기 위한 사항들이다. 일부 내용들은 사업계획서 준비 및 작성 단계에서 참조할 사항들도 포함되어 있으므로 미리 확인하고 숙지한 다음 작성 요령을 익혀나가는 것도 좋은 방법이다.

제안서 양식에 충실하였나?
−모든 항목을 빠뜨리지 않고 작성이 되어야 한다.
−혹시 나중에 작성하기로 미루어놓고 누락된 부분이 있는지 확인한다.

사업의 목적과 계획서가 부합하는가?
−창업, 성장, 사업화, 운영 등 많은 사업 종류가 있으므로 해당 사업 취지에 부합하는지 확인하고 그 목적에 맞게 계획서 작성이 되어야 한다.
−사업의 취지에 맞추어 개발, 사업화, 글로벌화 등의 중요한 방향성이 계획서에 반영되어 있어야 한다.

정부과제가 목적이 아니라 '사업'이 목적이다
−단지 정부지원 예산을 따기 위한 목적으로 과제를 위한 과제를 만들면 실패한다.
−신기술과 신제품 개발을 통해 사업을 성장시키고 기업을 키우기 위한 목표를 갖고 정부지원 사업을 활용한다.

창업과 중소기업을 위한 정부지원 사업 계획서 작성법

서면평가와 대면평가의 차이를 이해하라

−사업계획서가 서면평가에서 선정되어야 대면평가로 진행할 수 있다.

−사업계획서는 서면평가를 먼저 거치게 되므로, 머릿속에 아무리 좋은 것이 있더라도 사업계획서에 담기지 않으면 선정될 기회를 가질 수 없다.

준비에 투자한 시간에 따라 성공 가능성이 높아진다

−시간이 부족하면 사업공고부터 조금씩 자투리 시간을 활용하여 아이디어를 정리하고 사업계획서를 만들어 가는 것이 좋다.

−집중하여 한번에 많이 작성할 수도 있지만, 여러 번 나누어 조금씩 쌓아가는 것도 좋은 방법이다.

−오랫동안 곱씹을수록 더 좋은 작품이 나올 수 있다.

준비가 철저할수록 자신이 붙고 힘이 생긴다

−생각을 다양하고 깊게 하면서 철저한 준비를 위해 노력하는 것이 완벽한 계획을 만든다.

−준비가 철저한 계획서에서 성공의 씨앗이 보이게 된다.

최종목표는 '1+3' 형식 개조식 방식을 준수하였나?

−1줄의 서술형으로 최종목표를 제시하고, 세부 내용을 3줄의 개조식으로 개발할 내용을 표현한다.

−개발할 내용이 많은 경우는 (1+3)이 다수 개가 제시될 것이다.

−경쟁자보다 더 좋은 방법으로 정리되었다면 승산이 있을 것이다.

목표달성도 평가지표를 기능이 아닌 성능으로 제시하였나?

−개발하고자 하는 기술과 제품의 기능은 기본적인 동작 요소이고, 이 기능이 얼마만한 성능으로 동작하는지를 나타내는 것이므로 수치화된 성능 지표를 제시하여야 한다.

−정리된 성능지표가 최종 개발 목표를 대표성 있게 표현하고 있어야 한다.

−공인 인증 또는 시험을 위한 시험규격과 공인인증시험 기관을 제시하여야 한다.

기술개발 내용은 기능과 함께 구현 방안을 같이 제시하였나?

−기술개발 내용에 포함된 기능들의 구현 방안과 개발 과정을 제시하고 있어야 한다.

−기능들이 어떻게 상호 연동하는지, 어떠한 인터페이스를 통해 동작하고 운영되는지를 제시하고 있어야 한다.

−경쟁 기술 및 제품과 비교하여 차별성과 경쟁력을 갖는 기술 요소, 기능, 성능 등이 제시되어 있어야 한다.

플랫폼이 무엇인지 이해하자

−플랫폼이라는 용어를 사용하고 있다면, 해당 사업계획서에 부합하는지 다시 한 번 의미를 검토해본다.

−하나의 용도와 목적을 위해 개발되는 결과물을 플랫폼이라고 제시하고 있다면 이것이 적절한지 검토하여야 한다.

−만약 중소, 벤처 기업이라면 플랫폼으로 사업을 할 수 있는 구체적

창업과 중소기업을 위한 정부지원 사업 계획서 작성법

방안과 계획을 갖고 있는지 자문해본다.

특허는 사업과 기술개발의 기초 주춧돌이다

-최종목표와 부합되는 특허를 보유하고 있다면 사업과 기술개발 준
비가 되어있다는 증거가 된다.

-과제에서 개발할 기술과 제품의 권리를 보호 받을 수 있는 장치로서
도 특허가 중요하다.

참여연구원을 개발 목표에 적합한 인력으로 구성하였나?

-과제의 개발 목표에 적합한 능력, 기술분야, 경험을 갖고 있는 참여
인력으로 구성되어 있는지 확인한다.

-참여인력의 전공과 학력, 그리고 경력 등에 관한 내용은 사실대로
작성하여야 한다.

-제공된 양식으로 참여인력의 적합성을 제시할 수 없으면, 추가 내용
을 자세히 작성하여 적합한 인력임을 보완하고 있는지 점검한다.

사업화 계획이 구체적인가?

-사업화 부분에서 요구한 내용을 구체적인 계획을 수립하여 제시하
였는지 확인한다.

-설득력 있고 자신 있게(매출 목표가 무조건 높은 것이 유리할까? 신
뢰를 주고 있는가?) 시장, 가격, 고객, 매출 등의 도출 근거와 분석
내용 등을 체계적으로 제시하였는지 점검한다.

정확한 정보를 제공하였나?

-예산 편성에서 정부지원금과 민간부담금(현금, 현물) 등이 정확한지 확인한다. 사업에 따라 기준이 다른 경우가 많다.

-기술, 시장, 통계 등의 각종 자료의 인용 및 출처 정보가 포함되어 있어야 한다.

꼭 필요한 예산으로 사업비가 편성되었나?

-인건비: 기존, 신규, 외부

-장비, 재료비: 개발 목적 부합

-시작품 제작비: 외주 용역 비용

-출장 및 회의비: 해외출장, 회의비

-전문가 활용비, 디자인 비용

-간접비 등

-'목적'에 맞지 않으면 과감하게 삭제하는 것이 최선이다.

예산 계획이 개발 계획의 내용에도 반영되어 있는가?

-예산 편성표의 항목이 기술개발 내용, 사업화 계획 등 계획서의 본문에 구체적으로 제시되어 있는지 확인한다.

-계획서 본문에 포함되지 않은 근거 없는 예산 편성 항목이 있는지 점검한다.

사업계획서의 핵심이 눈에 들어오는가?

-한 페이지의 내용을 모두 읽기 전이라도 요점 또는 키워드를 전달될

창업과 중소기업을 위한 정부지원 사업 계획서 작성법

수 있도록 작성되었는지 평가자 입장에서 살펴본다.

-폰트, 볼드체, 컬러, 박스 등을 활용한 방법이 원하는 효과를 발휘하는지 확인하고 필요한 경우 보완한다.

사업계획서가 평가위원 입장에서 검토되었나?

-평가위원들의 입장으로 역지사지하여 사업계획서를 검토해본다.

-일방적인 주장이 아니라 설득하고 이해시키는 관점에서 작성되었나 점검한다.

상대평가로 선정되는 것을 알고 있는가?

-제출된 모든 사업계획서는 '정답'이다.

-단지, 상대적으로 선정되는 것이다.

-상대평가에서는 상위그룹에 속할 수 있는 사업계획서를 준비하는 것이 최선이다.

상대평가에서 장점이 부각될 수 있는가?

-어느 계획서이든지 장점과 단점은 모두 갖고 있다.

-상대평가에서는 단점보다 장점이 더 드러날 수 있도록 사업계획서가 준비되어야 한다.

절대 평가는 없다

-선정되지 않는 것은 내 계획서가 부족해서 그런 것이 아니다.

-한정된 지원 예산에 맞추어 제한적으로 선정하는 상대 평가에 의한

결과이므로 선정되지 않더라도 실망하지 마라.

사업계획서가 공정한 평가의 기준이 된다

−사업계획서에 포함되어 있지 않은 대면평가 발표 자료의 추가 내용
은 평가에서 제외될 수도 있다.

−객관적이고 공정한 평가에서 양질의 내용과 충분한 정보가 전달될
수 있는 사업계획서가 준비되었는지 검토한다.

목표 설정이 적정한가?

−이루지 못할 과도한 목표보다는 주관기관 및 참여기관 등이 실현
가능한 목표를 제시하였는지 확인한다.

−사업 목적에 따라 목표는 넓고 얕은 것보다 좁고 깊은 것이 유리할
수도 있다.

−지원 예산 규모에 맞는 개발 범위도 고려하는 것이 좋다. 예산이 적
어서 개발 목표를 달성하지 못했다는 변명은 받아들여지지 않는다.

자문해본다

−기술 트렌드에 맞는가?

−개발이 성공할 수 있는가?

−사업화 가능성이 높은가?

소 잃고 외양간 고칠 일이 없어야 한다

−내 생각이 모두 담겼는가?

창업과 중소기업을 위한 정부지원 사업 계획서 작성법

−진심이 담겨 있는가?

−후회가 없는가?

−한 점 부끄럼이 없는가?

제출된 사업계획서는 수정할 수 없다

−전산 접수 과정에서 최종 버전이 업로드되었는지 확인하고 또 확인한다.

−신청 접수된 후에도 다시 한번 정확히 업로드 되어있고, 변환(PDF) 되어 있는지 점검한다.

−접수 과정에서 한 순간의 실수로 기회를 잃지 않도록 절차마다 주의한다.

서면/대면평가표를 미리 살펴보았나?

−대부분의 사업들이 평가표를 공개하고 있다. 공고의 첨부파일 또는 해당 사이트의 관련 규정 내용에 이들 평가표들이 포함되어 있다.

−전문기관의 홈페이지 등에서 해당 사업의 관련 규정집을 찾아서 미리 평가표를 점검하고 각각의 해당 내용에 부합하도록 사업계획서가 작성되었는지 점검한다.

포기하지 마라

−노력하는 만큼 기회는 찾아온다.

−선정되지 않더라도 지속적으로 목표와 계획서를 수정하고 보완하면서 다음 기회에 다시 도전한다.

제 8 장

대면평가 준비

서면평가에서 선정되어 대면평가를 진행하게 되면 발표 준비를 해야 한다. 서면평가의 평가 의견이 주관기관에 전달되므로 해당 평가 내용들에 대해서도 미리 살펴보는 것이 큰 도움이 될 수 있다. 아울러 발표 자료뿐만 아니라 발표하는 요령 등을 미리 연습하는 것도 좋은 방법이다.

대면평가 개요

그 동안 고생하며 준비한 사업계획서를 신청 접수 마감일 이전까지 제출하면, 전담기관(전문기관)은 접수된 사업계획서 중에서 우수한 것들을 선별하기 위한 평가를 진행하게 된다. 정부지원 예산도 매년 사업별로 규모가 확정되어 있으므로 제출된 모든 과제가 선정될 수 없다.

제출된 사업계획서는 서면평가와 대면평가 과정을 거치게 되며, 사업 성격에 따라서는 서면평가 또는 대면평가 중 하나의 과정만 거치는 경우도 있다. 그러나 어떤 경우든지 평가에서 좋은 결과를 얻기 위해서는 사업계획서가 갖추어야 할 요건은 다르지 않으므로 이 책에서 살펴본 내용과 각자의 강점을 부각할 수 있는 자신들만의 특화된 방안과 방법을 포함하여 작성하여 제출하여야 한다.

그럼에도 불구하고 평가 단계에서의 기본적인 평가 기준은 사업별로 표준화하여 관리하고 있으며, 앞에서 살펴보았던 산기평의 공고 내용에 포함된 평가기준 이외에도 중기청에서는 사업별 규정을 홈페이지(www. smtech.go.kr) 정보마당/자료마당 메뉴에서 규정 및 서식을 자세히 제공하고 있으며 이 내용 중에 서면평가, 현장평가, 대면평가에서 사용하는 평가표를 포함하고 있다.

실제 평가위원들이 사업계획서를 평가하는 과정에서 사용하는 서면평가표와 대면평가표 양식은 중기청 서식 문서에 포함되어 있는 평가표와 100% 동일하므로 어떤 평가 항목과 기준으로 구성되어 있는지 미리 확인하고 살펴보는 것은 사업계획서를 준비하는 데 있어서 매우 중요하다.

일부 사업은 현장조사를 진행하는 경우도 있는데, 현장조사의 점검 사항도 평가에 직간접으로 반영되므로 최선을 다해 준비하는 것이 좋다. 현장조사에서 어떠한 사항을 점검하는지도 미리 현장조사표를 통해 살펴보고 부족한 부분을 보완하여 대비하여야 한다.

서면 및 대면평가표 그리고 현장조사표를 창업성장기술개발사업의 서식 문서에서 발췌하여 다음 페이지에 포함하였다. 각각 어떤 평가 및 점검 항목으로 구성되어 있고, 사업계획서의 어느 부분과 대응되는지를 살펴보고, 다시 한번 해당 항목에 대해 충분히 사업계획서에 포함하여 설명하고 부족한 부분이 있다면 제출 이전에 보완하는 것이 필요하다.

대면평가 요령

대면평가를 준비하고 대비하기 위한 요령을 다음과 같이 정리한다.

1) 평가표는 작성된 사업계획서 점검의 기준으로 활용하자

평가표는 평가위원들이 진행하는 서면평가와 대면평가의 기준이지만, 사업을 준비하는 입장에서는 계획서를 어떠한 방향으로 준비할 것인가를 미리 알려주는 지침으로 활용할 수 있다. 따라서 앞장에서 설명한 대로 계획서를 작성하였다 하더라도 평가 기준에 부합하게 작성되었는지를 되돌아 보기 위한 기준으로 활용하는 것이 마무리 단계에서 필요한 일이다.

사업계획서 작성 이전에 평가표를 미리 보고 이러한 기준에 맞추어 사업계획서를 작성하는 것도 한 가지 방법이 되겠지만, 이러한 경우 '입시 위주 공부'와 같은 역효과가 있을 수 있으므로, 가능하면 평가표는 사업계획서 작성을 마무리하는 단계에서 활용하는 것도 좋은 방법이 된다. 그러나 각자의 성향과 전략에 따라 유리한 방법으로 접근하면 될 것 같다.

위와 같은 이유로 평가표에 대한 내용을 사업계획서 양식을 설명하고 난 뒤에 배치한 것이 저자의 의도이기도 하였다.

2) 기술성, 사업성이 핵심이다

기술개발 사업의 평가에서 가장 중요한 2가지 요소는 기술성과 사업성이다.

기술성이란 경쟁력 있는 기술을 성공적으로 개발할 수 있는가에 대한 내용이고, 사업성이란 제품화를 통해 목표 시장에서 매출, 고용창출, 수출을 만들어낼 수 있는가에 대한 내용이다.

서면평가는 대면평가 전에 신청된 많은 과제 중에서 좋은 사업계획서를 선별하는 단계로서 최종 선정할 과제 수의 2~3배 정도 수준에서 선정하는 것으로 추측되지만, 전문기관에서 사업 성격과 규모에 따라 선정 배수를 관리하고 있다.

서면평가는 제출된 사업계획서를 기준으로 진행하게 되고, 서면평가표에서 보는 것과 같이 기술성과 사업성을 각각 60:40 배점 비율로 배정하고 있다. 기술개발 사업이므로 서면평가에서는 기술성에 더 많은 점수를 배점하고 있고, 특히 최종 개발 목표의 달성과 개발 기술의 성능 평가기준이 되는 '목표달성도 평가지표'를 어떤 항목으로 제시하고 있는지가 매우 중요하게 다루어진다.

서면평가표에서의 해당 항목과 세부 내용은 다음과 같은 의미를 갖고 있으므로, 이에 따라 사업계획서에도 평가표에 맞추어 적절한 내용으로 작성되어 있는지 검토하여, 부족한 부분은 보완하는 것이 중요하다.

〈표8.1 서면평가표 항목의 의미 설명〉

평가항목	평가지표	배점	설 명 (의 미)
3. 기술성 항목 (60)	3–1 개발인력 및 개발장비 보유 및 확보방안의 적정성	20	적합한 개발인력이 참여하는가? 적절한 개발장비를 보유하고 있는가? 필요한 인력과 장비의 확보 방은 제시되었나?
	3–2 주관기관 등의 보유 기술수준 (연구실적 등)	15	주관 및 참여기관의 보유 기술 수준은? 연구 개발, 제품화, 상용 제품 개발 실적은?
	3–3 기술개발 목표 및 개발방법, 개발기간의 적정성	15	기술개발 목표가 분명하고, 정부지원의 필요성이 있을 만큼 적정한가? 목표달성도 평가지표가 최종개발목표를 대표성 있게 반영하고 정량적 성능 항목으로 제시하고 있는가? 개발방법은 목표를 달성하기에 적정한가? 개발기간은 목표 달성에 적정한가?
	3–4 관련 기술 및 시장동향의 정보조사 충실성	5	관련 기술 및 경쟁 제품 조사는 충실한가? 관련 시장 규모, 동향의 조사는 충실한가?
	3–5 사업비 규모의 적정성 및 집행계획의 합리성	5	사업비는 적정한 규모로 편성되었는가? 사업비 집행계획은 합리적인가
4. 사업성 항목 (40)	4–1 목표시장의 규모(성장성) 및 진입가능성	15	목표시장의 규모와 성장성은 적정한가? 목표시장 진입 방안은 가능성이 있는가?
	4–2 경제적 파급효과 및 사업화 실현 가능성(수출·수입대체효과, 고용창출 등)	15	사업화 실현을 위한 계획은 가능성이 있는가? 경제적 파급효과를 가져올 수 있는가?
	4–3 수출·수입대체효과	5	수출과 수입대체를 위한 계획과 효과는 적절한가?
	4–4 고용창출효과	5	고용창출 계획과 효과는 적절한가?

사업계획서 심사만 진행하는 서면평가와는 다르게 대면평가는 5~7명 내외의 평가위원으로 구성되는 평가위원회에 제안기관의 책임자와 관련자가 직접 참석하여 사업계획서의 내용을 요약하여 발표하고 질의응답을 진행하게 되며, 평가위원들이 대면평가표의 기준에 의해 정부지원 대상 과제로 최종 선정하여 추천하게 된다.

　　대면평가표에서 보는 바와 같이 기술개발 사업의 성격상 기술성과 사업성을 중요하게 판단하게 되며 배점은 40:50으로 사업성에 좀 더 비중을 두고 있다. 정책부합성에 10점이 배정되어 있는데 이는 현재의 정부시책에 따른 중점 추진 분야에 부합하는 기술에 대한 배점이다. 기술개발 사업의 성격상 서면평가에서는 기술성을 더 비중 있게 다루었지만, 기술개발은 항상 위험성을 동반하는 목표이고 지정된 기간 동안의 실행 계획이지만, 대면평가 대상의 사업은 기술성 평가는 모두 통과한 사업계획서들이므로 이 단계에서는 기술개발이 성공적으로 완료된 후에 상용화와 제품화를 거쳐 추진할 미래의 사업 계획을 더 중요하게 평가하고 있다. 독자는 아무리 좋은 기술개발이라도 사업화가 될 수 없다면 의미가 없다는 것은 잘 알고 있을 것이다.

　　대면평가표의 항목과 평가지표 그리고 그들이 어떤 의미가 있는지를 다음 표에 간단히 정리해놓았다.

〈표8.2 대면평가표 항목의 의미 설명〉

평가항목		평가지표	배점	설명(의미)
기술성 (40)	창의 · 도전성 (10)	〈연구과제의 독창성〉 − 기존기술 대비 신규성, 차별성 − 대체기술 출현 가능성 − 권리 확보 가능성	5	기존기술과 비교하여 신규성, 차별성은? 제안기술을 대체할 기술의 출현 가능성은? 제안기술의 권리확보 방안은?
		〈개발기술의 도전성〉 − 기술개발목표의 기술적 난이도(모방가능성) − 해당분야 기술의 수명주기 상 위치	5	제안기술의 기술 난이도가 높은가? 도전적인 기술개발인가? 제안기술의 수명주기 상 위치(단계)는?
	기술개발 전략 (30)	〈연구방법의 적합성〉 − 개발목표의 수준의 적정성 − 기술개발 기간 및 세부 추진일정의 적정성 − 사업비 구성의 적합성	10	개발목표의 내용과 수준이 적정한가? 개발기간과 추진일정 계획이 적정한가? 사업비 편성이 적합하게 계획되었나?
		〈연구방법의 구체성〉 − 연구내용 및 방법의 일관성 − 객관적 측정 및 달성 가능성 − 핵심 기술개발 내용의 구체성	10	개발 내용과 방법이 일관성이 있는가? 목표달성도 평가지표가 최종개발목표를 대표성 있게 반영하고 있는가? 개발목표의 객관적 측정 지표가 제시되었나? 개발목표의 달성 가능성이 있는가? 핵심 개발 내용이 구체적으로 제시되었나?
		〈연구조직 및 과제책임자 역량〉 − 과제책임자, 대표자의 기술개발/사업화 성공경험 및 의지 − 연구인력의 기술적 전문성 − 기술개발과제 및 시장에 대한 이해도	10	책임자, 대표자의 개발, 사업화 성공 경험이 있는가? 책임자, 대표자의 개발, 사업화 의지가 분명한가? 참여인력의 기술적 전문성을 갖추었나? 참여인력들이 개발목표 및 목표시장에 대한 이해를 공유하고 있는가?

창업과 중소기업을 위한 정부지원 사업 계획서 작성법

사업성 (50)	사업화 가능성 (30)	**〈시장 규모, 성장 가능성〉** – 목표시장 설정 근거의 구체성 – 시장 규모 및 성장 가능성 – 사업화 계획의 실현가능성	15	목표시장을 구체적으로 설정하였나? 적절한 시장규모와 성장 가능성이 있는가? 실현 가능성이 있는 사업화 계획인가?
		〈사업화 능력〉 – 제품개발 및 기술상용화 실적 – 생산시설 보유여부	15	제품화 및 기술 상용화 능력을 갖고 있나? 생산시설을 보유하고 있는가?
	고용지표 (10)	**〈고용 창출 효과〉** – 기술개발 및 사업화를 통한 고용창출 효과 – 신규인력 채용 및 고용유지계획 구체성	10	개발과 사업화를 통한 고용창출 효과와 계획은 무엇인가? 신규인력 채용과 유지계획은 실현 가능하도록 구체적으로 제시되었나?
	수출지표 (10)	**〈수출 기대효과〉** – 중장기 수출전략의 구체성 및 타당성 – 개발제품의 수출·수입 대체효과	10	구체적인 중장기 수출 계획과 전략이 타당성 있게 제시되었나? 개발제품의 수출 계획과 수입대체 효과는?
정책 부합성 (10)	신성장동력 (10)	**〈신성장동력 부합여부〉** – 신산업 창출, 주력산업 고도화 및 제품의 서비스화에 부합여부 * ICT융합, 바이오헬스, 첨단신소재부품, 에너지신산업, 고급소비재, 주력산업 고도화, 제품의 서비스화	10	제안된 기술개발이 신성장동력 분야에 해당하는가?

3) 사업계획서의 양면성

서면평가와 대면평가의 평가표의 기준이 일부분 다른 것을 확인할 수 있다. 사업계획서는 하나인데 이 2평가 단계에서 다른 기준으로 평가를 진행하게 되므로, 사업계획서는 2가지 평가표의 기준들을 모두 담고 있어야 한다.

어려움이 있더라도 두 가지를 모두 만족할 수 있도록 합집합 개념으로 사업계획서를 준비해야 하는 것이다.

4) 대면평가 준비

서면평가를 통과하여 대면평가에 참석하라는 연락을 받으면, 추가로 준비해야 하는 것이 발표 자료이다. 제출된 사업계획서의 내용을 지정된 시간 동안 발표와 함께 질의응답을 갖게 되는데, 사업의 성격과 규모에 따라 발표와 질의응답을 각각 20~30분 정도씩 배정하여 진행하게 된다.

발표 자료는 지정된 시간 동안 나의 과제 계획을 분명하고도 정확하게 전달할 수 있도록 작성되어야 하며, 대면평가 기회는 사업계획서의 글(문자)로는 전달하지 못했던 숨겨진 의미와 감정, 말과 표정, 그리고 몸짓으로 전달할 수 있는 좋은 기회이므로, 이를 어떻게 잘 활용하느냐에 따라 과제 선정의 당락이 결정되는 중요한 자리이다.

(1) 발표 자료 작성

대면평가 일정 통보를 받으면 제일 먼저 할 일이 발표 자료를 준비하는 것이 될 것이다.

발표 자료는 정해진 발표 시간에 맞는 분량을 준비하여야 하고, 질의응답시간에 활용할 자료들은 발표 자료 뒤 부분에 별첨하여 준비해 놓으면 유용하게 활용할 수 있다.

발표 자료도 사업계획서와 마찬가지로 평가위원들을 대상으로 사용할 자료이므로 사업계획서 요령과 같은 방법으로 무엇보다도 상대방(평가위원) 입장에서 생각하면서 작성하는 것이 좋다.

(2) 발표 자료 구성

발표 자료의 내용 순서를 어떻게 만들 것인가도 중요하다. 발표 자료를 구성하는 방법은 다음과 같이 여러 방안이 있을 수 있다.

- 사업계획서의 순서와 동일하게 작성하는 방법
- 대면평가표의 순서를 반영하여 작성하는 방법
- 발표자의 전략에 따라 작성하는 방법

어떤 방법이 좋은지는 각자 판단하여야 하지만, 제일 중요한 것은 정부지원 기술개발 사업의 취지에 맞는 사업성이 높아 기술개발이 필요한 과제라는 것과 이를 충실히 수행할 수 있는 능력과 의지를 갖고 있다는 것이 전달되도록 하는 것이다.

(3) 발표 자료 형식

옛말에 보기 좋은 떡이 맛있다라는 말이 있다. 같은 내용이라면 보기 좋게 만들어진 자료가 더 호감이 간다. 발표 자료를 만들기 위해 다음의 사항들을 생각해 보면 좋겠다.

- 슬라이드 크기를 4:3보다 16:9 크기로 하는 것이 어떤가?
- 어떤 폰트를 사용하는 것이 보기 좋은가?
- 한 장의 슬라이드에 너무 많은 글자를 담는 것은 피하는 것이 좋지 않을까?
- 너무 작은 글자는 보는 사람이 잘 읽을 수 있을까?

－한 장의 슬라이드에 할당하는 발표 시간이 얼마가 적절한가?

－페이지 번호는 꼭 표시하는 것이 좋지 않을까?

－전체 페이지 수를 나타내면 발표자와 평가위원에게 도움이 되지 않을까?

－동영상 자료를 활용하면 도움이 될까?

그리고 무엇보다 중요한 것은 내가 준비하는 발표 자료가 발표 현장의 PC에서 동일하게 동작한다는 보장이 없다는 것이다. OS 버전이 다를 수도 있고 설치된 폰트와 동영상을 위한 라이브러리들이 다를 수 있으므로 이러한 불확실성에 대해서도 발표자가 모두 감안하여 준비하여야 한다.

－OS 및 라이브러리 버전이 다르더라도 문제 없이 동작할 수 있도록 준비하였는가?

－설치된 폰트가 다를 수 있으므로 발표 자료에 폰트를 모두 포함하여 준비하였는가?

－동영상이 동작하지 않을 수 있으므로 대안을 마련해 두었는가?

－오디오가 필요한 경우, 스피커가 현장에 없거나 또는 제대로 동작하는지 점검할 수 있는가?

－인터넷이 연결되어야 한다면 이를 대체할 방법을 고려했는가?

(4) 발표 준비물

발표 자료 이외에도 신청된 과제와 관련하여 이미 개발된 부품 또는 모듈, 소프트웨어 등을 발표장에서 보여주거나 시연이 가능할 수도 있다.

이러한 경우 독립적으로 동작하는 것은 문제가 없으나, 인터넷 또는 통신이 필요하다면 발표장의 환경을 활용한다는 생각을 하지 말고 스스로 모든 것을 준비해야 문제 없이 진행할 수 있다.

발표장의 환경이 어떻게 되어있는지 미리 점검할 수도 없고, 문제가 생기면 이를 해결해줄 사람도 없기 때문에 아무것도 기대하지 말고 독립적으로 해결할 수 있는 방안으로 준비하는 것이 좋다.

(5) 발표 자료의 인정 범위

발표 자료는 제출된 사업계획서의 내용을 평가위원들에게 구두로 전달하기 위한 보조 자료이다. 따라서 사업계획서에 포함되지 않은 내용을 발표 자료에 추가하거나 이미 제안한 규격들을 보완한다 하더라도 이를 인정하지 않는 것이 기본 원칙이다.

제출된 사업계획서를 기준으로 평가를 하는 것은 당연한 것이겠지만, 만약 글과 그림으로 작성된 사업계획서의 내용을 구체적으로 설명하기 위해 필요한 내용이라면 발표 자료에 포함하여 설명하는 것은 좋은 방법이 될 것 같다.

그러나 예외 없는 법은 없으므로 꼭 필요한 내용이라면 제출된 사업계획서의 내용에 추가하거나, 보완할 부분에 대해서는 최선을 다해 전달할 수 있는 방안을 찾아 실행하는 것이 필요하다.

(6) 사전 리허설을 하자

발표 자료가 준비되었으면 미리 리허설을 하는 것이 좋다.

우리가 알고 있는 뛰어난 발표 능력을 갖고 있는 전문가라 하더라도 사실 그가 발표장에 나오기 전에 얼마나 준비를 하고 나오는지는 얘기하지 않는다. 그들이 발표장에서 단지 자신의 타고난 탤런트만을 갖고 즉흥적인 발표를 진행하는 것이 절대 아니다. 그러한 전문가들도 사전에 미리 여러 차례의 리허설과 반복 학습을 통해 완벽한 수준의 준비를 마친 후 발표를 진행한다고 한다.

리허설을 통해 발표 자료의 순서, 스토리 전개, 발표 자료의 동작 이상 유무, 군더더기 없는 설명, 목소리 크기와 톤 그리고 소요되는 발표 시간 등을 점검할 수 있으며, 여러 번 반복하여 익숙해질수록 매끈하고 원활한 발표를 진행할 수 있는 능력이 생기게 된다. 이를 통해 전달할 내용에 대해서도 더 이해하게 되어 질의응답에서도 까다로운 질문들에 잘 대처할 수 있고 때에 따라 임기응변이 필요한 상황에서도 부드럽게 극복할 수 있는 요령을 익힐 수 있게 된다.

여러 번의 사업 제안 기회가 거듭될수록 10번의 리허설이 필요하던 것이, 5번, 3번으로 줄어들면서 시간이 지날수록 나름대로 전문가의 반열에 들어가게 되는 것을 느끼게 될 것으로 확신한다.

(7) 발표 자세

대면평가는 과제 선정의 최종 단계이므로 최선을 다해야 한다.

전문기관에서 발표시간 30분(또는 더 일찍) 이전에 도착하라는 연락이 있겠지만, 그보다 더 일찍 도착하여 발표장의 분위기를 익히고 익숙해지는 것도 좋다. 발표자를 포함하여 같이 참석하는 사람들은 모두 캐주얼한 복장이 아닌 가능하면 정장을 입는 것이 좋은 인상을 줄 수 있다.

발표 시간과 질의응답 시간이 별도로 정해져 있으므로, 발표 시간에 특별한 이유가 없는 한 발표자는 할당된 시간 동안 방해 받지 않고 발표를 진행할 수 있다. 평가를 관리하는 입장에서는 모든 발표자들에게 동일한 시간을 배정하는 것이 평가를 공정하게 진행하기 위한 하나의 요소가 되므로 발표자는 정해진 시간 내에 마칠 수 있도록 시간 관리를 해야 한다.

사업계획서에 등록된 연구원들은 제한된 인원 내에서 동석이 가능하며, 발표를 시작하기 전에 참석한 연구원을 소개한 후에 발표를 시작한다. 발표자는 리허설을 통해 미리 연습한대로 다음과 같은 자세로 발표를 진행하는 것이 좋다.

-목소리는 자신 있게
-말은 간결하고 분명하게
-내용이 많다고 너무 빨리 말하는 것은 피하도록 하고
-처음 1분 안에 무엇을 개발하려는 것인지를 전달하고
-처음 3분 내에 기술개발 핵심 내용을 설명하고
-발표 자료(스크린)보다는 평가위원들의 눈을 바라보고
-포인터를 활용하거나 손짓 몸짓 등을 통해 평가위원들이 집중하도록 유도하고
-상대방을 거슬리게 하는 나도 모르는 습관이 나오지 않도록 조심하고
-거만하지 않으나 당당한 자세로
-최고의 전문가, 전문 기관임을 느낄 수 있도록 진행.

질의응답을 진행하는 시간에는 사업계획서와 발표 자료, 발표 내용에 대해 평가위원들이 질문을 하게 되고, 발표자와 동행한 연구원들은 이에 대해 답변을 하는 시간을 갖는다. 질의응답 시간도 발표 시간과 마찬가지

로 정해진 시간을 넘지 않는 것이 모든 발표자들을 공정하게 대하는 것이 되므로 답변 시간을 짧고도 명확하게 전달하면서 유용하게 사용하는 것이 중요하다.

질의응답을 진행하는 요령은 다음과 같이 정리해보았다.

- 평가위원 질문의 의도를 정확히 파악한다
- 질문을 이해하지 못한 경우는 내가 이해한 부분을 얘기하고 추가 설명을 부탁한다
- 질문에 대한 핵심 내용을 간략히 답변한다
- 어떠한 질문에도 언쟁이 발생하지 않도록 주의한다
- 부족한 부분이나 잘못된 부분을 지적하는 경우는 인정하고 받아들인 후 감사를 표한다
- 보완이 필요한 지적이 있으면 이를 수용하고 반영하겠다는 의지를 밝힌다
- 동석한 연구원들의 답변이 가능하므로 같이 답변할 수 있다
- 까칠한 질문에도 부드러운 답변을 할 수 있어야 한다
- 정확한 답변을 할 수 없는 경우라도 적극적으로 해결해 나가겠다는 의지를 전달한다
- 불편한 질문들에 대해 오히려 새로운 방향에 대한 고마움을 표시한다
- 평가장은 평가자와 피평가자의 '역할'이 유지되는 자리임을 잊지 않는다

대면평가에서 발표까지 마무리하고 나면 할 수 있는 모든 것은 다 한 것이다. 이제 기다리는 일만 남았다. 최종 선정에서 당락이 되었는지는 2~3주 후에 연락이 오게 된다.

선정되었다면 전문기관과 협약을 한 후에 과제를 공식적으로 진행하게 된다. 대면평가에서 선정된 경우에도 사업계획서의 미진하거나 보완할 부분에 대한 평가의견이 있을 수 있다. 이러한 경우는 기존에 제출한 사업계획서를 수정 보완한 후에 협약을 진행하게 된다.

제 9 장

최종 결과평가 준비

기술개발 사업을 통해 성공적인 결과물을 만들고 사업기간이 종료되어도 사업화를 열심히 추진하고 있는 과정 중에 최종결과 평가를 받게 된다. 성공적인 개발 결과물 이외에도 공식적인 마무리를 위해 필히 준비해야 하는 것들은 최종보고서 작성, 현장실태조사 대응, 대면평가 준비 등이 있으므로 좋은 평가를 받을 수 있도록 최선을 다해야 한다. 우수한 평가를 받게 되면 다음 사업에서 가점을 받을 수 있는 경우도 있다.

최종평가 절차

　정부지원 사업을 정해진 기간 동안에 성공적으로 완료하게 되면 최종 평가를 통해 공식적으로 마무리하게 된다. 과제 신청을 통해 선정되는 것도 중요한 일이지만 정부지원을 받아 수행한 사업을 성공적으로 문제없이 마무리 짓는 것이 더 중요한 일이다. 기술개발은 성공적으로 완수하고 사업화를 위한 준비를 진행하고 있으면서도 공식적인 마무리를 소홀히 준비하여 뜻하지 않게 문제가 생기지 않도록 주의해야 한다.

　최종평가 또는 과제 마무리를 위한 과정은 다음의 3단계로 구성된다.

과제 수행 최종평가 단계

–최종보고서 및 관련 서류 제출
–현장실태조사를 통한 최종평가표 작성(최종보고서 제출 이후 2개월 이내)
–최종평가를 위한 서면 또는 대면평가 진행(현장실태조사 결과 통보 이후 2개월 이내)

　중기청 사업의 경우는 과제 종료를 위해 최종보고서와 관련 서류를 제출하게 되고, 이후 2개월 이내에 조사위원들이 주관기관을 방문하여 현장실태조사를 통해 최종평가표를 작성하여 보고하게 된다. 조사 양식은 별첨7에 실어 놓았으므로 참고하여 준비를 철저히 할 수 있도록 하여야 한다. 그리고 현장실태조사 이후 2개월 이내에 대면평가를 진행하도록 관리규정에 정해놓았다.

　　　　　　　　　창업과 중소기업을 위한 정부지원 사업 계획서 작성법

최종평가를 서면평가로만 진행된다면 최종보고서가 매우 중요한 문서가 될 것이다. 따라서 최종보고서는 양식에 맞추어 기술개발 결과를 수준 높게 작성하여 제출하는 것이 중요하다. 그러나 기술개발 과정에서 예기치 않은 문제로 일부 부족한 부분이 발생한 경우는 이를 현장실태조사와 최종평가가 진행될 때 보완된 결과를 보고할 수 있도록 최선을 다하는 것이 필요하다. 당연히 예정된 기간과 시간에 맞추는 것이 중요한 일이지만, 더욱 중요한 것은 정부지원의 기술개발을 통해 만들어진 결과물을 활용하여 주관기관과 참여기업 등이 상용화와 제품화를 통해 기대 효과가 큰 사업화를 성공적으로 추진하는 것이기 때문이다.

2
최종평가 준비

최종평가를 위해 특히 신경 써서 준비하고 점검해야 할 내용들을 살펴보자.

최종평가에서 가장 중요한 것

–최종보고서
–개발 결과물
–공인인증서 및 시험성적서
–사업화 실적

---

1) 최종보고서

최종보고서는 사업 신청에 필요했던 사업계획서와 대응되는 문서이다. 최종보고서는 이제 계획이 아닌 결과를 보여주는 문서로 사업계획서에서 계획했던 내용들이 어떻게 수행되었고 계획했던 내용들이 구체적으로 어떠한 결과물을 만들어 냈는지 그리고 어떠한 성과가 있었는지를 포함하고 있어야 한다.

다음 표는 중기청 창업성장기술개발사업 최종보고서의 양식이다. 이미 사업계획서 작성 가이드라인을 통해 익숙해졌으므로 당구장 표시가된 최종보고서의 가이드라인은 충분히 이해할 수 있을 것이다.

최종보고서 양식의 가이드라인 중에서 변경사항과 관련하여 유의할 내용은 다음과 같다.

- 제1절 기술개발 목표 부분에서 "※ 사업계획서 대비 변경 사항이 있을 시, 변경 내용 및 사유를 필히 기재"는 전담기관의 승인 혹은 허락 없이 주관기관 또는 참여기관이 임의대로 변경한 내용을 작성하라는 의미가 아니다.
- 만약 변경할 사항이 있었으면 과제 수행 기간 동안에 정해진 공식 절차에 따라 승인 혹은 허락을 받은 것만 인정된다.
- 변경 사항의 내용에 따라 승인 또는 허락이 필요한 사항 그리고 자체 변경이 가능한 사항 등이 구분되어 있으므로 해당 사업의 규정을 잘 살펴보는 것이 필요하다.
- 과제 수행기간 동안 사업계획서의 내용을 변경해야 할 일이 발생하면 사소한 것이라도 담당자와의 협의를 통해 미루지 말고 즉시 해결하면서 추진하는 것이 중요하다.

    사업계획서의 양식과 최종보고서의 양식을 비교하면 분명한 차이를 알 수 있는데, 다음에 그 둘의 목차를 비교하여 정리하였다.

〈표9.1 사업계획서와 최종보고서 양식 비교표〉

사업 계획서 Part-2 (중기청 창업성장기술개발사업)	최종보고서
1. 개요 및 현황 1-1. 개발기술 개요 ○ 개발 필요성 1-2. 관련기술 및 시장현황 ○ 관련기술현황(지식재산권 확보·회피방안 포함) 〈표 1〉 국내외 관련 지식재산권 현황 ○ 목표시장의 경쟁현황 〈표 2〉 국내·외 시장 규모 〈표 3〉 국내·외 주요시장 경쟁사	제1장 개발기술의 개요

2. 기술개발 준비현황	
○ 선행연구 결과 및 애로사항	
○ 보안등급	
○ 연구실 안전조치 이행계획	
○ 수행기관 정부연구개발사업 참여현황	
3. 기술개발 목표 및 내용	
3-1. 기술개발 최종목표	제2장 개발목표 및 개발 내용
〈표 4〉 목표달성도 평가지표	제1절 기술개발 목표
3-2. 기술개발 내용(기술의 독창성 및 도전성 포함)	제2절 세부 개발내용 및 방법
3-3. 수행기관별 업무분장	
3-4. 세부 추진일정	
4. 연구인력 주요 이력	
5. 연구시설·장비보유 및 구입현황	
6. 개발기술 활용 및 사업화 방안	
6-1. 개발기술 활용 및 제품개발 계획(기술적 파급효과 포함	
6-2. 양산 및 판로 확보 계획	
〈표 5〉 기술개발 후 국내·외 주요 판매처 현황	
〈표 6〉 사업화 계획 및 기대효과	
6-3. 고용창출 효과 및 고용의 질 향상	
○ 기술개발을 통한 고용창출 효과 및 신규인력 채용 계획	제3장 성과요약 및 기대효과
○ 고용유지를 위한 복리후생 등 기업 자체적 방안	
○ 신규인력에 대한 교육 프로그램 등 기술인력 육성 계획	
6-4. 개발제품의 수출 가능성	
○ 해외 마케팅 전략 및 제품 경쟁력	
○ 해외시장(또는 고객) 발굴을 위한 정보수집 활동 계획	

　　사업계획서의 목차 중에서 최종보고서에서는 제외된 항목은 표에서 보는 바와 같이 2. 기술개발 준비현황, 4. 연구인력 주요 이력, 그리고 5. 연구시설·장비보유 및 구입현황 부분이다.

　　최종보고서를 작성하기 위한 중요한 작성요령 몇 가지를 다음과 같이 정리한다.

−서식으로 제공된 양식과 목차를 임의로 변경하지 말고 가이드라인에 충실해야 한다.

→ 만약 수행한 과제의 특성에 따라 기본 양식을 벗어나야 된다면, 기본 양식은 준수하되 특화된 내용은 별첨으로 추가하는 방법을 검토한다.

−사업계획서의 일부 내용은 최종보고서 양식에 맞추어 일부 또는 전체를 발췌하여 보완하여 작성하는 것이 필요할 수도 있다.

→ 최종보고서만으로도 하나의 독립적인 보고서로서 역할을 하기 위해 필요한 내용이 있다면 사업계획서의 내용을 활용하는 것은 필요하다.

−최종보고서는 최소한 사업계획서보다 더 많은 분량으로 작성되어야 한다.

→ 절대적으로 옳은 것은 아니지만, 계획보다는 실행 과정에서 더 많은 활동과 결과가 만들어지게 되므로 문서도 그것을 반영하여 만들어져야 옳은 것 같다.

−기술개발 내용은 개발 과정과 방법을 구체적으로 포함하여 개발 활동과 결과 위주로 작성되어야 한다.

→ 계획에서는 목표 또는 예상되는 것이었지만, 이제 기술개발이 완료되었으니 어떤 과정으로 기술개발이 수행되었는지, 어떠한 방법으로 구현되었는지, 어떠한 결과를 얻었는지, 또는 새로운 어떤 핵심

기술과 알고리즘을 개발하게 되었는지 등에 대한 구체적인 내용이 포함되어야 한다.

→ 사업계획서에 최종 개발 목표로 제시하였던 목표달성도 평가지표와 관련하여 어떠한 공인인증과 시험평가를 진행하였는지, 각 성능 항목에 대해 구체적으로 어떠한 시험 기준과 결과를 얻었는지, 그리고 어떤 공인기관을 통해 이를 진행하였는지 관련 인증서와 평가서를 필히 포함하여 제시하여야 한다.

→ 개발 기간 동안 관리해야 하는 연구노트도 현장점검 및 평가 등에서 중요한 요소이므로 평상시에 집중적인 관리와 활용을 하면서 체계적으로 작성해놓아야 한다.

−사업화 내용은 계획서보다 더 구체적인 추진 활동과 성과 위주로 작성한다.

→ 최종보고서는 사업계획서를 제출하고 사업기간이 종료되는 1년 혹은 2~3년 뒤에 작성하는 것으로 기술개발 사업이었지만 사업화를 위해 추진된 내용들이 더 구체화되어 있어야 한다.

→ 상용화, 제품화를 위한 추진 과정과 결과, 그리고 판로 확보를 위한 노력의 결과, 고용창출을 위한 과정과 결과, 그리고 사업화 성과 및 수출을 위한 추진 경과와 결과 등이 구체적으로 포함되는 것이 바람직하다.

→ 개발 기술의 일부라도 상용화 또는 판매, 또는 그와 유사한 활동이 진행된 부분이 있다면 최종보고서에 포함하는 것이 좋다.

–현장 방문을 통해 최종점검이 진행되므로 이에 대비한 사항도 최종
점검표에 맞추어 성실히 준비하여야 한다.

→ 최종점검표에 포함된 기술개발 성실성, 사업비 집행 적정성, 기술
개발 성과의 각 세부 점검 항목에 맞추어 준비가 되었는지 미리 확
인한다.

→ 기술개발 결과는 현장에서 시연 또는 활용 및 운영되는 것을 보여
줄 수 있도록 준비한다.

→ 최종평가(대면평가)에서 직접 시연할 수 있는 환경이 여의치 않으
므로 이 기회를 잘 활용한다. 경우에 따라서는 서면평가로만 최종
평가가 진행된다면 현장 방문 시의 결과물 시연이 아주 좋은 기회
가 될 수 있다.

→ 기술개발 과정에 대한 연구노트와 실험 데이터, 설계서 등을 포함
하는 증빙 자료와 기술개발 결과물 그리고 고용 실적과 매출 등의
성과에 대한 부분이 중요한 부분이다.

2) 개발 결과물

기술개발 과제를 수행하여 얻을 수 있는 가장 중요한 것이 개발 결과
물이다. 하드웨어, 소프트웨어, 시스템, 서비스, 부품, 재료 등 어떠한 것
이든지 당초 목표했던 결과물이 성공적으로 개발되었다면 사업화 이전
단계인 최소한의 시작품 내지는 시제품으로 개발되어 있어야 한다. 알고
리즘, 소프트웨어, 혹은 모듈이나 부품과 같은 경우는 제품화하는 데 있
어서 시간이 덜 소요되므로 이미 어느 정도 사업화가 진행된 경우도 있을

수 있다.

개발 결과물은 독립적으로 동작이 가능하거나 또는 기존 시스템과 통합 및 연계되어 동작 가능한 수준으로 준비되어 있어야 한다. 개발된 모듈과 부품들을 동작 및 성능 검증이 가능하도록 시험 환경을 마련하는 것도 사업의 결과를 보여줄 수 있는 좋은 방법이 될 것이다.

3) 공인인증서 및 시험성적서

중기청 사업에서 가장 중요한 부분이다. 최종평가에서 사용되는 최종 점검표를 보면 4가지 항목으로 구성되어 있다. 그 중에 2번째와 3번째 항목이 목표달성도 평가지표와 직접 관련된 내용이다.

② 기술개발 결과물에 대한 성능 및 시험평가 항목이 적정하며, 성능 및 시험평가가 객관적으로 수행되었는가?
③ 최종 기술개발 결과물이 당초 사업계획서 상의 최종목표를 달성하였는가?

따라서 공인인증서와 시험성적서가 준비되지 않았거나 목표달성도 평가지표의 성능을 만족하지 못하였다면 평가 총점의 반에 해당하는 점수에 영향을 줄 수밖에 없다.

사업계획서에서 개발 목표로 제시한 결과물의 성능(목표달성도 평가지표)을 목표 수준까지 개발하였는지를 증명하기 위해 외부 공인시험기관을 통해 공인인증서 또는 시험성적서를 발급받기로 하였다면 해당 증빙 서류는 사업 종료 시점 이전에 발급받아야 하고 최종보고서에 사본을 첨부하여야 한다.

만약 기술개발의 난이도와 외부 인증시험기관의 사정에 의해 최종보고서 제출까지 인증 서류를 발급받지 못한 경우가 발생하였다면, 최소한 최종평가 전까지는 완료하여 대면평가 자리에서 해당 서류들을 제출하는 것이 최후의 보루가 될 수 있지만, 사업계획서의 개발 일정에 인증과 시험 일정을 명시적으로 수립하고 계획대로 진행하는 것이 과제 추진 요령이라 하겠다.

드문 경우이기는 하지만 과제 신청 및 선정 단계에서 주관기관이 자체 평가를 진행하는 것에 대해 인정받아 협약이 진행된 경우라 하더라도, 가능하다면 사업 마무리 단계에서는 사업에 참여하지 않은 제3자(기관)를 통해 시험과 평가를 진행한 결과를 제시하는 것이 결과물의 객관성을 보여줄 수 있는 좋은 방법이 될 것이다.

4) 사업화 실적

기술개발을 통해 최종적으로 이루려는 것은 사업화를 통한 매출과 수익 창출이고 고용 창출과 수출 실적을 만들어 내어 궁극적으로 기술 파급 및 경제 발전 등의 기대 효과를 얻는 것이다. 과제의 성격이나 규모, 방식에 따라 개발 기간 동안 사업화의 결실을 얻는 경우는 많지 않지만, 사업화를 위한 준비는 사업계획서에 제안한 대로 체계적으로 추진되고 그에 따른 마케팅, 홍보, 협력 관계, 판로확보, 정보 수집 등의 활동 내용과 추진 실적이 계획서 내용보다 더 구체적으로 제시되어야 한다. 일부 기술 분야 등에서 개발된 모듈, 부품, 라이브러리, 재료, 기술 등을 공급 사례를 통해 매출이 발생하였다면 이는 매우 고무적인 경우가 된다.

최종평가를 위한 대면평가 자리는 과제 종료 후 거의 4개월이 지난 시점에서 진행되므로 최종보고서에는 담지 못했던 사업화 추진 실적들을 대면평가에서 실질적인 사업화 결과들을 보고할 수 있다면 매우 의미 있는 일이 될 것이다. 기술개발의 최종 종착점은 사업화를 통한 매출 발생 및 여러 측면의 기대 효과 달성에 있으므로 이러한 작지만 가시적인 결과들은 매우 긍정적으로 작용할 가능성이 있다.

최종평가의 평가 기준(최종평가표)

최종평가의 평가위원회에서 평가하는 기준은 아래 내용과 같이 크게 4개의 평가 기준을 제시하고 있다.

〈표9.2 최종평가표 항목의 의미 설명〉

평 가 지 표	배점	설 명
① 기술개발 과정 및 방법이 적정하게 수행되었는가?	20	**〈기술개발 적정성〉** 기술개발을 위한 과정(절차)이 적정하게 수행되었나? 기술개발을 위한 방법이 적정하게 수행되었나?
② 기술개발 결과물에 대한 성능 및 시험평가 항목이 적정하며, 성능 및 시험평가가 객관적으로 수행되었는가?	20	**〈성능 및 시험평가 공정성〉** 결과물의 성능 및 시험평가 항목이 적정한가? 성능 측정 및 시험평가가 객관적으로 수행되었나? (공인인증서 또는 시험평가서 제출 유무 관련됨)
③ 최종 기술개발 결과물이 당초 사업계획서 상의 최종목표를 달성하였는가?	30	**〈최종목표 달성〉** 사업계획서의 최종목표를 달성하였나? (목표달성도 평가지표의 성능 만족 여부 관련됨)
④ 최종 기술개발 결과물의 차별성 및 권리확보(우수 특허확보, 성과공유 적정성 등) 사업화가 가능한가?	30	**〈사업화 가능성〉** 결과물의 차별성이 우수한가? 결과물의 권리확보가 가능한가? 결과물을 활용한 사업화가 가능한가?

기술개발 사업으로서 과정과 방법이 적정하게 수행되었는지, 성능 및 시험평가를 공정하게 수행하고 지표를 만족하였는지, 사업계획서의 정량적, 정성적 목표를 모두 달성하였는지, 그리고 기술개발 결과물을 활용하

창업과 중소기업을 위한 정부지원 사업 계획서 작성법

여 사업화가 가능한지를 평가한다.

최종보고서와 평가위원회(서면 및 대면평가)에서 보고되어야 할 중요한 내용이 무엇인지를 다시 한 번 알려주고 있으며, 기술개발 내용을 구체적으로 작성하고, 공인인증서 및 시험평가서를 제출하여야 하고, 사업화 추진 경과 및 결과, 그리고 앞으로의 사업화 계획을 더 구체적으로 제시하여 전체적으로 최종목표를 달성하였다는 것을 보여주어야 한다.

최종평가를 위한 발표 자료 작성에 관한 요령도 사업계획서 신청 단계의 대면평가와 같은 요령으로 작성하는 것이 좋다. 특히 위의 4가지 평가 항목을 만족시킬 수 있는 요소들을 모두 포함하여 준비하는 것이 중요하다.

1) 최종평가는 사업화의 시작점

최종평가를 성공으로 판정 받았다면 축하할 일이다. 최종목표를 달성하기 위한 사업기간 동안의 기술개발 과정과 결과물, 예산 집행과 사업화 준비 등에 대해서 잘 수행하였고 문제없이 진행되었다는 것을 공식적으로 인정받은 것이다.

여기서 우리가 깊게 생각해볼 부분은 최종평가는 제안한 기술개발로 이루려고 했던 사업(Business)이 성공하였다고 평가한 것은 아니다. 평가 결과에만 만족하지 말아야 하는 이유가 여기에 있다. 지금부터 그 동안 개발해온 기술을 바탕으로 사업화를 위한 새로운 출발점에 있다는 것이 더 중요하다. 따라서 최종평가는 끝나는 종점이 아니라 기업 입장에서는 시작점이라는 사실을 잊지 말고 기억해야 한다.

현재는 일부 정부지원 사업에 대해서만 사후 관리를 통해 사업화 실적들을 관리하고 있는 것으로 알고 있다. 기술개발을 위한 사업 기간이 종료되고 난 후에 주관기관(기업, 연구소 등)들이 개발된 기술을 갖고 어떠한 사업화와 시장 확대 및 창출, 그리고 어느 정도의 매출 실적을 올리고 있는지는 관리한다고 하는데 이는 정부지원 사업의 실효성을 판단하고 기관들이 사업화에 더욱 노력을 기울이도록 하면서, 또한 정말 필요하고 중요한 기술들을 사업 신청 때부터 제안하도록 하는 좋은 효과를 가지고 올 수 있다.

창업과 중소기업을 위한 정부지원 사업 계획서 작성법

제 10 장

나에게 맞는 사업 찾기

창업 준비를 하고 있거나 현재 기업을 운영하고 있는 경우라도 각
자의 입장과 환경이 다를 것이다. 정부지원 사업이 기업의 조건과
상황에 맞추어 매우 다양하고 여러 가지의 사업 프로그램을 운영하
고 있으므로, 각자의 여건에 따라 가장 적합한 사업을 검색하고 선
택할 수 있는 방안을 찾아보자.

이런 기업은 정부지원 사업을 신청하자

누구나 정부지원 사업에 참여할 수 있겠지만 특히 다음과 같은 상황에 있다면 정부지원 사업은 큰 힘이 될 것으로 생각된다. 기술개발 지원 사업 이외에도 다양한 사업들이 있으므로 상황에 맞는 프로그램을 찾아서 지원하고 도전하는 것이 필요하다.

-기술은 있으나 개발 자금이 없을 때
-기술은 있으나 인력이 부족할 때
-개발 협력이 필요할 때
-수출 지원이 필요할 때
-경영 자금 지원이 필요할 때
-연구소 설립이 필요할 때
-새로운 변화와 도약이 필요할 때
-사업 아이템은 있지만 기술 지원이 필요할 때
-부설연구소 설립이 필요할 때

창업과 중소기업을 위한 정부지원 사업 계획서 작성법

정부과제를 레버리지로 활용하자

개인 또는 중소기업이 정부지원 사업을 통해 더 발전하고 더 성장하기 위한 지렛대로 활용할 수도 있다.

－창업을 시작할 때
－새로운 사업을 도전할 때
－기존 사업에서 새로운 전환이 필요할 때
－리스크 있는 사업 아이디어를 시도해보고자 할 때

중기청 사업 찾기

중기청 사이트(www.smtech.go.kr)의 '지원사업안내/내게맞는사업' 메뉴에서는 사업의 지원유형, 공모형태, 기업규모, 인증여부, 업력, 자격여부, 상시근로자수, 매출액 등의 신청자격과 개발기간, 정부출연금 규모 등의 항목 선택을 통해 제안 가능한 사업을 검색해 주는 서비스를 제공하고 있다. 각자 자신의 조건과 요구 조건을 선택하여 적합한 사업을 검색해보도록 하자.

중기청 사업들은 전 산업 분야를 아우르고 있으며, 예비창업자와 중소, 중견 기업 등을 대상으로 기술개발과 사업화, 수출지향 등과 같이 다양한 목적을 갖는 사업들이 마련되어 있으므로 이들을 잘 살펴보고 필요한 사업들을 기업의 라이프사이클에 맞게 선택하며 체계적으로 사업을 수행해나간다면 기업 성장에 큰 도움이 될 것이다.

창업과 중소기업을 위한 정부지원 사업 계획서 작성법

사업 신청자격 조건 준비하기

일부 사업들은 사전에 신청자격 조건을 충족해야 신청이 가능하므로 사소한 지원 사업이라도 자신의 목표와 방향에 맞추어 차근차근 체계적으로 추진해갈 수 있도록 준비해야 한다. 신청자격 조건이 필요한 사업의 일부 사례를 다음과 같이 정리해 놓았으나, 여러 다른 경우도 있으므로 각자 상황에 맞는 사업과 조건에 따라 준비하는 것이 필요하다.

중기청 사업	신청자격 조건
창업성장기술개발사업 '창업사업화 연계과제'	중소기업 창업사업화사업을 수행하여 창업진흥원 또는 중소기업진흥공단을 통해 추천된 기업
창업성장기술개발사업 '창조경제 연계과제'	창조경제혁신센터 및 창조경제타운을 통해 추천된 기업
World Class 300 프로젝트 R&D 지원	World Class 300으로 선정된 기업
글로벌전략기술개발사업 글로벌강소기업 과제	중소기업청의 '글로벌 강소기업 육성사업'에 선정된 기업
중소기업 기술혁신개발사업 혁신기업기술개발(고성장기업 과제)	'고성장(가젤형)기업 수출역량강화사업'에 선정된 중소기업

5

기업마당 서비스

중기청에서 운영하는 '기업마당' 사이트(www.bizinfo.go.kr)에서도 중소기업 지원사업정보를 쉽게 찾을 수 있는 서비스를 제공하고 있다.

정책마당, 소식마당, 자료마당 그리고 고객마당으로 나누어 관련 정보를 체계적으로 쉽게 찾아볼 수 있다. 회원가입을 통해 개별 맞춤형 서비스를 제공하는 서비스도 있으므로 잘 활용하면 많은 도움을 받을 수 있다.

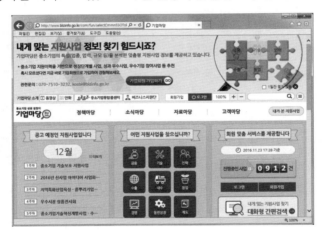

⟨그림10-1. 중소기업 성공 길잡이 기업마당 홈페이지⟩

부처 설명회 참석

연구개발과 관련된 정부부처의 사업을 중소중견기업들과 연구기관, 대학 등에게 효율적으로 전달하기 위해 각 부처별 별도 설명회를 진행하고 있으며, 또한 정부R&D사업 부처 합동설명회를 12월~1월에 개최하고 있다(2016년 사업의 경우는 2015년 12월 28일~2016년 1월 8일, 수도권/호남권/중부권/영남권 구분하여 개최하였고, 2017년은 1월 중에 수도권/중부권 구분하여 진행하였음).

합동설명회 일정은 신문 또는 각 전문기관 사이트를 통해 사전에 공지되므로, 장소와 일자에 맞추어 참석하여 배포하는 자료를 확보하고 궁금한 부분은 현장에서 질의응답을 통해 1년 계획을 수립할 수 있는 기회를 만드는 것도 중요하다.

산업부의 전담기관인 산기평에서 제공하는 사업의 내용은 다음 기관들의 사업들도 포함하여 공지하고 있으므로 관심 있는 독자들은 아래 사이트의 정보를 활용하는 것도 필요하다.

한국산업기술진흥원(www.kiat.or.kr),

정보통신산업진흥원(www.nipa.or.kr),

(재)나노융합2020사업단(www.nanotech2020.org),

(재)범부처신약개발사업단(www.kddf.org),

민군협력진흥원(www.cmtc.re.kr),

한국산업단지공단(www.kicox.or.kr),

한국에너지기술평가원(www.ketep.re.kr),

한국에너지공단(www.knrec.or.kr),

전력기반센터(www.etep.or.kr)

각 기업의 사업분야와 기술분야에 맞추어 좀 더 세분화된 정보는 해당 사이트에서 살펴보고 사업 준비를 추진하는 것도 좋은 방안으로 생각된다.

맺음말

　내용이 형식을 이긴다. 아무리 잘 만들어진 사업계획서라도 사업화 가능성이 없다면 의미가 없다. 형식에 부족함이 많은 사업계획서라도 그것이 담고 있는 기술개발 내용에 진정성이 있고 사업화 가능성이 높은 잠재력이 담겨 있다면 더 가치가 있을 것이다. 내용과 형식이 모두 좋은 사업계획서를 준비할 수 있다면 더 바랄 것이 없다.

　정부지원 사업에서 사용되는 연구개발비는 우리나라 전 국민의 세금으로 만들어진 것이다. 정부지원 사업을 준비하거나 수행하는 입장에서 국민에 대한 기본적인 책임과 의무를 막중하게 인식하고 있어야 한다. 각 전담기관과 전문기관 별로 협약과정에서 필요한 규정 준수 및 부정 방지 등을 위한 동의서를 작성하게 되지만, 이보다 더 중요한 것은 사업책임자와 참여연구원들의 기본 마음 자세이다. 사업 참여자들이 갖추어야 할 기본적인 소양은 다음의 몇 가지 키워드로 요약될 수 있을 것 같다.

책임, 의무, 정직, 신용, 성실

　각각의 내용에 대해 별도의 설명은 필요 없다고 판단되지만 참여자 모두 깊게 생각해보고 각자 어떠한 방법으로 이를 준수하면서 사업 목표 달성을 어떻게 이루어갈 것인지 스스로 다짐하는 시간이 필요할 것 같다. 한 해 동안 지원되는 정부의 연구개발 사업 규모는 2016년 19조 원을 넘어섰다. 사회 인문 분야를 포함하고 있지만 많은 예산이 기술개발 부분에 지원되고 있을 것 같다. 우리나라 경제 규모를 생각하면 적은 예산이 아니므로 투자 대비 성과가 나타날 수 있도록 참여자는 모두 책임감을 가져야 한다.

좋은 사업을 만들기 위해서는 기획과 수요조사, 심사 및 조정 등을 통해 최종 후보를 선별하고 공청회 및 의견 수렴을 통해 최종 과제를 선정하는 절차를 따른다. 특히 지정공모와 품목지정 과제의 경우는 수많은 전문가가 참여하여 여러 단계의 기획과 심사를 거쳐 우수한 과제를 도출하고 있다. 이러한 사업들은 자격이 되는 누구든지 참여할 수 있도록 사업공고를 통해 공개 공지를 하고 절차에 따라 최종 수행기관이 선정되고 있다. 이렇게 준비되는 좋은 과제에는 많은 기관들이 관심을 갖고 지원하게 되므로 경쟁률이 높을 것으로 생각된다.

현재 사업공고는 공개적으로 진행되고 있으나, 해당 과제의 최종 선정 기관은 공개되지 않고 있다. 각 과제의 최종 선정 기관을 공개할 수 있다면 경합이 있었던 기관들 또는 그 해당 기술을 활용할 계획이 있는 기관들이 사전 또는 사후 협력 등의 기회를 만들 수 있으며, 그 해당 과제를 수행하는 기관도 책임감을 갖고 더 성공적인 결과물을 만들어 내기 위한 노력을 하게 될 것으로 생각된다.

실질적으로 정부지원 사업을 성공적으로 완료하여 사업화를 통해 기업의 성장 및 국가 경제발전에 기여하기 위해 필요한 사업의 필수 준비 요건에는 다음의 내용들이 포함될 것 같다.

사업을 위한 핵심 아이디어와 기술

창업과 중소기업을 위한 정부지원 사업 계획서 작성법

고객 니즈에 대한 분명한 증거

경쟁 기술/제품에 대한 차별성

시장 확보와 확대에 대한 확신

사업화 추진을 위한 구체적 전략

위의 내용은 사업계획서 양식에도 포함되어 있는 것들로서 이 책의 본문을 통해서 어떻게 준비하고 작성할 것인지 살펴보면서 한번씩은 모두 고민한 내용들이다. 이외에도 여러 요건들이 있을 것이며 기술개발과 사업화 과정에서의 생각하지도 못한 다양한 문제들이 발생할 것이다. 이러한 것들은 목표를 이루고자 하는 강력한 의지와 열망으로 해결하면서 추진해나가야 한다.

이 책에서 제시한 내용들을 모두 반영하여 사업계획서를 만드는 것은 쉬운 일이 아니다. 첫째로 각 항목별로 저자의 생각과 판단에 의한 방향과 기준, 원칙들만을 제시하고 각 항목들에 대한 구체적인 정답은 제시하지 않았으므로 각자의 사업 분야, 기술 분야, 고객 및 시장, 사업화 전략 등에 맞추어 스스로 고민하여 정답을 찾아내고 만들어 내야 하기 때문이다. 둘째로 하나의 사업계획서를 구성하는 내용들이 광범위하므로 제시된 모든 작성 기준과 원칙을 모두 반영한다는 것은 거의 불가능할지 모른다. 하지만 무엇보다 제안할 사업계획서를 평가하는 입장에서 중요하게 원하는 내용들이라 판단되는 부분은 필히 반영이 되어야 하며, 또한 제안자 입장에서 사업의 특성과 강점 등을 경쟁력 있게 강조하고 싶은 부분들은 놓치지 말고 반영하여야 한다.

정부지원 사업을 처음 준비하거나 혹은 아직 익숙하지 않은 상태라면 궁금한 것도 많고 어려움도 많이 느낄 수밖에 없다. 전문기관과 관련 기관 등에서 여러 가지 프로그램을 통해 사업에 대한 홍보와 지원 정책에 대한 소개 행사를 진행하고 있지만, 귀로 듣는 것과 머리를 쓰고 손을 움직여 사업계획서를 준비하는 것은 차이가 크다.

아무리 좋은 사업계획서라도 사업성이 없다면 의미가 없다. 비록 좋은 사업계획서로의 형식을 갖추지 못했다 하더라도 좋은 아이디어가 포함되어 사업화 가능성이 높다면 더 높은 가치를 가질 것이다. 스스로 사업에 필요한 자금을 조달할 수 있고 정부지원 사업이 필요 없다면 굳이 이 책의 지침을 따를 필요는 없겠으나, 정부지원 사업을 통해 새로운 기회를 만들 필요가 있다면 정부지원 사업의 특성을 이해하고 절대적인 가치 평가가 아닌 경쟁률이 높은 상대적인 평가에 대해 준비하여 원하는 결과를 얻을 수 있도록 이 책을 참고하여 준비하는 것이 조금은 도움이 될 것이다.

얼굴을 마주보고 얘기를 주고 받으며 내 생각을 전하는 것도 쉽지 않은 일인데, 문서로 작성되는 사업계획서를 통해 내 생각과 계획 그리고 사업화의 가능성을 전달하는 일은 무척이나 어려운 일이다. 정부지원 사업계획서는 그 나름대로의 특성이 있지만, 오히려 다른 사업계획서보다 더 까다롭고 어려운 부분이 있는 것도 사실이다. 이러한 계획서 준비와 작성, 그리고 발표 경험들은 정부지원 사업 이외에도 기업 간 사업 협력, 투자 유치, 시스템 통합 사업, 기술 용역 사업 등에서 아주 유용하게 사용될 수 있을 것으로 생각된다.

사업계획서를 주어진 양식에 맞추어 어떻게 작성하면 좋을까 하는 질문에서 시작하여 여러 정부부처의 사업 특성과 공고 형식에 대해서 살펴보았고, 서면평가와 대면평가 그리고 최종평가들이 어떻게 진행되고 대면평가를 위한 발표 자료 준비 방법도 간단히 살펴보았다. 사업에 선정되고 추진하는 과정과 마무리 과정에서 사업계획서의 내용을 변경하기 위한 방법과 절차, 그리고 판정 결과에 불복하여 이의신청 등을 진행하게 되는 경우도 있으나 이러한 내용들은 사업계획서 작성법에 집중하기 위해서 제외하였다. 이런 내용은 규정집에도 자세한 내용이 포함되어 있으므로 필요한 때에 살펴보고 활용할 수 있을 것이다.

모쪼록 각자 준비하고 추진하는 사업들이 정부지원 기술개발 프로그램을 통해 기회를 만들고 성공하는 지름길로 들어설 수 있기를 기대한다. 아울러 이 책에서 가능하면 도움이 될 수 있는 여러 가지 정보를 담고자 노력하였으나 실제로 사업계획서를 준비하는 입장에서는 아쉽고 궁금한 내용들이 많을 것이라 생각된다. 이 책의 내용과 관련된 내용들을 포함하여 정부지원 사업과 관련된 개인적인 질문 사항들은 별첨 자료의 연락처와 사이트를 활용하기를 기대한다. 이를 통해 저자와 함께 이 책의 증보판도 더 알찬 내용으로 발전시켜 준비할 수 있을 것이라 확신한다.

별첨

별첨 1

KEIT의 산업 기술 R&D 과제명 작성 가이드 라인

산업기술 R&D 과제명 작성 가이드라인

구 분	항 목
공 통	① 한글 맞춤법에도 맞아야 함 (외래어 표기법 포함)
	② 일반적이지 않는 약어는 되도록 사용을 삼가
과 제 명	① 과제명은 과제 핵심내용이 명확하고, 쉽고, 간결하며, 과학적·기술적으로 표현 가능한 쉬운 용어로 사용하며, 정보공개에도 적합해야 함
	② R&D 과제명은 5개 R&D 속성이 포함되는 것을 원칙으로 하여 작성하되, R&D 목표·기술수준, 적용대상은 과제명에 반드시 포함되어야 함 * 5개 R&D 속성 : R&D 목적, 적용대상, R&D목표, R&D목표(기술)수준, R&D단계 ▶ 특별한 이유가 있지 않는 한, 5개 R&D 속성 중 R&D목표(기술)수준은 수치적으로 명확하게 제시하여야 함
	③ 과제명 및 부과제명 작성시, 의도적 모호성은 배제되어야 함 * 의도적 모호성 : ① 연구비를 쉽게 확보하기 위해 연구범위를 포괄적으로 제시한다든지, ② 과제명에 기술수준이나 목표가 분명하게 드러나면, 연구자간 비교가 쉬워지게 되므로 명확한 기준과 목표 제시를 하지 않는다든지 등
	④ R&D 결과물과 기술적·직접적으로 연관성이 적은 용어와 화려한 미사 여구(rhetoric) 등은 사용을 삼가*하되, 구체적인 규격이나, 범위 등을 함께 활용·작성하는 경우에는, 사용이 가능함 * 고부가가치, 차세대, 첨단, 녹색, 그린 등 ** 초고속 열차(×)→ 400Km/hr 초고속 열차, 저전력(×) → 시간당 10W 전력을 소비하는 등
	⑤ 주제어 중심으로 60자, 20단어 이내로 작성
부 과 제 명	① 부과제명은 일부 과제에 대해서만 필요시, 선택적으로 작성·사용 * 과제명만으로 내용전달이 어려운 경우(개발하고자 하는 기술이 다양한 경우 등), 계속 과제가 기술·시장 환경변화 등으로 인해 과제 개발목표의 변경·수정이 필요할 경우에만 사용
	② 주제어 중심으로 100자, 30단어 이내로 작성
요 약 문	① **요약문**은 과제내용을 보다 명확하게 전달하기 위해 **반드시 작성**
	② **'기본정보'**와 **'요약정보'**로 구분하여 서술 * 기본정보 : 대상사업, 연구비, 협동연구 여부, 키워드 등을 기록 * 요약정보 : R&D목적 및 목표, R&D 주요내용, R&D목표수준 및 차별성 등
과 제 명 수 정	① 신규과제 선정평가시, 과제명 가이드라인에 따라 작성되지 않는 과제명은 협약 전 과제책임자로 하여금 과제명을 보완하게 하거나, 혹은 과제 선정평가 위원회에서 직접 과제명을 수정
	② 계속과제가 기술·시장 환경변화 등으로 인해 과제명 수정이 필요할 경우, 부과제명에 수정된 과제명을 기재 * 과제의 목표변경은 전담기관 승인을 통해 수정 가능

□ R&D 5가지 속성을 고려한 과제명 작성방법

속성	표현방법	작성방법	작성사례(예시)
R&D 목적	" ~을 위한"의 형태	R&D를 통해 해결하고자 하는 **과학적·공학적·사회적 목적**이나 **파급효과** 등을 표현	㉮6Gbps 무선 멀티미디어 통신 서비스 제공을 위한 ㉯Euro-6 배기가스 규제 대응을 위한 ㉰IT조명 통신융합을 위한
적용 대상	" ~용"의 형태 ※ 단, 적용되는 시장이 특정국가 및 산업시장을 지칭하는 어휘는 사용금지	R&D 결과의 **1차 적용 대상**이나 R&D **결과물이 적용**될 시장·산업분야 등을 구체적으로 표현	㉮유무선 통합 중계기용 ㉯디젤자동차용 ㉰LED용
R&D 목표	주로 " ~기술"의 형태	R&D를 통해 **구현될 기술**을 표현	㉮트랜시버 원천기술 ㉯엔진시스템기술 ㉰가시광 RGB 선별 무선통신 기술
R&D 목표 수준	주로 " ~급"의 형태	R&D**기술의 수준, 핵심성능 및 사양** 등을 **정량적으로 표현**	㉮60 GHz급 밀리미터파 기반 ㉯최고효율 50%이상 증가된 2L급 ㉰380~780 나노미터
R&D 단계	'기초/응용/개발' 등 R&D단계 표현, 명확한 R&D 단계 표시가 불가능한 경우, 전체 과제명으로 파악 가능토록 작성		㉮기초단계 ㉯응용단계 ㉰개발단계

□ 과제명 작성 5가지 속성을 적용한 과제명 보완 예시

① R&D 목적이 불명확(부재)한 경우

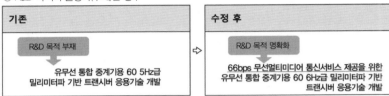

② R&D 적용대상이 불명확(부재)한 경우

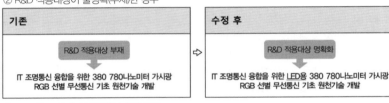

③ R&D 목표 단계가 불명확(부재)한 경우

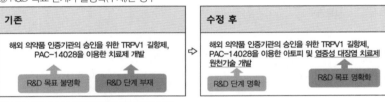

④ R&D 목표(기술)수준이 불명확(부재)한 경우

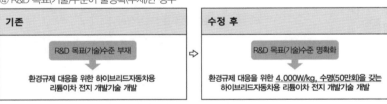

⑤ R&D 목표(기술)수준·단계가 불명확(부재)한 경우

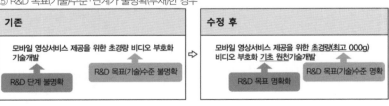

□ 과제명 작성 가이드라인 적용 사례(예시)

구 분	작성사례
기 초	• 해외 의약품 인증기관의 승인을 위한 TRPV1 길항제, PAC-14028을 이용한 아토피 및 염증성 대장염 치료제 기초 원천기술 개발 • 모바일 영상서비스 제공을 위한 초경량(최고 000g) 비디오 부호화 기초 원천기술 개발
응 용	• 산업용 섬유로 활용 가능한 초고분자량 400만g/mol 이상의 폴리에틸렌 원료 수지 및 공정 개발기술 개발 • 정면 전속도 충돌평가에 대응한 승용차용 Front Under Body 모듈용 Al(알루미늄) 소재 응용기술 개발 • 6G bps 무선멀티미디어 통신서비스 제공을 위한 유무선 통합 중계기용 60 GHz급 밀리미터파 기반 트랜시버 응용기술 개발
개 발	• 환경규제 대응을 위한 출력밀도 4,000W/kg, 50만회 수명을 갖는 하이브리드 자동차용 리튬이차전지 개발(생산)기술 개발 • 서비스 영역가변과 위성자원 활용을 위한 Ka 대역 위성용 RF Switching 능동 위상배열 안테나 시스템 개발기술 개발

□ 과제명 작성시 지양해야 할 표현과 올바른 표현 방법 예시

지양해야 할 표현 → 올바른 표현방법
□ 미사어구 및 Fancy한 용어는 생략하거나 구체적인 표현(내용)으로 대체
• 차세대 → 5세대/ 6세대, 7,000cc급, 전기자동차 등
• 초경량 → 0.001g의 초경량
• 고강도 → 인장강도 60,000kpa 등
• 고부가가치 → 12만 GT급 컨테이너선, 5천명이 탑승 가능한 크루즈선
• 저진동·저소음 → 1.5㎜ 진동, 45dB 소음
• 친환경 → Cr^{6+}이 없는, Cd이 없는 (○○유해물질이 제거된/포함되지 않은 등)
• 저탄소 → CO_2 발생이 20% 감소
• 신공정 → 기존공정 대비 20%이상 생산성이 증가된
• 녹색산업 → 신재생에너지(풍력 등) 산업
• 정밀화학소재 → (플라스틱) 폴리아세탈수지소재, 폴리실리콘 등 (완제품) 도료(방화도료, 선저도료 등) 계면활성제(음이온, 양이온, 중성 등) 등
• 녹색성장 → 사용 삼가
• 미래형 → 사용 삼가
• 감성형 → 사용 삼가
• 첨단 → 사용 삼가
• 녹색(그린) → 사용 삼가
□ 정량적 표현으로 대체
• 고효율 → (자동차분야) 30km/l (에너지분야) 300cal/g (에너지관리분야) 에너지 1등급, 에너지 효율 30%이상 향상 등
• 고성능 → 150W at 1,800RPM/220V
• 나노급 → 1.5 나노급, 20 나노
• 대용량 → 200G 용량
• 저전압·장수명 → 20V, 10,000시간
• 초미세 → 30 나노 미터
• 초정밀 → 10^{-5}㎜ 오차 발생
• 고출력 → 최대출력 1,000마력 엔진
• 초대형 → 15,000TEU, 10,000명이 탑승 가능한 크루즈선
• 중온, 고온 → 100℃, 500℃ 등
• 저가격 → 1,000원/Kg
• 초고속 → 60G bps
• 초저전력 → 0.1W at 220V, 1hr

창업과 중소기업을 위한 정부지원 사업 계획서 작성법

□ 과제명 작성시 올바른 표현 방법 예시

①	기존 과제명		차세대 차량용 경량 Al 샤시 개발
		☐	(차세대 → 생략)
			(차량용 → 승용차용으로 대체)
			(경량 → 기존 steel 대비 내구성이 동등한 (oo)Kg으로 대체)
☞	보완 과제명		선진국 연비 규정(14.7km/리터)에 대응한 승용차용 기존 steel 대비 내구성이 동등한 경량(ooKg) Al 샤시제품 기술개발

②	기존 과제명		차세대 고부가가치 선박의 기자재 기반기술 개발
		☐	(차세대 → 생략)
			(고부가가치 → 15,000TUE급으로 대체)
			(선박 → 컨테이너선용으로 대체)
			(기자재 기반 → 구조 · 추진시스템 설계로 대체)
☞	보완 과제명		기존 컨테이너선 규모 대비 연료소모가 15%이상 감소한 15,000TUE급 컨테이너선용 구조·추진 시스템 설계 및 응용 기술개발

③	기존 과제명		Cr(크롬) 도금 대체 친환경 컬러 표면개질 공정기술 개발
		☐	(친환경 → 생략)
			(표면개질 → 표면처리로 대체)
☞	보완 과제명		해외 선진국의 크롬규제에 대응한 크롬이 없는 자동차용 oo도금 표면처리 컬러 강판 제조공정 기술개발

④	기존 과제명		차세대 고부가가치 선박의 저진동·저소음 기술개발
		☐	(차세대 → 생략)
			(고부가가치 선박 → 크루즈선(5,000명이상 탑승)으로 대체)
			(저진동·저소음 → 저진동(1.5mm)·저소음(45dB))
☞	보완 과제명		레저 이용자의 수요에 대응한 5,000명이상 탑승이 가능한 크루즈선 저진동(1.5mm)·저소음(45dB) 원천기술개발

⑤	기존 과제명		저탄소 녹색성장을 위한 중온 아스콘 개발과 온실가스 배출저감 연구
		☐	(저탄소 녹색성장 → 생략)
			(중온 아스콘 개발과 온실가스 배출저감 연구 → 120~130℃에서, 생산·시공이 가능으로 대체) ※ 상온 : 160~170℃
☞	보완 과제명		120~130℃ 온도에서 CO2 등 온실가스 배출량을 20%이상 줄일 수 있는 생산·시공 가능 도로포장 기술개발

⑥	기존 과제명		바이오 공정부산물 고도이용 녹색청정기반 공정기술
		☐	(고도 → 2세대 바이오 에탄올 생산으로 대체)
			(녹색 → 생략)
			(청정기반 → 미생물 발효로 대체)
☞	보완 과제명		셀룰로오스 등 농작물 찌꺼기를 원료로 한 석유대체 미생물 발효 2세대 바이오에탄올 생산 제조공정 기술개발

※ 1세대 바이오에탄올 : 미국과 브라질에서 생산하는 바이오에탄올로 옥수수, 사탕수수 등 농작물을 주원료로 사용하여 윤리문제, 원료작물의 대량생산을 위한 산림벌채 등 지구온난화를 가속시키는 비난 제기

◇ 부과제명은 일부 과제에 대해서만 선택적으로 작성
① 과제명만으로 내용전달이 어려운 경우
② 계속과제가 기술·시장 환경변화 등으로 인해 과제 개발목표의 변경·수정이 불가피한 경우

◇ 부과제명은 주제어 중심으로 100자, 30단어 이내로 작성

① 과제명만으로 내용전달이 어려운 경우

구분	작성 예시
• 과제명	생체 운동신호 감지를 이용한 재활 및 근력보조 로봇기술 개발
부과제명	·6축 2족 보행 로봇의 보행동작(보행, 앉기/서기, 계단 오르내리기 등) 제어 기술개발 ·환자 체형별 맞춤 및 One-touch 장착 Suit 개발, 환자 재활 등에 적용 가능한 안정성 평가기법 개발
• 과제명	Cr 도금 대체 친환경 컬러 표면개질공정기술 개발
부과제명	·도금공정에서 발생되는 폐수에 함유된 크롬(Cr+6) 이온을 환경보전법에 규정된 규정치 이하로 배출시키기 위한 폐수처리 공정기술 개발 ·중화반응에 의해 크롬은 Cr+6에서 Cr+3로 변환시켜는 방법

② 계속과제가 기술·시장 환경변화 등으로 인해 과제 개발 목표의 변경·수정이 불가피한 경우

구분	작성예시
• 과제명	PPS 섬유 개발
부과제명	고내열성(200℃이하) 백필터용 폴리페닐렌설파이드(PPS) 섬유개발 기술개발
• 과제명	환경부하 및 에너지 저감을 위한 Eco-Mg 생산기술 개발
부과제명	환경부하 및 에너지 저감을 위한 산화·발화 위험성 제거 및 성형성이 10%이상 향상된 수송기기용 Eco-Mg 생산기술 개발
• 과제명	라우터 가상화 및 프로그래머블 원천기술 개발
부과제명	미래 인터넷 연구를 위한 선도연구자용 10Gbps급 라우터 가상화 및 프로그래머블 기초 원천기술 개발

별첨 2

산기평과 IITP의 RFP 사례 다운로드 방법

www.keit.re.kr 사업공고에서 "2016년도 제1차 산업핵심기술개발사업 신규지원 대상과제 공고"의 첨부파일(RFP) 다운로드 (2015.12.23 게시)

www.iitp.re.kr 사업공고에서 "2016년도 정보통신방송 기술개발사업 및 표준화 사업 신규지원 대상과제 공고"의 첨부파일(RFP) 다운로드 (2016.01.29 게시)

또는 저자 메일 요청(askproposal@gmail.com)

별첨 3

KOLAS 공인 시험·인증기관 목록 자료 다운로드 방법

www.smtech.go.kr 사업공고에서 '창업성장기술개발' 중에서 첨부된 엑셀파일 중에서 "(별첨)바우처사용기관리스트(시험검사기관).xls" 다운로드 (2016.0921, 07.20 등 게시)

또는 저자 메일 요청(askproposal@gmail.com)

별첨 4

KTL 시험의뢰서 양식(신청자 제시 기준 확인서)

소프트웨어시험

신청자 제시 기준 확인서

회사명		연락처	
제품명		시험항목수	00 건

1. 제품설치 및 시험 구성도 (신청제품을 시험하기 위한 네트웍 및 관련장비를 연결하는 구성도)

그림과 설명을 가능한 자세히 기록해 주세요

2. 시험항목

No.1	○ 시험항목명 :

○ 시험기준

시험결과에 대한 목표기준을 조건과 함께 구체적으로 기록

(목표기준이 없는 경우, 기록하지 않아도 무방합니다.)

○ 시험방법

– 시험방법을 단계적으로 자세하게 서술해주세요.

– 시험에 필요한 조건, 입력데이터, 사용하는 프로그램(도구)를 포함하여, 명확하고 자세하게 기록해주세요.

No.2	○ 시험항목명 :

○ 시험기준

시험결과에 대한 목표기준을 조건과 함께 구체적으로 기록

(목표기준이 없는 경우, 기록하지 않아도 무방합니다.)

○ 시험방법

– 시험방법을 단계적으로 자세하게 서술해주세요.

– 시험에 필요한 조건, 입력데이터, 사용하는 프로그램(도구)를 포함하여, 명확하고 자세하게 기록해주세요.

소프트웨어 시험을 의뢰한 상기 제품에 대하여,
신청자 제시규격(기준) 및 시험방법을 위와 같이 제출합니다.

0000년 00월 00일

신청인 홍 길 동 (서명 또는 직인)

※ 반드시 소프트웨어시험 신청서와 동일한 서명/직인이어야 합니다.

ktl 한국산업기술시험원장 귀하

창업과 중소기업을 위한 정부지원 사업 계획서 작성법

별첨 5

사업비 비목별 소요명세서 작성요령 예

(중기청 창업성장기술개발사업 공고에서 발췌)

사업비 비목별 작성요령

[직접비]

⟨인건비⟩

○ 참여연구원의 인건비는 주관기관의 급여기준에 따른 실 지급액에 참여율을 적용하여 산정한다.

○ 주관기관의 과제책임자는 참여율이 30% 이상이어야 하며, 참여연구원은 10% 이상 참여를 원칙으로 한다.

○ 과제책임자로서 동시에 수행할 수 있는 과제는 최대 3개 이내로 하며, 연구원이 동시에 수행할 수 있는 국가연구개발사업 과제는 최대 5개 이내(이 경우 과제책임자 과제수도 포함)이어야 한다. 다만, 다음 중 어느 하나에 해당하는 과제는 포함하지 아니한다.

– 사업 신청 마감일로부터 4개월 이내에 종료되는 과제

– 사전조사, 기획·평가연구 또는 시험·검사·분석에 관한 과제

– 세부과제의 조정 및 관리를 목적으로 하는 기술개발과제

– 중소기업과 비영리기관의 공동기술개발 과제로서 국가과학기술위원회가 관계 중앙행정기관의 장과 협의 하여 그 금액 등을 별도로 정하는 사업(비영리 법인 소속 연구자의 연구개발과제 수 계산에 대해서만 적용한다)

– 국가과학기술위원회가 관계 중앙행정기관의 장과 협의하여 별도로 정하는 금액 이하의 소규모 연구개발 과제

– 위탁연구개발과제

○ 참여율은 해당연도 과제에 실제 참여할 수 있는 비율로서 동일인이 다수의 정부출연 과제 및 기관 고유 사업에 참여하는 경우 총 참여율이 100%를 초과할 수 없다. 다만, 정부출연연구기관 및 특정연구기관 등 인건비가 100% 확보되지 않은 기관에 소속된 연구원이 새로운 연구개발과제에 인건비를 계상할 때 에는 이미 수행중인 연구개발과제 참여율을 모두 합산한 결과 130%를 넘지 않는 범위에서 계상하며, 과 제 참여율의 최대한도를 이미 확보한 연구원은 연구수당 등 연동비목 계상을 목적으로 기술개발과제 참 여율을 계상하여서는 안된다. (단, 기관 총 소요 인건비의 100%를 초과하지 않도록 인건비 지급총액을 관리하여야 한다.)

○ 신규인력 인건비는 주관기관이 참여연구원을 신규 채용하는 경우에 해당 인력 1인당 신청인건비의 100%까지 현금으로 계상할 수 있다. 이때 신규 채용 인력은 해당 기술개발사업의 사업공고일 기준 6개 월 이전부터 기술개발 종료일 이내에 채용된 내국인을 말한다.

○ 외부인건비는 주관기관, 참여기업, 위탁기관 등 수행기관에 소속되어 있지 않으나 해당 기술개발사업에 참여하는 연구원의 인건비로 현금으로 산정할 수 있음. 단, 평가위원회에서 인정하는 경우에 한하고, 기 업, 대학, 국·공립연구기관의 정규 직원은 외부연구원으로 계상할 수 없음

○ 인건비를 현금으로 산정한 경우 평가위원회에서 인정한 경우에 한하여 인정한다.

○ 해당연도 인건비의 세부 산정기준은 다음과 같음

⟨중소기업기술개발 지원사업 인건비 세부 산정기준⟩

구 분	산 정 기 준		
내부인건비	**구 분**		**세부 산정기준**
	정부출연 연구기관 및 특정연구기관	연봉제 적용기관	■ 연봉총액/12 × 참여기간 × 참여율
		연봉제 비적용기관	■정부인정 12개 항목/12 × 참여기간 × 참여율 – 기본급여(기본봉, 상여금) – 정액급(기본연구활동비, 능률제고수당기본급) – 복리후생비(가족수당, 중식보조비, 자가운전보조비) – 법적부담금(퇴직급여충당금, 국민연금, 건강보험, 고용보험, 산재보험)
	중소기업, 대학 등		■소속기관 규정에 따른 실지급액/12 × 참여기간 × 참여율
	개인사업자 대표		■전년도 종합소득세 신고액 기준 ■소득이 없거나, 상용근로자 월 평균급여(3,378천원)* 이하인 개인사업자 대표는 상용근로자 월 평균급여로 계상 * 고용노동부 '15년 상용근로자 1인당 월평균 임금 기준
	※ 근무년수가 1년 미만인 자 등 전년도 연말 정산기준 급여총액을 알 수 없는 정규직원의 인건비는 월 평균급여액 × 참여기간 × 참여율로 산정하여 적용 ※ 4대보험과 퇴직급여충당금의 본인 및 기관 부담금 포함해서 산정가능		
외부인건비	**구 분**		**세부 산정기준**
	외부기관에 소속된 자		■ 원소속기관의 급여기준에 따름. 단, 기업, 대학, 국립·공립연구기관의 정규직원은 외부인건비 계상불가
	급여총액을 알 수 없는 외부연구원		■박사이상 : 3,000천원 × 참여기간 × 참여율 ■박사과정 : 2,500천원 × 참여기간 × 참여율 ■석사과정 : 1,800천원 × 참여기간 × 참여율 ■학사이하 : 1,000천원 × 참여기간 × 참여율
	기 타		■전년도 연말정산기준 급여총액/12 × 참여기간 × 참여율
	※ 프리랜서의 경우 수행기관과의 과제수행에 따른 계약에 의해 단가를 적용하되, 특별한 사유가 없는 한 수행기관의 급여기준을 상회할 수 없음 ※ 4대보험과 퇴직급여충당금의 본인 및 기관 부담금 포함해서 산정가능		

⟨학생인건비⟩

학생인건비는 해당 기술개발과제에 직접 참여하는 학생연구원(박사후 연구원 포함)에게 지급하는 인건비를 말하며, 기업의 경우 계상할 수 없다. 학생인건비의 세부 산정기준은 아래의 기준을 따름

세 목	산 정 기 준	
학생 인건비	구 분	세부 산정기준
	학생인건비 통합관리 지정대학	■해당 기술개발과제별로 투입되는 인원 총량을 기준으로 계상 ■참여율 100%를 기준으로 미래창조과학부장관이 정한 금액을 해당 과제 참여율에 따라 계상
	학생인건비 통합관리 미지정 대학	■박사후 연구원 : 소속기관의 인건비 지급기준에 따름 ■박사과정 : 2,500천원 × 참여기간 × 참여율 ■석사과정 : 1,800천원 × 참여기간 × 참여율 ■학사이하 : 1,000천원 × 참여기간 × 참여율
	※ 학생 연구원의 참여율은 정규수업에 지장이 없는 범위에서 계상	

〈연구장비·재료비〉

○ 각 항목은 현금 또는 현물로 비고란에 표기하며, 용도란에 아래의 세부 사용처를 명기

○ 또한, 비고란은 사용주체를 명기(주관기관, 공동개발기관, 참여기업 등)

가) 연구시설·장비비

① 해당 기술개발사업에 2개월 이상 사용할 수 있는 기기·장비와 부수기자재(개인용 컴퓨터는 연구개발
과제 수행기관이 비영리기관이고, 협약계획서에 반영된 후 자체규정에 따른 절차를 이행한 경우만
해당), 연구시설의 설치·구입·임차에 관한 경비 및 관련 부대경비로 사용한다(단, 연구공간에 대한 것
은 제외).

② 기술개발에 필요한 연구시설·장비는 수행기관의 기 보유 연구시설·장비 및 대학·연구기관 또는 지방중
소기업청 등의 연구시설·장비를 우선 활용하는 것을 원칙으로 한다. 이에 따른 수수료 등 관련 부대경
비는 현금으로 계상할 수 있다.

③ 외부로부터의 임차 등이 불가능하여 1천만 원 이상의 연구시설·장비 등을 불가피하게 구입하여야 하
는 경우에 별지 서식의 연구시설·장비 구입계획서를, 3천만 원 이상의 연구시설·장비를 구입하여야
하는 경우에는 연구시설·장비 도입계획서를 작성하여 제출하여야 한다.

④ 상기 ③의 경우, 연구시설·장비 구입비를 계약금, 중도금, 잔금 등으로 구분하여 연차별로 계상할 수
있으며, 연구시설·장비 구입시 분할 구입이 불가능한 경우에는 연차별이 아닌 총 기술개발 기간 내 연
구시설·장비 구입비를 계상할 수 있다.

⑤ 주관기관 등 수행기관이 보유하고 있는 연구시설·장비의 사용료는 장부가의 20% 이내에서 현물로 계
상할 수 있다. 다만, 연구관리 전담부서를 설치한 비영리연구기관인 경우에는 현금 계상이 가능하고
유지보수비 명목으로 (흡수)사용할 수 있다.

⑥ 연구시설·장비의 임차비용은 실사용금으로 계상 할 수 있다.

나) 시약·재료구입비 및 전산처리·관리비

재료비는 현금 계상이 가능하나, 주관기관 등 수행기관에서 보유하고 있거나 생산판매 중인 것은 현물로
산정하되, 수행기관에서 구매한 원가 또는 수행기관이 생산판매가로 책정한 원가로 현물을 계상한다.

다) 시작품·시제품·시험설비 제작경비

주관기관의 보유시설 부족 등으로 시작품 등을 외주가공 하는 경우에 소요비용을 현금으로 계상할 수

창업과 중소기업을 위한 정부지원 사업 계획서 작성법

있다. 다만, 주관기관에서 직접 제작하는 경우에는 그 소요비용은 재료비, 노무비 등의 비목에 계상하여야 한다.

〈연구활동비〉
가) 국외여비
① 연구원의 국외 여비는 수행기관 자체기준이 있는 경우 자체기준 단가를 적용하여 산정한다.
② 수행기관 자체기준이 없는 경우 국외 여비는 운임, 일비, 숙박비, 식비에 해당하는 실 소요금액으로 산정한다.

나) 수용비 및 수수료
과제와 직접 관련 있는 인쇄·복사·인화·슬라이드 제작비, 공공요금·제세공과금 및 수수료 등으로 사용한다. 다만, 사무 및 난방용 연료비, 청소비, 차량 보험료, 경상피복비 등은 계상할 수 없다.

다) 전문가 활용비 및 기술정보수집비
① 수행과제와 직접 관련 있는 전문가 활용비, 국내외 교육훈련비, 도서 등 문헌구입비, 회의장 사용료, 세미나 개최비, 학회·세미나 참가비, 원고료, 통역료, 속기료, 기술도입비 등으로 해당 기관이 정한 기준 또는 실소요 경비로 계상 한다.
② 전문가활용비는 기술개발을 위해 외부전문가 활용에 소요되는 실제비용을 산정할 수 있다. 단, 전문가 활용내용을 작성제출한 경우에 한해 인정되며, 해당기관 소속 전문가를 위한 비용은 계상할 수 없다.

라) 연구개발서비스 활용비
시험·분석·검사, 임상시험, 기술정보수집, 특허정보조사 등 연구개발서비스 활용비 등으로 해당 기관이 정한 기준 또는 실소요 경비로 계상한다.

마) 디자인 정보·개발 및 컨설팅비
디자인 연계가 필요한 과제에 해당하는 경우 디자인 정보조사·개발 및 컨설팅 비용등으로 해당 기관이 정한 기준 또는 실소요 경비로 계상한다.

〈연구과제추진비〉
가) 직접비(현물포함)의 10% 이하로 산정 하되 수행기관의 연구과제 추진비의 합계는 2천만원 이하로 계상하여야 한다.

나) 국내여비
① 연구원의 국내여비는 수행기관 자체기준이 있는 경우 자체기준 단가를 적용하여 산정한다.
② 수행기관 자체기준이 없는 경우 국내여비는 운임, 일비, 숙박비, 식비에 해당하는 실 소요금액으로 산정한다.

다) 사무용품비 및 연구환경 유지비
연구환경 유지를 위한 기기·비품의 구입·유지 비용은 연구실의 냉난방 및 건강하고 청결한 환경 유지를 위하여 필요한 기기·비품의 구입·유지 비용을 계상 할 수 있다.

라) 회의비(연구활동비의 회의장 사용료, 전문가활용비는 제외)

다과, 식대 등으로 실 소요비용을 산정할 수 있으며, 외부기관 참석없이 단일 수행기관 내부직원 간의 회의비로 사용하는 경우 계상할 수 없다.

마) 과제 수행과 관련된 초과 근무 시 식대(평일 점심 식대 제외)
  수행기관 자체 기준이 있는 경우 자체 기준단가를 적용하여 산정하여야 하며, 자체기준이 없는 경우 1인당 1일 1만원 이내로 산정하여야 한다.

〈연구수당〉(비영리기관만 계상 가능)
  과제 수행과 관련된 과제책임자 및 참여연구원의 보상·장려금 지급을 위한 수당으로 비영리기관에 한하여 해당연도 해당 기관 인건비(미지급 인건비 포함) 및 학생인건비의 20% 이내에서 계상할 수 있다.

  ※ 과제선정평가 시 주요 검토사항으로 기술개발과 관련 있는 사업비 항목으로 구체적으로
     작성하여야 합니다.

〈위탁연구개발비〉
  ○ 위탁연구개발비는 주관기관(참여기업 포함)의 직접비(현물포함, 위탁연구개발비 제외)의 40%를 초과할 수 없다.

  ○ 위탁연구기관은 위탁과제 수행을 위하여 별도의 비용을 부담하지 않으며(위탁기관의 현물출자는 인정되지 않음), 수행기관으로 지급받은 현금으로 직접비, 간접비 비목에 한하여 산정하되, 상기 직접비 산정기준과 동일한 기준에 따른다.

  ○ 위탁연구기관 책임자가 대학 또는 국·공립연구소의 정규직원으로 인건비와 연동되는 비목 또는 세목 산정을 위해 인건비를 현물로 책정하여야 할 경우에는 참여율만 명기하고 비용은 계상하지 않는다.

  ○ 대학의 경우 인건비 현금은 전임 학생연구원 및 연구전담인원에 한하여 책정할 수 있다(학생 인건비 기준 참조.

  ※ '위탁연구기관'은 주관기관으로부터 기술개발사업의 일부를 위탁받아 수행하는 기관으로,
     위탁연구기관의 현물출자는 인정되지 않습니다.

[간접비]
  ○ 영리기관은 직접비(현물 및 위탁연구개발비는 제외한다)의 5% 이내에서 실제 필요한 경비로 계상한다.

  ○ 간접비 비율이 고시된 비영리법인은 직접비(미지급 인건비, 연구장비·재료비의 현물 및 위탁연구개발비는 제외한다)에 고시된 간접비 비율을 곱한 금액 이내에서 계상한다.

  ○ 간접비 비율이 고시되지 않은 비영리법인은 직접비(미지급 인건비, 연구장비·재료비의 현물 및 위탁연구개발비는 제외한다)의 17% 이내에서 계상한다.

  ○ 주관기관은 기술개발 핵심자료에 대한 멸실 및 훼손, 기술유출이 되었을 경우 개발사실 등을 입증할 수 있도록 기술개발 핵심자료 및 최종보고서 등 기술자료임치비를 계상하여야 한다.

〈간접비 사용용도〉

1. 인력지원비

① 지원인력 인건비 : 기술개발에 필요한 장비운영 전문인력 등 지원인력, 과제책임자의 연구비 정산 등을 직접 지원하기 위한 인력(한 개 또는 여러 개의 연구실을 묶어 총 연구개발비가 10억원 이상이고, 정산 등 행정업무 부담이 큰 경우만 해당한다)의 인건비

② 연구개발능률성과급 : 수행기관(주관기관, 참여기업, 공동개발기관, 위탁연구기관)의 장이 우수한 연구성과를 낸 연구자 및 우수한 지원인력에게 지급하는 능률성과급

2. 연구지원비

① 기관 공통지원경비 : 기술개발에 필요한 기관 공통지원경비

② 사업단 또는 연구단 운영비 : 사업단 또는 연구단 형태로 운영되는 경우 운영경비 및 비품 구입경비

③ 연구실 안전관리비 : 기술개발과제 수행과 관련하여 연구실험실 안전을 위한 안전교육비 등 예방활동과 보험 가입 등 연구실 안전환경 조성에 관한 경비 중 □연구실 안전환경 조성에 관한 법률□에 따라 정하는 경비

④ 연구보안관리비 : 기술개발과제 수행과 관련하여 보안장비 구입, 보안교육 및 「대·중소기업 상생협력 촉진에 관한 법률」 제24조의2에 따른 중소기업의 기술자료 임치(任置) 관련 비용 등 연구개발과제 보안을 위한 필요경비(보안관제서비스 비용 포함)

⑤ 연구윤리활동비 : 기술개발과제 수행과 관련하여 연구윤리규정 제정·운영, 연구윤리 교육 및 인식확산 활동 등 연구윤리 확립, 연구부정행위 예방 등과 관련된 경비

⑥ 연구개발준비금 : 정부출연연구기관, 특정연구기관 및 미래창조과학부장관이 별도로 고시하는 비영리 민간 연구기관에 소속된 연구원의 일시적 연구 중단(□중소기업기술혁신촉진법□ 제31조제1항에 따라 참여제한을 받은 경우 또는 내부 징계로 인한 일시적 연구 중단의 경우는 제외한다), 연구 연가, 박사 후 연수 또는 3개월 이상의 교육훈련(연수 또는 교육훈련 기관에서 비용을 부담하지 않는 경우만 해당한다), 신규채용 직후 처음으로 과제에 참여하기까지의 공백 등으로 인하여 기술개발과제에 참여하지 않는 기간 동안의 급여 및 파견 관련 경비

⑦ 대학 연구활동 지원금 : 학술용 도서 및 전자정보(Web-DB, e-Journal) 구입비, 실험실 운영 지원비, 학술대회 지원비, 논문 게재료 등 대학의 연구활동을 지원하는 경비(직접비에 계상되지 않는 경우만 해당한다)

⑧ 대학의 기술개발 관련 기반시설 및 장비 운영비(직접비에 계상되지 않는 경우만 해당한다)

3. 성과활용지원비

① 과학문화활동비 : 기술개발과제의 홍보를 위한 과학홍보물 및 행사 프로그램 등의 제작, 강연, 체험활동, 연구실 개방 및 홍보전문가 양성 등 과학기술문화 확산에 관련된 경비

② 지식재산권 출원·등록비 : 해당 연도에 수행기관에서 수행하는 해당 과제와 직접 관련된 지식재산권의 출원·등록·유지 등에 필요한 모든 경비 또는 기술가치평가 등 기술이전에 필요한 경비, 국내·외 표준 등록 등 표준화(인증을 포함한다) 활동에 필요한 경비, 연구노트 작성 및 관리에 관한 자체 규정 제정·운영, 연구노트 교육·인식확산 활동 및 연구노트 활성화 등과 관련된 경비

③ 기술개발 결산 및 사업화 성과 평가, 회계감사비용 등에 필요한 비용

별첨 6

서면평가표, 대면평가표, 현장조사표 예

(중기청 창업성장기술개발사업 공고에서 발췌)

창업성장기술개발사업 서면평가표

(창업과제, 1인창조기업과제)

사 업 명			
과제번호		평 가 일	20 . . .
과 제 명			
주관기관		과제책임자	
참여기업		위탁연구기관	

구 분	평 가 항 목	평 가 지 표	적합여부 확인	
			적합	부적합
사업계획 필수사항 검토	1. 사업목적과의 부합성	1-1 사업 목적 및 세부과제 신청자격의 부합성	( )	( )
	2. 유사·중복성	2-1 기생산 제품과의 유사·중복성	( )	( )
		2-2 기개발 지원과제와의 유사·중복성	( )	( )

※ 필수사항 검토는 각 평가지표별 부합여부를 평가하여 1개 평가지표라도 비부합시
지원제외하며, 모두 부합시에 한하여 아래의 평가표를 작성

구 분	평 가 항 목	평 가 지 표	평 점				
			탁월	우수	보통	미흡	불량
사업계획 세부검토	3. 기술성 항목	3-1 개발인력 및 개발장비 보유 및 확보방안의 적정성	20	16	12	8	4
		3-2 주관기관 등의 보유 기술수준 (연구실적 등)	15	12	9	6	3
		3-3 기술개발 목표 및 개발방법, 개발기간의 적정성	15	12	9	6	3
		3-4 관련 기술 및 시장동향의 정보조사 충실성	5	4	3	2	1
		3-5 사업비 규모의 적정성 및 집행계획의 합리성	5	4	3	2	1
	4. 사업성 항목	4-1 목표시장의 규모(성장성) 및 진입가능성	15	12	9	6	3
		4-2 경제적 파급효과 및 사업화 실현 가능성(수출·수입대체효과, 고용창출 등)	15	12	9	6	3
		4-3 수출·수입대체효과	5	4	3	2	1
		4-4 고용창출효과	5	4	3	2	1
합 계			점				
평가의견							

창업성장기술개발사업 대면평가표

(창업과제)

사 업 명				
과제번호		평 가 일	20 ...	
과 제 명				
주관기관		과제책임자		
참여기업		위탁연구기관		

평가항목		평가지표	배점				
			탁월	우수	보통	미흡	불량
기술성 (40)	창의·도전성(10)	〈연구과제의 독창성〉 – 기존기술 대비 신규성, 차별성 – 대체기술 출현 가능성 – 권리 확보 가능성	5	4	3	2	1
		〈개발기술의 도전성〉 – 기술개발목표의 기술적 난이도(모방가능성) – 해당분야 기술의 수명주기 상 위치	5	4	3	2	1
	기술개발 전략 (30)	〈연구방법의 적합성〉 – 개발목표의 수준의 적정성 – 기술개발 기간 및 세부 추진일정의 적정성 – 사업비 구성의 적합성	10	8	6	4	2
		〈연구방법의 구체성〉 – 연구내용 및 방법의 일관성 – 객관적 측정 및 달성 가능성 – 핵심 기술개발 내용의 구체성	10	8	6	4	2
		〈연구조직 및 과제책임자 역량〉 – 과제책임자, 대표자의 기술개발/사업화 성공경험 및 의지 – 연구인력의 기술적 전문성 – 기술개발과제 및 시장에 대한 이해도	10	8	6	4	2
사업성 (50)	사업화 가능성 (30)	〈시장 규모, 성장 가능성〉 – 목표시장 설정 근거의 구체성 – 시장 규모 및 성장 가능성 – 사업화계획의 실현가능성	15	12	9	6	3
		〈사업화 능력〉 – 제품개발 및 기술상용화 실적 – 생산시설 보유여부	15	12	9	6	3
	고용지표 (10)	〈고용 창출 효과〉 – 기술개발 및 사업화를 통한 고용창출 효과 – 신규인력 채용 및 고용유지계획 구체성	10	8	6	4	2
	수출지표 (10)	〈수출 기대효과〉 – 중장기 수출전략의 구체성 및 타당성 – 개발제품의 수출·수입 대체효과	10	8	6	4	2
정책 부합성 (10)	신성장동력 (10)	〈신성장동력 부합여부〉 – 신산업 창출, 주력산업 고도화 및 제품의 서비스화에 부합여부 *ICT융합, 바이오헬스, 첨단신소재부품, 에너지신산업, 고급소비재, 주력산업 고도화, 제품의 서비스화	10	8	6	4	2
소 계							
평가 의견	▢ 기술성 및 기술개발 역량 : ▢ 사업성 : ▢ 정책 부합성						

과 제 번 호			방 문 일	20 년 월 일

중소기업 기술개발사업 현장조사표 (창업과제)		
사 업 명		
과 제 명		
주 관 기 관		과 제 책 임 자	
참 여 기 업		위탁연구기관	

1. 참여자

구 분	소 속	직 위	성 명
대 담 자 (주관기관 등)			(인)
			(인)
			(인)
			(인)
조 사 자 (관리기관 등)			(인)
			(인)
			(인)

2. 가점 확인 : 총   점

- 해당 가점명 :

※ 창업과제 관리지침 7. 다. 의 우대 기준에 따라 확인된 사항의 점수를 기재

3. 현장조사 사항

확 인 지 표		확 인 내 용		검토의견
	가.중소기업여부	중소기업 해당 여부 (O · X)		*부적합시 관련 사유 등 확인사항 기재
1. 기본 자격	나.공고적합성 (최근년도) ·상시종업원 수 ·매출액 ·부채비율 ·기타 자격요건 등	·설립년월일 (업력)	YYYY.MM.DD (O년 OO개월)	*중소기업창업지원법 제 2조에 따른 업력확인(접수마감일 기준) *기타 자격요건 부적합시 관련 사유 등 확인사항 기재
		·상시종업원 수	명	
		·매출액	천원	
		·부채비율	%	
		·기타 자격요건 등		
2. 기술 개발 능력	가.기술개발 실적 출원 내역 ·인증 내역 ·수상 내역	·관련특허	등록 내역	건	*기술개발 관련 특허 및 출원, 해외특허 중복여부, 인증 및 수상 내역, 기타 확인사항 기재
			출원 내역	건	
		·인증 내역	건	
		·수상 내역	건	
	나.기술개발 역량	·공인 기업부설 연구소 (O · X, 명) ·공인 연구개발 전담부서 (O · X, 명) ·연구시설·장비 보유수량 : 대 ·기타 : 자체연구개발부서, 기술인력 등		*기술개발 관련 조직 및 인력 등 역량 관련 확인사항 기재
	다.기술보호 수준	·보안규정 수립·시행 (O, X) ·보안솔루션 도입 (O, X) ·중요자료 백업대책 (O, X)		*보안규정(임원결재)/공표/시행실적 *DRM등 보안솔루션 도입/유지실적 *중요자료 백업 실적
3. 사업화 능력	가.제품화 능력 ·제품화 매출실적 ·사업화실적	·제품 개발실적	건	*제품개발 및 기술상용화 등 확인사항 기재
		·제품화 매출실적	백만원	
		·사업화실적	건	
	나. 제품 생산 능력 생산시설보유	현금조달능력 (유동비율)	·유동자산: ·유동부채:	×100= %	*유동비율 등 확인사항 기재
		생산시설보유	·생산시설 보유현황		*개발제품의 생산설비 보유 현황
4. 과제 중복성		*회사 기개발 제품, 他국가연구개발과제 등 확인사항 기재		
5.사업비 계상		사업비(현물) 계상기준의 적합성 검토		*규정에 의거 사업비 계상기준에 부적합한 항목 등 확인사항 기재
6. 주관기관 역량	기술개발실적			* 탁월, 우수, 양호, 보통, 미흡로 표기
	기술개발역량			* 탁월, 우수, 양호, 보통, 미흡로 표기
	제품화능력			* 탁월, 우수, 양호, 보통, 미흡로 표기
	생산기설보유			* 탁월, 우수, 양호, 보통, 미흡로 표기

[종합의견] * 상기지표 관련 추가적 기술이 필요한 경우 기재(주관적 판단(우수,양호)에 대한 표현 지양)

ㅁ 자격요건, 기술개발능력, 사업화능력
ㅇ당사는 B회사(대기업)가 100% 지분을 출자한 회사이므로 자격요건 부적합.
ㅇ당사는 상시종업원수가 5인 이하이며, 재무제표 점검결과 자본잠식이므로 공고 불일치.
ㅇ당사는 관련기술에 대한 지적재산권, 연구전담조직(기업부설연구소)등 보유하고 있으나, 다만, 최근년도에 제품생산실적이 없으며,
단기현금흐름상(유동비율)이 낮음
ㅇ당사는 (지재권, 기자재 및 설비) 등을 보유하고 있으나, 사업계획서상 기재가 누락됨(해당 자료를 대면평가시 추가 제출토록 요청함)
ㅁ 과제 중복성(필요시)
ㅇ당사가 제시한 'OOO OOO 개발'은 신청기업에서 이미 생산중인 'OOO제품'과 중복 여부에 대하여 대면평가시 중점 검토 필요(해당
사업계획서를 대면평가시 추가 제출토록 요청함)
ㅇ당사가 제시한 'OOO OOO 개발'은 2010년 수행한 중기청 OO사업 'OOO OOO ' 과제 내용과 중복 여부에 대하여 대면평가시 중점 검토 필요
ㅁ 사업비 계상(필요시)
ㅇ직접비 현물 내역중 (관련 내역 작성)은 구매 예정이므로, 현물출자 금액이 과대 계상되어 조정 필요.
ㅇ직접비 현물은 구입 단가로 계상되어 사업비 조정이 필요함

창업과 중소기업을 위한 정부지원 사업 계획서 작성법

별첨 7

최종점검표, 최종평가표 예

(중기청 창업성장**기술 개발**사업 공고에서 발췌)

중소기업 기술개발사업 최종점검표

1. 일반현황

사 업 명							
과 제 명					(과제번호 :)		
주관기관			과제책임자				
참여기업			위탁연구기관				
총개발기간	20 … ~ 20 …						
연 차 별 사 업 비 (천원)	년도	정부 출연금	투자기업 부담금 현금	민간부담금			합 계
				현 물	소 계		
	1차년도						
	2차년도						
	3차년도						
	합 계						

2. 조사현황

구 분	소 속	직 위	성 명
조 사 자			(인)
			(인)
			(인)
대 담 자			(인)
			(인)
			(인)
			(인)
			(인)
조사년월일	20 년 월 일	방문장소	

창업과 중소기업을 위한 정부지원 사업 계획서 작성법

3. 기술개발 추진현황

항 목	세부 검토항목	검토 의견
1. 기술개발의 성실성	○연구노트 등 기술개발 과정에 대한 자료 및 각종 시험데이터가 체계적이고 충실한가?	연구노트 등 시험데이터가 체계적인가 등의 의견 명기
	○연구진행과정을 입증하는 각종 수정도면, 수정모형, 시험데이터 등 유·무형적 발생물이 있는가?	연구과정을 입증하는 자료에 대한 의견 명기
	○개발결과물의 평가를 위한 시제품(시료)의 개수 및 시연 결과가 보고서 내용과 일치하는가?	결과물 확인 및 시연 결과 명기
2. 사업비 집행의 적정성	○개발사업비 집행부분에 불필요하거나, 과대 집행 여부는?	재료비의 과다 사용, 장비도입가격 적정 등의 의견 명기
	○사업비 카드, 포인트, 현금 사용 등 사업비 사용 방법이 적절한가?	계좌이체, 현금사용 등의 적정한 사용 의견 명기
	○영수증, 세금계산서 등 관련 증빙자료 가 적절한가?	증빙자료가 사용금액과 부합 등의 의견 명기
	○신규 장비의 기술개발의 등록·활용·관리가 적절한가?	실재 기자재 등록·활용·관리 의견 명기
3. 기술개발 성과 등	○핵심인력의 이직여부 및 연구인력의 유지 관리가 적절한가?	핵심인력의 이직 등 참여연구원의 유지·관리 의견 명기
	○관련기술에 대한 지적재산권 확보 및 임치 여부	예) 특허번호 0000호, 제목 "00000"로 00년 특허출원 예) 임치번호 제0000-00-00-0000호
	○기술개발관련 매출액	예) A기업에 00년도 00제품을 00개를 판매
	○신규 고용 창출	예) 00년도 00명을 00인력으로 고용
4. 기타의견		

4. 포인트 사용 및 연구시설·장비 관리 현황

	비 목	포인트 집행내역		
		계획	집행	잔액
포인트 사용내역 (천원)	인 건 비			
	직 접 비			
	간 접 비			
	위탁연구개발비			
	계			

	품 명	규격· 수량	구입 년월일	구입 가격 (천원)	구 입 처 (전화번호)	설치 장소	NTIS 등록여부	SMTECH 등록여부
연구시설· 장비 관리현황								

검토의견	포인트 사용내역 의견	
	연구시설·장비 관리현황 의견	

※ 연구시설·장비의 경우 본과제의 개발기간동안에 발생된 부가세 포함 1천만 원 이상의 모든 연구시설·장비
  표기 〈첨부〉 평가위원 서약서([별지 제4-⑰호] 참조)

창업과 중소기업을 위한 정부지원 사업 계획서 작성법

중소기업 기술개발사업 최종평가표

사 업 명			
과제번호		평 가 일	20 . . .
과 제 명			
주관기관		과제책임자	

평 가 지 표	구 분				
	탁월	우수	보통	미흡	불량
① 기술개발 과정 및 방법이 적정하게 수행되었는가?	20	16	12	8	4
② 기술개발 결과물에 대한 성능 및 시험평가 항목이 적정하며, 성능 및 시험평가가 객관적으로 수행되었는가?	20	16	12	8	4
③ 최종 기술개발 결과물이 당초 사업계획서 상의 최종목표를 달성하였는가?	30	24	18	12	6
④ 최종 기술개발 결과물의 차별성 및 권리확보(우수 특허확보, 성과공유 적정성 등) 사업화가 가능한가?	30	24	18	12	6
합 계	점				
평 가 결 과	□성공, □실패, □보류				

▣ 평가의견 :

□ 기술개발 과정 적정성

□ 기술개발 결과물의 성능/시험평가 적정성 및 객관성

□ 기술개발 결과물의 최종목표 달성도

□ 기술개발 결과물의 사업화 가능성

평가위원   (인)